Werner Hansch
mit Uli Hesse

»... Alles andere ist Schnulli-Bulli!«

Mein verrücktes Reporterleben

VERLAG DIE WERKSTATT

Bildnachweis:
Die Fotos stammen, soweit nicht anders nachgewiesen, aus der Sammlung Werner Hansch.
Umschlag vorne: picture alliance
Innenklappe vorn: picture alliance
Innenklappe hinten: privat / Uli Hesse

Trotz intensiver Recherchen konnte nicht in allen Fällen die Urheberschaft an den Fotos ermittelt werden. Der Verlag bittet um entsprechende Hinweise, um berechtigte Ansprüche abzugelten.

Bibliografische Information der Deutschen Nationalbibliothek:
Die Deutsche Nationalbibliothek verzeichnet diese Publikation in der Deutschen Nationalbibliografie; detaillierte bibliografische Daten sind im Internet über http://dnb.d-nb.de abrufbar.

Auch als E-Book erhältlich: ISBN 978-3-7307-0145-4

Lotzestraße 22a, D-37083 Göttingen
www.werkstatt-verlag.de

Satz und Gestaltung: Verlag Die Werkstatt
Druck und Bindung: cpi, Leck

ISBN 978-3-7307-0135-5

Werner Hansch

„… Alles andere ist Schnulli-Bulli!“

Inhalt

Für Jakob und Ana,
Hannes und Ella

Anpfiff

Ich habe nie Fußball gespielt. Nicht als Kind auf der Straße, was damals üblich war in unserem Viertel, nicht in der Schule und im Verein schon gar nicht. Ich war wohl ein ganz guter Läufer, aber der Ball wollte mir einfach nicht folgen. Mein Untalent für diese Sportart wurde schon sehr früh abgestraft, wenn es darum ging, Mannschaften beim Straßenfußball aufzustellen. Zwei Anführer wählten dann abwechselnd ihre Lieblinge, nach der Methode: einen Fuß vor den anderen. „Ich nehm' den Kalle." „Dann nehm' ich den Nobbi." Einer blieb meistens übrig. Also stand ich mal wieder hinter einem der improvisierten Tore, um Bällen nachzurennen, die vorbeigeflogen waren. Es musste schnell gehen – für die anderen.

Wie sollte sich bei solcher Voraussetzung je ein gesteigertes Interesse oder gar helle Begeisterung für Fußball entwickeln? Wieviel Fantasie muss einer aufbringen, um sich vorzustellen, dass ausgerechnet dieser Sport später mal zum beruflichen Schwerpunkt meines Lebens werden sollte?

Und doch hat eine unwiederholbare Verkettung von Zufällen es tatsächlich so gefügt. Es begann im Februar 1973, mit 34 Jahren, als Stadionsprecher wider Willen. Der Fußball war also längst erfunden und mit ihm wohl auch die so spezifische Fußballsprache. Alle Bewegungsabläufe und Ereignisse, die typischerweise ein Fußballspiel ausmachen, hatten altgediente Sportreporterlegenden quasi schon in Blei gegossen. Als ich 1978 geradezu hineingeworfen wurde in den Reporterjob, erkannte ich schnell: Ohne stereotype Redewendungen und eingefahrene Floskeln kommt da keiner durch. Aber ich spürte schon bald auch eine reizvolle Versuchung, hier und da mal auszubrechen aus dem Stehsatz des Archivs – durch die Einführung neuer Sprachbilder.

Dieser verlockende Doppelpass zwischen Stimme und Sprache wurde schließlich ein nachhaltiges Erkennungsmerkmal meiner Reportagen. Es verblüfft mich immer wieder, wenn fremde Menschen, denen ich zufällig begegne, spontan bildhafte Wortpassagen aus längst verjährten Beiträgen zitieren. „Es war mal in Bochum, da haben Sie gesagt: Das Problem bei Uwe Leifeld liegt zwischen den Ohren!" Nun ja, der Uwe war seinerzeit ein begehrter Torjäger beim VfL. Manchmal spielte halt sein Kopf nicht mit, dann war er zu rappelig vor der Kiste und vergab dicke Chancen.

Und wie war noch mal die Geschichte mit Olaf Dressel? Ehemals Verteidiger in Bochum von eher grobkantiger Natur. Einmal traf sein verspäteter Tritt nur noch den Fuß eines Gegenspielers. Der stöhnte lauthals auf. Diesen Kracher habe ich beinahe musikalisch vertont. „Dressels Beitrag zum Mozart-Jahr: Ein Foul aus dem Knöchelverzeichnis." (Es geschah 1991, im 200. Todesjahr des Komponisten.) Ohrenzeugen aus jener Zeit haben mir diesen „Fußball-Mozart" noch Jahre später nachgetragen.

Im großen Fußball unserer Tage hat die Abteilung Humor kaum noch Raum. Immer öfter geht es um alles. Manche sagen – wenn auch mit einem Augenzwinkern –, es ginge gar um Leben und Tod.

Aus meiner Distanz habe ich die Dinge immer schon ein gutes Stück weit tiefer gehängt. Ein Spiel halt, mit überschaubaren Regeln, ausgetüftelten Systemansätzen und endlosen taktischen Varianten. Was dann auf dem Platz herauskommt, ist nicht selten langweilig, manchmal spannend bis prickelnd, bestenfalls auch mal begeisternd. Am Ende zählt doch immer nur das eine: Der Ball muss ins Tor – alles andere ist Schnulli-Bulli.

Erinnern

Schweigend fuhren wir durch die Novembernacht. Von Zeit zu Zeit blickte ich verstohlen hinüber zu dem Mann, der neben mir auf dem Rücksitz des Wagens saß. Dann schaute ich wieder aus dem Fenster in die Dunkelheit und überlegte, was ich sagen sollte. Es kommt nicht allzu häufig vor, dass mir die Worte fehlen, aber auf dieser Fahrt von Raesfeld nach Gelsenkirchen war das der Fall. Dabei wusste ich, dass ich mit Rudi Assauer reden musste, bevor unsere Wege sich trennten.

Ich kannte Rudi seit vielen, vielen Jahren. Wir hatten durch den Fußball ein gutes Verhältnis mit immer wiederkehrenden Begegnungen. Aber das waren eher Inseln. Es ist sicher falsch zu sagen, wir wären Freunde gewesen. Denn dazu gehört eine andere Art von Vertrautheit – und vor allem mehr zeitliche Nähe. Rudi und ich hatten abseits des Fußballs so gut wie keine gemeinsamen Interessen, daher sahen wir uns nur alle paar Wochen mal, meistens zu einem Anlass wie dem, der uns an jenem Herbsttag nach Raesfeld ins westliche Münsterland geführt hatte.

Nachdem Rudi im Mai 2006 völlig überraschend als Manager des FC Schalke abberufen worden war, erhielt er viele Einladungen. Seine Aura war noch immer lebendig, so bekam er Anfragen von Firmen, Banken oder Versicherungen, die zu Gesellschafterversammlungen und Ähnlichem gerne Gastredner präsentieren, die für Unterhaltung sorgen. Rudi machte das ein- oder zweimal, stellte aber schnell fest, dass es nicht das Richtige für ihn war. „Ich bin nicht wie der Reiner Calmund", sagte er zu mir. „Ich kann nicht eine Stunde lang über die Bühne rennen und aus dem Bauch heraus erzählen. Das liegt mir nicht." Nach einer kurzen Pause setzte er vorsichtig hinzu: „Ich habe mir gedacht, wir könnten das vielleicht zusammen machen?"

Und so traten wir zusammen auf. Die Rollenverteilung lag dabei auf der Hand: Ein Ahnungsloser, das war ich, stellte dumme Fragen über Fußball, und Rudi beantwortete sie, indem er launig und humorig aus dem Nähkästchen plauderte. Manchmal diskutierten wir auch das Tagesgeschehen. Wenn wir mal unterschiedlicher Meinung waren – etwa als ich den Schalker Nationalspieler Kevin Kuranyi dafür kritisierte, dass er in der Pause eines Länderspiels das Stadion verlassen hatte und nach Hause gefahren war –, dann regte Rudi sich künstlich auf und rief zur Freude der Zuhörer: „Du kannst dich doch in einen solchen Jungen gar nicht hineinversetzen! Du hast doch nie selbst Fußball gespielt!" (Was im Übrigen stimmt.) Zwischen 2007 und 2011 zogen wir etwa zwölf bis fünfzehn solcher Auftritte durch. Der vorletzte, im November 2010, fand vor rund 250 Mitgliedern des Lions Club Borken im Schloss Raesfeld statt.

Es gab mehrere Programmpunkte, aber schließlich waren wir an der Reihe. Es lief zunächst ganz gut. In der ersten Reihe des Publikums konnte ich Constantin Freiherr Heereman sehen, den langjährigen Präsidenten des Bauernverbandes. Wie alle anderen auch war er bester Stimmung und fühlte sich gut unterhalten. Dann aber stockte mein Partner plötzlich. Wir hatten gerade über seine Zeit bei Werder Bremen und die handelnden Personen gesprochen, da sagte Rudi: „Wie hieß der noch mal?" Und kurz darauf erneut: „Wer war das noch gleich?" In diesem Augenblick wurde mir bewusst, das etwas mit ihm nicht stimmte.

Wir waren an jenem Tag mit einem Fahrdienst unterwegs, der uns nach der Veranstaltung zurück zu Rudis Haus chauffierte, wo mein Wagen stand. Auf der Rückfahrt fasste ich den Entschluss, das Thema offen anzusprechen. Kurz bevor wir ankamen, sagte ich: „Rudi, ich würde heute gerne noch einmal fünf Minuten mit dir reden." Er erwiderte: „Ja, klar. Was hast du denn auf dem Herzen?"

Ich wartete, bis wir ausgestiegen waren und auf dem Hof vor seinem Haus standen. Dann sagte ich: „Rudi, ich habe das Gefühl, mit dir ist etwas nicht in Ordnung. Genauer gesagt: mit deinem Kopf. Ich möchte dich bitten ..." Weiter kam ich nicht, denn Rudi brach in Tränen aus. „Ich weiß es doch, ich weiß es doch", jammerte er. Er fiel mir um den Hals und schluchzte. „Komm rein, komm mit rein", sagte er.

Schon von der Tür aus konnte ich erkennen, dass sein Schreibtisch übersät war mit Kreuzworträtseln, die er aus Zeitschriften und

Zeitungen herausgeschnitten hatte. „Siehst du?", sagte er immer noch unter Tränen. „Ich versuche doch alles, um meinen Kopf zu trainieren!" Dann sprach er über seine Mutter, die an Alzheimer gestorben war, und seinen älteren Bruder, der mit Demenz in der geschlossenen Abteilung einer Klinik leben musste.

Ich war zutiefst betroffen. Weil wir eben keine echte Freundschaft pflegten und nicht regelmäßig Kontakt hatten, war mir sein schleichender Zerfall nicht aufgefallen. Ich habe seit jenem Tag mit vielen Menschen aus seiner näheren Umgebung gesprochen, und die haben natürlich alles hautnah mitbekommen. Auch seinen übermäßigen Alkoholkonsum, den ich nie bemerkt hatte, weil Rudi unsere Auftritte stets nüchtern absolvierte. Auch außerhalb dieser Termine hatte ich ihn niemals wirklich betrunken erlebt. Nie! Deshalb konnte ich mir auch lange auf seine Entlassung bei Schalke keinen richtigen Reim machen.

Inzwischen weiß ich, dass Rudi die ersten Anzeichen seiner Krankheit schon viele Jahre zuvor gespürt hatte, auch weil er durch seine Familiengeschichte vorgewarnt war. Deswegen trank er verstärkt, was ein fataler Fehler war. Alzheimer und Alkohol – eine unheilvolle Melange. Doch ihm war es lieber, die Leute hielten ihn für einen Säufer als für einen Verrückten.

Doch von all diesen schrecklichen psychischen Kämpfen, die er mit sich ausgetragen haben muss, wusste ich an jenem Novembertag 2010 noch nichts. Gleich am nächsten Morgen rief ich von meinem Büro aus seine Tochter Katy an und erzählte ihr, was am Abend zuvor geschehen war. Sie sagte: „Herr Hansch, ich verspreche Ihnen, dass ich meinen Vater gleich morgen früh an die Hand nehme und ihn in die Memory-Clinic nach Essen bringe." Das hat sie getan, und dort bekam er seine Diagnose.

Wir hatten dann noch eine letzte gemeinsame Veranstaltung, im März 2011 für eine große Immobilienfirma. Vielleicht hätten wir diesen Termin nicht mehr wahrnehmen sollen, aber die Verträge waren schon lange unterschrieben, und wir kamen mit einem blauen Auge davon, weil ich mich gut vorbereitete und viele von den Parts übernahm, die sonst Rudi innehatte. Doch es war klar: Einen weiteren Termin dieser Art konnte er nicht mehr bewältigen. Unter anderem deswegen saß ich etwa drei Monate später alleine, ohne Rudi, bei der ZDF-Morgensendung „Volle Kanne“, um über die Fußball-WM der Frauen in Deutschland zu reden. (Da Rudi für dieses Thema nun wirklich gar nichts übrig hatte, wäre er der Einladung aber wohl auch – oder gerade – bei klarstem Verstand nicht gefolgt.)

Wie nun diese Sendung auf verschlungenen Pfaden dazu führte, dass Rudi sich öffentlich outete, dass die Reporterin Stephanie Schmidt einen berührenden Film drehte, der das ganze Land bewegte, dass das Thema Alzheimer endlich in die Öffentlichkeit kam und dass ich im Herbst 2013 sogar zum Vorsitzenden einer Initiative für Demenzkranke und ihre Angehörigen wurde – das alles werde ich an späterer Stelle noch genauer erzählen.

Jetzt sei nur gesagt, dass jene Wochen und Monate wahrscheinlich noch zu etwas anderem führten, nämlich zu diesem Buch. Das ist mir allerdings erst langsam bewusst geworden, während ich weiter und weiter in die Vergangenheit reiste, um die Geschichte der vielen Zufälle zu erzählen, die mein Leben ausgemacht haben. So hatte ich mir schon immer vorgenommen, endlich herauszufinden, was meinem Vater widerfahren war und warum er nie darüber sprach. Außerdem wollte ich seit Langem den einzigen Menschen wiederfinden, den ich wirklich als engen Freund bezeichnen kann. Und ich plante schon ewig, dieses und jenes mal aufzuschreiben – und tat doch jahrelang nichts von alldem.

Deswegen glaube ich, dass der entscheidende Impuls, diese Vorhaben dann doch eines Tages anzugehen, von Rudi kam. Zu sehen, wie ihm die Vergangenheit langsam, aber unaufhaltsam entglitt und seine Erinnerungen immer mehr verblassten, bis er sich nicht einmal mehr die Namen von engen Vertrauten merken konnte, das hat mich vielleicht unterschwellig dazu bewegt, all die traurigen, lustigen und vor allen Dingen unerwarteten Begegnungen und Wendungen festzuhalten. Bevor ich sie unwiederbringlich vergessen haben werde.

Was natürlich nicht heißt, dass Erinnerungen nicht trügen können. So habe ich zum Beispiel mein ganzes Leben lang geglaubt, dass ich meinen Vater erst mit sieben Jahren zum ersten Mal zu Gesicht bekam. Aber vielleicht ist es gar nicht so gewesen …

Kriegskinder

Mein Vater, ein unbekanntes Wesen

Keine sieben Wochen, bevor ich zur Welt kam, wurde mein Vater als Gefangener mit der Nummer 7824 in das Konzentrationslager Buchenwald eingeliefert. Es handelte sich um eine sogenannte Schutzhaft – mit diesem Begriff verschleierten die Nazis das willkürliche Wegsperren von politischen Gegnern. Mein Vater hatte unter dem Einfluss von Alkohol, vermutlich in einer Kneipe, seine Zunge nicht im Zaum halten können und etwas Abfälliges über den Mann gesagt, den man damals den „Führer" nannte. Jemand muss meinen Vater denunziert haben, denn kurz darauf wurde er von der Gestapo verhaftet.

Es bestand nie eine Chance für ihn, glimpflich davonzukommen. Einige Jahre zuvor hatte man ihn nämlich wegen etwas angeklagt, das man heute wohl als Unterstützung einer terroristischen Aktion bezeichnen würde, und zu einer zweijährigen Zuchthausstrafe verurteilt. Er war also vorbestraft und dem Regime als Widerständler bekannt. Deshalb überführte ihn die Polizei zwei Wochen nach seiner Verhaftung, am 5. Juli 1938, nach Buchenwald. Meine hochschwangere Mutter saß plötzlich ohne den Ehemann und Ernährer in unserer winzigen Wohnung in Recklinghausen Süd.

Diese Wohnung befand sich in der Leusbergstraße, die allerdings zu diesem Zeitpunkt nicht mehr so hieß. Wie zum Hohn wohnte die kleine Familie des renitenten Kommunisten Stefan Hansch damals in der Hermann-Göring-Straße Nummer 28.

Viele dieser Einzelheiten weiß ich erst seit kurzer Zeit. Als junger Bursche bekam ich durch Gesprächsfetzen mit, dass mein Vater im Gefängnis gewesen war. Von alten Leusbergern erfuhr ich zudem, dass er zu einer Gruppe von Kommunisten gehörte, die sich vor Hitlers Machtübernahme mit der SA Straßenkämpfe geliefert hatte. Diese Nachbarn – vor allem Tante Anni und Onkel Leo – erzählten mir, wie die Nazis meinen Vater und andere unliebsame Leute in regelmäßigen Abständen aufs Präsidium holten. Dort legte man sie über den Tisch, und sie bekamen Prügel mit dem Ochsenziemer, einer üblen Schlagwaffe.

Mir war auch dunkel bewusst, dass mein Vater in einem Konzentrationslager gewesen war. Das hing mit dem Schrank zusammen, den wir so um 1950 herum bekamen. Heute würde man das Ungetüm mit seiner wulstigen Leiste als „Gelsenkirchener Barock" bezeichnen. Als der Schrank geliefert wurde, stand die halbe Straße staunend vor dem Möbelwagen und hat uns ganz offen darum beneidet, dass wir uns so etwas leisten konnten. Ich wunderte mich natürlich auch, und da sagte Tante Anni zu mir: „Das ist vom KZ. Dein Papa hat Entschädigung bekommen."

Schließlich hörte ich gelegentlich von meinem Vater selbst, dass er unschöne Dinge erlebt hatte. Denn manchmal, wenn er in der Gaststätte, über der wir wohnten, zu viel getrunken hatte, weckte er mich mitten in der Nacht und sagte, ich solle in die Küche kommen. Dann saßen wir am Esstisch, und er berichtete mir einzelne Szenen. Ich erinnere mich noch, wie er mir erzählte, dass die sogenannten Kapos am schlimmsten waren, die Häftlinge, die man im KZ mit besonderen Aufgaben betraut hatte und die auf die anderen Gefangenen aufpassten. Doch in solchen Nächten fing mein Vater meistens bald an zu schluchzen. Der Alkohol tat ein Übriges, und rasch liefen ihm die Tränen übers Gesicht. Ich saß dann einfach nur stumm auf meinem Stuhl und wartete geduldig, bis er endlich fertig war. Denn er steckte mir immer ein paar Mark zu, bevor er mich wieder ins Bett schickte.

Aber ich fragte meine Eltern nie von mir aus nach Einzelheiten oder nach den Hintergründen der ganzen Geschichte. Im Gegenteil, als junger Bursche neigte ich eher dazu, meinen Vater zu provozieren. Er war Mitglied in der VVN, der Vereinigung der Verfolgten des Naziregimes. Einmal im Monat kam ein Mann namens Jakubowski zu uns, um den Mitgliedsbeitrag einzusammeln. Er war ein alter Genosse meines Vaters, und wenn ich an dem Tag zufällig in der Wohnung war, habe ich die beiden gerne auf die Palme gebracht. Ich lobte dann den christlich-konservativen Bundeskanzler Konrad Adenauer über den grünen Klee. Zum Teil, weil ich da tatsächlich noch ein glühender Anhänger von ihm war. Aber auch, weil ich wusste, dass sich meinem Alten die Nackenhaare aufstellten, ohne dass er etwas tun konnte. In einer politischen Diskussion war er mir rhetorisch unterlegen. „Mensch, Stefan“, sagte Jakubowski dann traurig zu meinem Vater, „da hast du dir aber einen großgezogen.“

Das klingt vielleicht schlimm, aber in jener Zeit war das normal – als Jugendlicher rebellierte man gegen die Generation davor und war von den Kriegsgeschichten nur gelangweilt. Und als sich das änderte, da war es für mich zu spät: Ich war noch keine 23 Jahre alt, als ich beide Elternteile verlor. Deswegen weiß ich über meine Familie, nicht bloß über meinen Vater und meine Mutter, weniger, als ich heute gerne wissen würde. Das Wenige, das mir bekannt ist, beginnt in einem Land, das in meinem Leben mehrfach eine besondere Rolle gespielt hat und mir sehr am Herzen liegt – Polen.

Bergmann, Kommunist, Oppositioneller

Mein Vater Stefan Hansch wurde am 18. August 1890 in Bielewo geboren. Das ist ein kleines polnisches Dorf, in dem zu jener Zeit weniger als 400 Menschen lebten und das zum Landkreis Kosten in der Provinz Posen gehörte. Wie ich selbst später auch, so muss er früh beide Eltern verloren haben. Das weiß ich allerdings nur aus Erzählungen, aber es erklärt, warum ich nie einen Großvater oder eine Großmutter väterlicherseits kennengelernt habe.

Zusammen mit einem Onkel kam mein Vater als ganz junger Kerl, kurz nach der Jahrhundertwende, auf der sogenannten Ost-West-Wanderung der polnischen Arbeiter ins Ruhrgebiet. Dort waren die Zechen wie Pilze aus dem Boden geschossen, und es wurden dringend Bergleute gesucht. Viele Polen wanderten sogar noch weiter, bis in die nordfranzösischen Kohlereviere. Deswegen hatten wir später Verwandte in Lille, die ich als Pennäler mal besucht habe. Mein Vater aber blieb in Recklinghausen hängen und fing auf dem Pütt an, mit vierzehn oder fünfzehn Jahren.

Als er dann in das Alter kam, in dem man damals eine Familie gründete, fuhr mein Vater zurück in die Heimat, um sich eine Frau zu suchen. Er fand sie in der Gegend um die Stadt Zielona Góra, die zu jener Zeit recht wörtlich übersetzt Grünberg hieß. Er kam mit ihr zurück nach Recklinghausen, denn hier hatte er ja Arbeit, und die beiden bekamen kurz hintereinander zwei Kinder: meine Halbbrüder Marian und Felix.

Als die zwei Jungs noch klein waren, starb ihre Mutter an Lungenentzündung. Mein Vater nahm seine beiden Söhne und fuhr mit ihnen nach Sulechów, den polnischen Ort, in dem seine Schwiegermutter lebte. Und dort ging alles dann ratzfatz. Die Schwiegermutter, meine Oma, sagte zu ihrer ältesten noch ledigen Tochter: „Wir können den Stefan nicht mit den Kindern allein lassen. Jetzt musst du ihn eben heiraten!"

Eine Ehe aus Liebe sieht sicher anders aus, doch damals war eine pragmatische Lösung des Problems eben wichtiger als romantische Gefühle. Ich nehme auch an, dass Magdalena Tomczak, meine Mutter, das Ganze als Chance begriff, dem perspektivlosen polnischen Landleben zu entkommen. Sie willigte ein und wurde im Juli 1913 die zweite Frau von Stefan Hansch.

Meine Oma wollte diese neue Familie nicht von Beginn an durch die Anwesenheit zweier kleiner Kinder belasten. Deswegen sollte einer der beiden Söhne zunächst bei ihr bleiben. Es traf Marian, und so kehrte mein Vater zusammen mit seiner neuen, sechs Jahre jüngeren Frau Magdalena und seinem Sohn Felix zurück ins Ruhrgebiet. Aus dieser Ehe gingen schließlich drei Kinder hervor. Meine Schwester Gertrud wurde 1920 geboren, meine Schwester Felicitas, genannt Zita, zwei Jahre später. Tja, und dann, mit gehörigem Abstand, wurde ich in diese Welt geworfen – am 16. August 1938. (Nicht am 19., wie man manchmal liest.)

Da ging es wohl schon los mit den Zufällen, die mein Leben bestimmen sollten. Denn man darf getrost davon ausgehen, dass ich ein überhaupt nicht mehr geplanter Nachzügler war. Meine Mutter war schließlich schon über 40, als sie noch einmal schwanger wurde, mein Vater ging auf die 50 zu. Dazu kamen natürlich noch die politischen Verhältnisse. Am 30. Januar 1933 war Hitler als Reichskanzler vereidigt worden, was die Lebensumstände für jemanden wie meinen Vater dramatisch verschlechterte. Etwas mehr als ein Jahr vor der sogenannten Machtergreifung der Nazis war er nicht nur der KPD beigetreten, sondern auch einer Gruppe, die sich Revolutionäre Gewerkschafts-Opposition (RGO) nannte.

Wie so vieles, was meinen Vater betrifft, so weiß ich auch dies erst seit Kurzem – und zwar durch das Studium von Prozessakten. Ihnen entnehme ich auch, dass Stefan Hansch im Ersten Weltkrieg Soldat war und verwundet wurde. Mir hat er davon nie etwas erzählt, aber vielleicht hat ihm diese Tatsache ein wenig geholfen, als er Anfang September 1933 verhaftet wurde. Er konnte jedenfalls jeden mildernden Umstand gut gebrauchen, denn die Anklage lautete „Vorbereitung zum Hochverrat".

Im Sommer zuvor, im Mai oder Juni 1932, hatte ein alter Bekannter meines Vaters, der Skomski genannt wurde, ihn gedrängt, Sprengstoff zu besorgen. Stefan Hansch arbeitete damals auf der Zeche Consolidation in Gelsenkirchen-Schalke. (Als ich das in den Akten las, hätte ich fast laut gerufen: „Natürlich Schalke! Wo sonst?") Er war Gesteinshauer und hatte deswegen Zugang zu solchen Materialien. Nach anfänglichem Zögern tat er Skomski den Gefallen. Natürlich wusste mein Vater, dass Skomski Mitglied des Rotfrontkämpferbundes war und den Sprengstoff für einen Anschlag oder sogar einen bewaffneten Aufstand brauchte.

Ein paar Monate, nachdem die Nazis an die Macht gekommen waren, wurden Skomski und viele andere Mitglieder der Verschwörung verhaftet. Mein Vater hatte zunächst Glück; niemand verpfiff ihn. Doch man kann sich vorstellen, zu welchen Methoden die Nazis bei der Vernehmung der Kommunisten griffen. Nach vier Monaten in der Untersuchungshaft (und vermutlich unter Folter) gab Skomski zu, bei seiner ersten Vernehmung nicht die ganze Wahrheit gesagt zu haben. Er nannte jetzt weitere Namen, und drei Tage später wurde Stefan Hansch verhaftet. Beim Verhör gab mein Vater alles zu. In der Niederschrift seiner Aussage heißt es: „Meine damalige Handlung bereue ich aufrichtig, ich sehe aber ein, dass ich Strafe verdient habe." Menschen, die sich mit diesen Dingen auskennen, haben mir gesagt, dass eine solche Formulierung darauf hindeutet, dass mein Vater seine Aussage unter der Einwirkung oder Androhung von Gewalt gemacht hat.

Der Prozess fand im Frühling 1934 vor dem Oberlandesgericht Hamm statt. Unter den Nazis war das OLG Hamm vor allem für politische Verfahren zuständig. Mein Vater war zusammen mit gleich 28 anderen Personen angeklagt. Die meisten von ihnen waren Bergleute aus Recklinghausen und Westerholt, einem Stadtteil von Herten. Bei dieser großen Zahl von Beschuldigten sollte man meinen, dass es sich um eine spektakuläre, langwierige Verhandlung handelte. Doch im Archiv der *Recklinghäuser Zeitung* lässt sich keine einzige Zeile darüber finden. Es ist also gut möglich, dass der Prozess, wenn man ihn überhaupt so nennen will, nicht öffentlich war und die Angeklagten keinen Rechtsbeistand hatten.

Nur drei von ihnen kamen ohne Strafe davon, die anderen wurden am 27. April 1934 wegen Vorbereitung zum Hochverrat verurteilt. Einige der Männer wurden mit fünf Jahren Zuchthaus bestraft, für „Beteiligung am Rotfrontkämpferbund, ein Schusswaffenvergehen und ein Sprengstoffverbrechen". Mein Vater kam besser davon. Ihm wurde nur das Sprengstoffverbrechen zur Last gelegt. Das Urteil lautete auf zwei Jahre Haft, allerdings wurden ihm von dieser Strafe die Monate abgezogen, die er bereits in der Untersuchungshaft verbüßt hatte.

Wenige Tage nach dem Urteilsspruch wurde Stefan Hansch vom Gerichtsgefängnis Hamm in die Strafanstalt Münster gebracht. Auf seiner Karteikarte ist vermerkt, dass er 1,78 Meter groß und von kräftiger Gestalt war, einen Schnurrbart trug und seine Initialen auf die rechte Hand tätowiert hatte. Auf der Karte steht ebenfalls, dass er zwanzig Monate später entlassen wurde, am 27. Dezember 1935 um 7.30 Uhr morgens.

Jetzt, wo ich in einem Alter bin, in dem ich auf mein eigenes, wechselhaftes Leben zurückblicke, schaue ich auf diese Karte und stelle mir Fragen. Mein Vater kam drei Tage nach Weihnachten aus dem Zuchthaus. Wie mag der Rest der Familie dieses Fest verbracht haben? Wovon hatten sie gelebt? Machte meine Mutter meinem Vater Vorwürfe? Versprach er ihr vielleicht, in Zukunft nichts mehr zu tun, was die Familie in Gefahr brachte – bis zu jenem verhängnisvollen Tag, als er zu viel trank?

Ich werde es nie wissen, denn ich kann niemanden aus meiner Familie fragen. Sie sind alle tot. Und der Einzige, der mir wirklich jede Frage hätte beantworten können, war im Grunde schon tot, als er noch lebte. Denn mein Vater war ja nicht nur vom Gefängnis gezeichnet, von den Schlägen mit dem Ochsenziemer und vom KZ. Auch seine Berufsvergangenheit forderte ihren Tribut – er wurde wegen einer Steinstaublunge frühpensioniert, als schwerkranker Mann. Und so kam er mir oft vor wie ein Fremder in unserer Mitte. Er saß mit seiner Pfeife im Sessel neben dem Radio und schaute stundenlang geradeaus, immer in dieselbe Richtung. Als ob er ins Nichts blicken würde. Oder vielleicht waren es auch Abgründe.

Dass mein Vater mir immer seltsam fremd blieb, habe ich mir selbst lange auch damit erklärt, dass ich im Grunde ohne ihn aufwuchs. In meiner Erinnerung kamen wir nach dem Ende des Krieges zurück in die Straße, die nun nicht mehr nach Hermann Göring benannt war, und da stand er plötzlich – mein Vater. Ich war fast sieben Jahre alt und sah einen von Entbehrungen gezeichneten Mann, den man gerade aus dem KZ entlassen hatte. Es war ein Fremder, ich war ihm ja nie zuvor begegnet. Seine Empfindungen mir gegenüber dürften ganz ähnlich gewesen sein, und irgendwie schafften wir es später nicht mehr, das aufzubauen, was man eine natürliche Nähe nennen könnte.

Nun aber kommt das Merkwürdige. Der Internationale Suchdienst in Bad Arolsen, ein Zentrum für Informationen über Verfolgung während der NS-Zeit, hat mir im Februar 2014 Dokumente über die KZ-Zeit meines Vaters geschickt. Aus ihnen geht hervor, dass Stefan Hansch am 21. Mai 1938 wegen „staatsfeindlicher Äußerungen“ verhaftet wurde. Die zwei Sätze, die ihn ins KZ brachten, lauteten: „Ich weiß gar nicht, wieso sie alle dem Hitler nachlaufen. Der ist doch auch bloß ein Arbeiter.“ Als man ihn deswegen zwei Wochen später nach Buchenwald brachte, wurde zwar auf seiner Häftlingspersonalkarte vermerkt, dass ihm das „in betrunkenem Zustand“ herausgerutscht war, aber vor Strafe schützte ihn dieser Umstand nicht.

Am Tag, als mein Vater nach Buchenwald kam, wurden außer ihm noch 51 andere Personen eingeliefert. Zwei von ihnen waren als sogenannte Bibelforscher verhaftet worden, was bedeutet, dass sie den Zeugen Jehovas angehörten. Sie waren dem Regime religiös unliebsam. Sechs weitere Gefangene galten als „Vorbeuge-Häftlinge“. Es steht zu vermuten, dass es sich bei ihnen um Kriminelle oder auch nur um mutmaßliche Kriminelle handelte, die ohne Gerichtsbeschluss einfach weggesperrt wurden. Die meisten der Gefangenen aber, fast drei Dutzend, hatte man als „arbeitsscheu" festgenommen. So bezeichneten die Nazis Menschen aus der Unterschicht. Sie waren dem Regime sozial unliebsam.

Schließlich waren da noch acht politische Gefangene. Zu jener Zeit, im Sommer 1938, unterschied die SS in Buchenwald drei Gruppen von solchen Häftlingen: „einfache Politische", „politisch Rückfällige" und „politische Juden". Von den acht politischen Gefangenen, die am 5. Juli ins KZ kamen, waren fünf „einfache Politische", zwei weitere waren Juden. Wegen seiner Vorstrafe war Stefan Hansch der einzige, der als rückfälliger politischer Gefangener galt. Daher muss er eine KZ-Uniform bekommen haben, auf die ein roter Winkel (für: Politische) zusammen mit einem roten Streifen (für: Rückfällige) aufgenäht war.

Vom 20. September 1938 an wurde mein Vater dann nicht mehr als „rückfällig" geführt, sondern als einfacher politischer Gefangener. Wie es dazu kam, kann ich nicht sagen. Vermutlich verhielt er sich konform, vielleicht spielte auch sein Gesundheitszustand eine Rolle, der zu dieser Zeit schon nicht gut gewesen sein kann. Im Oktober wurde er jedenfalls zum Gerichtsgefängnis Herne gebracht, wahrscheinlich zur Untersuchung seines Falles. Am 24. November schickte man ihn zurück nach Buchenwald, wo er eine neue Nummer bekam, die 895. Die Aufzeichnungen enden kaum drei Monate später, am 7. Februar 1939. Denn um 15 Uhr an diesem Tag wurde mein Vater zusammen mit 26 anderen Häftlingen aus dem KZ Buchenwald entlassen und nach Hause geschickt.

Ich war sehr, sehr erstaunt, als ich dies las. Das frühe Datum seiner Entlassung – sogar noch vor dem Kriegsbeginn – lässt nur drei Schlussfolgerungen zu. Entweder kehrte er vom KZ gar nicht nach Recklinghausen zurück und wurde zum Beispiel zur Wehrmacht eingezogen. Das ist allerdings unwahrscheinlich. Wohin hätte er gehen sollen, wenn nicht zu seiner Familie? Und für die Armee war er zu alt und zu krank. Die zweite Möglichkeit ist, dass ich einfach keine Erinnerungen mehr daran habe, dass er zu uns auf den Leusberg zurückkam. Das kann durchaus sein, denn ich war ja erst ein halbes Jahr alt. Drittens ist es möglich, dass mein Vater nach Hause kam – aber seine Familie schon nicht mehr dort war.

Mein Halbbruder Felix war zu dieser Zeit Berufssoldat und hatte daher sein Auskommen. Er hatte sich irgendwann in den 1920er Jahren der Armee angeschlossen, die Deutschland nach dem Ende des Ersten Weltkriegs von den Siegermächten erlaubt worden war, dem sogenannten 100.000-Mann-Heer. Felix hatte kein Abitur, aber er war ein aufrechter, strebsamer Mensch und brachte es bis zum Feldwebel. Er war also beim Militär gut versorgt, sofern man das in diesen Zeiten von einem Soldaten sagen konnte.

Auch meine beiden Schwestern waren so gut untergebracht, wie es unter den Umständen möglich war. Sie befanden sich am Timmendorfer Strand und machten das, was man eine Hotellehre nannte. An der Ostsee wurden junge Mädchen zum Bettenmachen und Putzen gebraucht. Es war die einzige Möglichkeit für die beiden, auch nur den Ansatz einer Perspektive für ihr weiteres Leben zu haben, denn eine weiterführende Schule war für sie nie infrage gekommen.

Für meine Mutter allerdings muss die Lage sehr schwierig gewesen sein – mit einem Kleinkind an der Hand und einem zweimal inhaftierten Kommunisten als Mann. Und so nahm sie mich und fuhr zu ihrer Mutter nach Polen. Wann das geschah, kann ich nicht sagen. Ich habe immer geglaubt, wir hätten Recklinghausen ungefähr 1941 verlassen. Aber ich kann auch nicht völlig ausschließen, dass es viel früher passierte – kurz nachdem mein Vater aus Buchenwald kam oder vielleicht sogar kurz vorher.

Polnische Kinderjahre

Für ein Kind war die ländliche Idylle in Polen wunderschön. Hinter dem Dorf lag ein See, drum herum Wälder. Mein Onkel hatte einen kleinen Bauernhof, und so war die Zeit alles in allem gar nicht so schlecht für uns. Ich lernte auch sehr schnell Polnisch und beherrschte die Sprache bald fließend. Dennoch war der Krieg nicht weit weg. Als die deutsche Wehrmacht Polen besetzt hatte und auf dem Marsch durch Russland war, nahm man meinem Onkel das

Gut weg und stellte ihn als Knecht auf seinem eigenen Hof an. Ich kann mich an einen Mann in Uniform erinnern, der dort aufpasste. Ich weiß auch noch, dass die Bürgersteige im Dorf markiert waren, um anzuzeigen, wo Juden hergehen mussten und in welchen Läden sie nicht einkaufen durften.

Eines Tages wurden Personalkontrollen gemacht. Ein Uniformierter kam in das Haus von Oma Tomczak und sah sich die Ausweise aller Anwesenden genau an. Ich habe den Moment noch ganz klar vor Augen, als er auf den Pass meiner Mutter blickte, dann hochschaute und sagte: „Aber Sie sind ja Deutsche!" Als meine Mutter nickte, wollte er wissen: „Warum tragen Sie dann kein Hakenkreuz?" Ich kann mich nicht erinnern, was meine Mutter als Erklärung vorbrachte, aber es kann nicht überzeugend geklungen haben, denn der Beamte sagte barsch: „Beim nächsten Mal will ich das aber sehen!"

So klein ich war, ich spürte an den Reaktionen der Erwachsenen, dass uns plötzlich eine unbestimmte Gefahr drohte. Unsere Verwandten befürchteten offenbar, dass die Polizei von diesem Moment an mit Misstrauen auf meine Mutter schauen würde. Denn noch am Abend desselben Tages setzte uns mein Onkel mit all unseren Sachen auf einen Panjewagen, einen von einem Pferd gezogenen einfachen Heuwagen. Der transportierte uns ungefähr 30 oder 40 Kilometer weiter in ein anderes Dorf, in dem ebenfalls Verwandtschaft lebte.

Dort blieben wir bis zur großen Wende des Krieges, Stalingrad. Nach der Vernichtung der 6. Armee Anfang 1943 zogen sich die deutschen Soldaten immer weiter zurück, hinter ihnen kamen die Russen. Alle hatten Angst, aber ich nehme an, dass man sich um uns besonders sorgte, da wir ja laut Ausweis Deutsche waren. Irgendwann standen zwei Koffer gepackt vor uns, vornehmlich mit Verpflegung, und es hieß: zurück ins Ruhrgebiet.

Wir reisten über Berlin, und dort überraschte uns am Bahnhof Friedrichstraße ein Fliegeralarm. Tausende von Menschen strömten auf einmal zum Bahnhof, um Schutz unter seinem Dach zu suchen. Es herrschte ein unglaubliches Gedränge. Ich stolperte hinter meiner Mutter her, meine Hände klammerten sich an ihren Mantel.

Plötzlich spürte ich, wie mir der Stoff durch die Finger glitt. Ich begann, wie am Spieß zu schreien. Ich hatte ganz einfach Angst, von den Massen erdrückt zu werden. Meine Mutter stellte einen kurzen Moment die Koffer hin, wandte sich zu mir um und packte mich. Als sie sich wieder nach vorne drehte, waren die beiden Koffer weg.

Die Fahrt von Berlin nach Hause war abenteuerlich und dauerte fast eine Woche, denn der Zug fuhr nur im Dunkeln und blieb bei jedem Luftalarm, von denen es einige gab, stehen. Aber irgendwie, irgendwann kamen wir tatsächlich in Recklinghausen an. Es muss so Ende 1943, Anfang 1944 gewesen sein. Bald darauf kehrten auch meine Schwestern von der Ostsee zurück, wohl ebenfalls aus Angst vor den anrückenden Russen. Gertrud hatte inzwischen geheiratet und war Mutter eines kleinen Jungen. Wo sich mein Vater befand, vermag ich nicht zu sagen. Ich habe jedenfalls keine Erinnerung daran, ihn gesehen zu haben, als wir aus Polen zurückkehrten.

Allerdings gab es für mich auch ein viel dringenderes Problem, als mir Gedanken über meinen Vater zu machen. Zwar waren wir wieder daheim in der Leusbergstraße – aber ich sprach kein Wort Deutsch mehr! Es klingt verrückt, vor allem wenn man bedenkt, dass meine Muttersprache später zum zentralen Element meines Berufslebens werden sollte, aber es war so: Während des Aufenthalts in der Gegend um Zielona Góra hatte ich nur Polnisch gesprochen und dabei das Deutsche verlernt. Ich kann mich noch erinnern, wie ich zurück in Recklinghausen mit Tante Anni zu dem Tante-Emma-Laden in der Leusbergstraße ging. Die Passanten sprachen mich an, aber ich starrte nur zurück und konnte nicht antworten. Mówię tylko po polsku – ich spreche nur Polnisch.

Wir blieben nicht lange im Ruhrgebiet, denn im Rahmen einer Evakuierung der durch Luftangriffe gefährdeten Gebiete kamen wir in den Ort Lütmarsen bei Höxter, zu einem Bauern. Wir, das waren meine beiden Schwestern, ich und Jürgen, der kleine Sohn von Gertrud. Meine Schwestern mussten auf dem Bauernhof arbeiten, aber für mich war es eine wunderbare Zeit. Der Bauer hatte Kinder in meinem Alter, wir tollten auf dem Heuboden herum und spielten mit den Katzen des Hofes. In dieser für mich sehr unbeschwerten Zeit lernte ich dann wieder Deutsch, wenn auch mühsam. Selbst später – während der ersten Jahre in der Volksschule – hatte ich noch Sprachprobleme und legte das Polnische nur langsam ab. Immerhin aber konnte ich mich in Lütmarsen verständigen und bekam alles mit. Auch die Befreiung.

Lütmarsen liegt in einem kleinen Tal. Eines Tages im Jahre 1945 lagen wir Kinder auf der Fensterbank in der Küche. Dort war ein großes Panoramafenster, von dem aus man einen guten Überblick über die ganze Umgebung hatte. Mit einem Mal sahen wir Gestalten, die über den Hügelkamm robbten. Wir fanden das ganz aufregend. Die Männer krochen immer so zehn bis fünfzehn Meter, dann blieben sie eine Zeit unbeweglich liegen. Für uns sah das aus wie Indianerspielen.

Es waren amerikanische Soldaten. Etwas später standen sie in der großen Diele des Bauernhauses. Ich weiß noch, wie mir auffiel, dass auch Schwarze dabei waren. Sie hatten ihre Maschinenpistolen über die Schulter gehängt und verteilten Kaugummi unter uns Kindern. In der Zwischenzeit musste die Bäuerin ihre größte Pfanne aus dem Schrank holen und für die hungrigen Soldaten Rührei machen. Staunend sah ich zu, wie sie bestimmt 50 Eier in die massige Pfanne kloppte.

Fast alle auf dem Bauernhof waren sehr froh über die Ankunft der Amerikaner. Nur eine polnische Magd, die heulte Rotz und Wasser. Als sie die Soldaten sah, wurde ihr klar, dass der Krieg bald zu Ende sein würde und sie in ihre Heimat zurückmusste. Sie wäre viel lieber auf dem Hof geblieben. Auch in der Stadt gab es kaum Wiederstand. Die Amerikaner befahlen allen Einwohnern der Gegend, ihre Waffen abzugeben, und bald türmten sich auf dem Marktplatz die Gewehre. Selbst die rostigsten Jagdflinten lagen da, denn die Leute hatten Angst und wollten wirklich alles abgeben. Nur ein einzelner Idiot hatte es sich in den Kopf gesetzt, sein Tausendjähriges Reich eigenhändig mit der Waffe zu verteidigen. Er stellte sich auf der Hauptstraße nach Höxter einem amerikanischen Panzer in den Weg und feuerte auf den Soldaten, der aus der Luke guckte. Da haben die Amis ihn gleich umgepustet.

Der Tag, an dem wir von Lütmarsen zurück nach Hause kamen, war in meiner bewussten Erinnerung der erste, an dem ich meinen

Vater sah. Er war schon in unserer Wohnung in der Leusbergstraße, als wir eintrafen. Meine Mutter hatte mir nie richtig erklärt, warum mein Vater in den Jahren davor nicht bei uns gewesen war, und ich hatte sie nie danach gefragt. Ich nehme schon an, dass man mir eine kurze Erklärung gegeben hat, vermutlich ein lapidares „Er ist im Krieg". Das dürfte mir gereicht haben, denn es war in jener Zeit ja normal, dass Väter von ihren Familien getrennt waren.

Auch Felix kam bald zurück. Er hatte Glück und verbrachte nur kurze Zeit in englischer Kriegsgefangenschaft. Da er aber nichts anderes als Soldat gelernt hatte, musste er sich nun als Handlanger verdingen. Den Rest seines Lebens arbeitete er fleißig und treu auf dem Bau. Er gründete eine Familie und wohnte später in Hochlarmark, einem Stadtteil im Süden von Recklinghausen. Er bekam drei Kinder, ich bin der Patenonkel von einem von ihnen.

Meinen anderen Halbbruder, Marian, habe ich hingegen nie zu Gesicht bekommen. Er gründete eine eigene Familie, aber in den Wirren des Zweiten Weltkriegs ging der Kontakt zu ihm verloren. Bis zum heutigen Tag habe ich keine Ahnung, was aus ihm geworden ist.

Die Leusbergstraße in Recklinghausen Süd

Mein Elternhaus, also die Leusbergstraße 28, liegt im Süden von Recklinghausen, ganz in der Nähe der Emscher und damit an der Stadtgrenze zu Herne. Das berühmte Stadion am Schloss Strünkede, die Heimat von Westfalia Herne, ist nur zwei Kilometer entfernt. Ich bin allerdings nie hingegangen, um Fußball zu sehen. Mit diesem Sport hatte ich überhaupt nichts am Hut, wie sich noch zeigen wird. Abgesehen davon war meine Kindheit allerdings geradezu eine Ruhrpottjugend aus dem Bilderbuch. Ich wuchs auf zwischen Eckkneipen, Brieftauben und Bergleuten.

Die Kneipe war sogar direkt unter uns. Wir wohnten im zweiten Stock, als eine von dreizehn Familien in dem Haus. Im Erdgeschoss befand sich die Kneipe. Hier spielte mein Vater mit seinen Kumpels gerne Doppelkopf, und ich war auch regelmäßig dort, denn ich war gut befreundet mit dem Sohn der Wirtsleute, Günther. Seinen

Eltern gehörte nicht nur die Gaststätte, sondern das ganze Haus, sie waren also unsere Vermieter.

Die Kneipe war der gesellschaftliche Mittelpunkt des ganzen Viertels. Dazu gab es noch zwei Brieftaubenvereine: „Rote Erde" und „Über Land und Meer". Mein Vater hatte keine Brieftauben, aber Onkel Leo besaß ein paar dieser „Rennpferde des kleinen Mannes". Sonntags musste ich für ihn oft die kantigen Spezialuhren, mit denen man die genaue Ankunftszeit der Brieftauben festhielt, zur Taubenzentrale bringen. Dort wurden die Ergebnisse dann ausgewertet.

Unsere Wohnung war klein, es gab nur einen Schlafraum und eine Wohnküche. Deswegen schlief ich bis zum Abitur im Schlafzimmer meiner Eltern. (Sie waren ja schon betagt und, ich will es mal so ausdrücken, von allem Weltlichen entfernt.) Trotz des beengten Raumes waren wir sogar zu viert in der Wohnung, denn auch meine Schwester Zita lebte bei uns. Das lag zum einen daran, dass sie unverheiratet war. Zum anderen daran, dass es auch meiner Mutter gesundheitlich nicht besonders gut ging. In den letzten Tagen des Krieges wäre sie an einer Darmverschlingung fast gestorben. Eine Not-OP bei Kerzenlicht hatte sie gerettet, doch seither musste sie dicke Bauchbänder tragen und konnte nicht einmal mehr einen Eimer Wasser heben. Deswegen führte Zita uns den Haushalt. Das war im Grunde ihr Beruf, nebenbei verdiente sie sich noch ab und zu etwas dadurch, dass sie unten in der Kneipe hinter der Theke aushalf. Sie übernachtete in einem winzigen, unbeheizten Raum unter dem Dach.

Das mag in heutigen Ohren wie eine traurige, entbehrungsreiche Jugend klingen, aber ich empfand es nicht so. Zum einen hatte ich noch eine zweite Familie, in die ich sozusagen ausweichen konnte, wenn es mir daheim zu eng wurde – die schon erwähnten Tante Anni und Onkel Leo.

Leo war so um 1920 herum, nach dem Ende des Ersten Weltkriegs, aus Berlin gekommen, weil er dort keine Zukunft für sich gesehen hatte. Er fand in Recklinghausen auf der Zeche Arbeit und holte später seine Frau Anni nach. Die beiden wohnten zunächst in unserem Haus, sogar auf unserem Flur. Sie waren zwar kinderlos, aber trotzdem – oder gerade deswegen – war Tante Anni total besessen von Kindern.

Als ich 1938 geboren wurde, war die Situation in der Familie wegen der Abwesenheit meines Vaters nicht die allerbeste. Ich kann nicht einmal erahnen, wie meine Mutter in dieser Zeit über die Runden gekommen ist. Vielleicht konnte mein Bruder Felix ihr etwas Geld geben, ich weiß es nicht. Was ich aber weiß, ist dies: Vom ersten Moment an war ich so etwas wie ein Sohnersatz für Tante Anni, und sie nahm meiner Mutter viel Arbeit ab. Tante Anni, stürzte sich mit überbordender Liebe auf mich und war fortan meine zweite Mutter. Manchmal war sie sogar wichtiger für mich als meine leibliche.

Einige Zeit vor dem Ende des Krieges zogen Tante Anni und Onkel Leo zwar aus unserem Haus weg – aber buchstäblich nur ein paar Häuser weiter, in die Emscherstraße. Dort ging ich ein und aus, als wäre ich ihr eigener Sohn.

Zudem muss man sagen, dass meine Kindheit verhältnismäßig sorgenfrei war, denn es ging unserer Familie finanziell gut. Neben der einmaligen KZ-Entschädigungszahlung, von der wir uns den besagten wuchtigen Schrank kauften, bezog mein Vater eine Knappschaftsrente und bekam auch die sogenannte Opferpension. Die war von der Adenauer-Regierung für Menschen eingeführt worden, die unter dem Naziterror gelitten hatten.

Im Vergleich zu den anderen Familien auf der Leusbergstraße standen wir also gut da, denn die lebten ja ausschließlich vom Lohn des jeweiligen Vaters – der in vier von fünf Fällen ein einfacher Bergmann war. Irgendwie waren alle auf der Zeche. Damals gab es allein in Recklinghausen vier davon. Auch mein Vater hat immer zu mir gesagt: „Du gehst auf den Pütt." Das war kein Befehl, sondern eine Feststellung. Es war eben so auf dem Leusberg. Die Männer arbeiteten auf der Zeche, und die Söhne folgten ihnen. Aus zwei Gründen. Erstens war das ein sicherer Arbeitsplatz. Zweitens gab es Kohlen. Jeden Winter bekamen die Bergleute zwanzig Zentner Deputat-Kohlen. Damit war die Bude immer warm, damals keineswegs eine Selbstverständlichkeit.

Ich aber wollte nicht auf den Pütt. Ich weiß nicht, warum. Ich wollte es einfach nicht. Vielleicht war mir der körperliche Zustand, in dem sich mein Vater befand, eine Warnung. Jedenfalls war ich schon auf der Volksschule sehr ehrgeizig. Der Rektor Lübbert muss auch etwas in mir gesehen haben, denn ich bekam einige kleine Aufgaben. So verwaltete ich zum Beispiel die Schlüssel, und wenn es Bekanntmachungen gab, dann wurde ich mit einem Zettel durch die Klassen geschickt. Ja, man kann sagen, dass ich ein beflissener und ziemlich guter Schüler war. Das weckte in mir den Wunsch, etwas zu tun, was Jungs vom Leusberg eigentlich nicht taten. Ich wollte aufs Gymnasium gehen. Eine konkrete Berufsidee hatte ich dabei gar nicht, ich wollte einfach nur auf die höhere Schule.

Vielleicht störte es mich deswegen, dass meine Eltern sich untereinander auf Polnisch unterhielten. Dabei beherrschten sie die deutsche Sprache einwandfrei. Mein Vater sowieso, aber auch meine Mutter, die ja erst spät nach Deutschland gekommen war. Jedenfalls kann ich mich nicht erinnern, dass sie jemals einen Akzent gehabt hätte. Sie sprach genauso gut Deutsch wie alle Nachbarn. Trotzdem redete sie Polnisch mit meinem Vater. Das erboste mich immer, und ich sagte: „Ihr sollt nicht Polnisch sprechen!“ Es gab nämlich auch eine Zeit, in der wir gehänselt wurden. „Rot und blau, Pollacks Frau“, solche Sachen riefen die Kinder. Es war mir also höchst unangenehm, an meine polnische Herkunft erinnert zu werden. Heute bin ich stolz auf sie, und ich bedauere es außerordentlich, dass ich nicht mehr Polnisch spreche. Manchmal kommen einzelne Wortfetzen in meiner Erinnerung hoch, aber das ist leider alles.

Eine andere Auseinandersetzung mit meinen Eltern rückte in jener Zeit unaufhaltsam näher. Im Jahr 1952, als ich fast vierzehn war, endete für mich die Volksschule, wie damals üblich nach acht Schuljahren. Früher oder später musste eine Entscheidung über meine Zukunft fallen. So saßen wir schließlich an einem Tag im Frühjahr um den Küchentisch – meine Eltern, Zita und ich.

„Was ist denn nun mit dem Jungen, Stefan?“, sagte meine Mutter zu meinem Vater. „Der geht ja bald von der Marienschule ab. Was soll denn aus ihm werden?“

„Na, was wohl?“, erwiderte der Alte. „Der geht auf’n Pütt.“

„Nein“, rief ich, „das will ich aber nicht!“

Da ließ mein Vater Gabel und Messer fallen und blickte meine Schwester an. „Fahr in die Stadt!“, befahl er ihr mit richtig wütender

Stimme. „Fahr in die Stadt und melde ihn beim Gymnasium an." Die Stadt, das war Recklinghausen. Wir wohnten ja in Recklinghausen Süd, wo die Malocher und Proleten lebten. In der Vorstellung meines Vaters war „die Stadt" der Ort, wo Ärzte, Apotheker, Rechtsanwälte und Direktoren wohnten.

Die besagte Schule heißt heute Freiherr-vom-Stein-Gymnasium. Damals war es ein sogenanntes Aufbaugymnasium. Das bedeutete, dass es auf die Volksschule aufbaute und man dort nach sechs Jahren das Abitur machen konnte. Es gab auch noch die Gymnasien Hittorf und Petrinum in Recklinghausen, aber die kamen für mich nicht infrage. Denn auf sie hätte man schon nach der vierten Klasse wechseln müssen.

„Melde ihn an", sagte mein Vater noch einmal zu Zita. „Dann muss er eine Prüfung machen – und die besteht er sowieso nicht." Er irrte sich. Ich bestand sie.

Das Wunder von Bern findet ohne mich statt

Etwas mehr als zwei Jahre nach diesem wichtigen Moment in meinem Leben lief ich mit meinem Freund Günther durch die Kneipe seiner Eltern. Das heißt, so richtig laufen konnten wir nicht, denn es war sehr voll. Günthers Vater hatte fast so etwas wie einen Altar aufgebaut. Da stand ein Tisch, auf ihm eine Konsole und darauf wiederum ein Fernseher. Und um den drängte sich nun nahezu die gesamte männliche Nachbarschaft. Der Fernseher war so wichtig, dass Günthers Vater von den Erwachsenen sogar 50 Pfennig Eintritt nehmen konnte, damit sie ihn anstarren durften.

Es war der 4. Juli 1954. Im Fernsehen lief das Endspiel um die Fußballweltmeisterschaft zwischen Ungarn und Deutschland. Gerne würde ich sagen können, dass ich gebannt vor dem Fernseher saß. Oder vielleicht noch besser: dass ich an diesem Sonntag vor dem Radio hockte und fasziniert der berühmtesten deutschen Fußballreportage lauschte, Herbert Zimmermanns atemlosem Bericht aus dem Berner Wankdorfstadion. Vielleicht sogar, dass diese Übertragung in mir den Wunsch weckte, mit meiner Stimme auch solche Bilder zu malen. Doch nichts dergleichen. Günther und ich würdigten den Fernseher keines Blickes. Fußball interessierte uns nicht. Selbst als die Männer alle schrien und uns erzählten, wir wären Weltmeister geworden, zuckten wir nur mit den Achseln. Na und?

Natürlich haben wir Jungs gepöhlt, als wir zehn, elf Jahre alt waren. Leusbergstraße gegen Neustraße, das waren kleine Feste für die Kinder der Nachbarschaft. Da wurde vorher sogar richtig trainiert, damit man sich gegen die anderen nicht blamierte! Gespielt wurde wirklich auf der Straße. Das war kein Problem, denn es gab in der ganzen Gegend nur ein einziges Auto, das gehörte dem Milchbauern. Der kam zweimal am Tag, und dann musste man kurz Pause machen. Aber sonst war die Straße frei. Es wurden zwei Tore durch Tornister markiert, und los ging's.

Das Dumme war bloß: Ich durfte nie mitspielen. Ich war zwar schnell, aber ich hatte überhaupt kein Ballgefühl und fiel gerne mal über meine eigenen Beine beim Versuch, einen Pass zu spielen. Wenn Nawrath und Limbach, die beiden Stars unserer Straße, ihre Mannschaften wählten – „Ich nehm' den", „Dann nehm' ich den" –, blieb ich immer übrig. Beim Spiel stand ich hinter dem Tor und musste die selbstgebastelten Bälle wiederholen, wenn jemand vorbeigeschossen hatte. Das war nicht schön, und wahrscheinlich hat es mir den Zugang zum Spiel etwas verbaut. Die Tatsache, dass ich die Namen Nawrath und Limbach auch sieben Jahrzehnte später noch parat habe, spricht Bände.

Später gab es bei uns mal so einen DJK-Verein, die katholische Deutsche Jugendkraft, und einer in dem Klub hatte die Idee, dass man meine Schnelligkeit gebrauchen könnte. Ich habe dann ein- oder zweimal auf der Außenbahn gespielt, aber es war fürchterlich. Fußball war nichts für mich. Das Spiel ging mir gepflegt am Allerwertesten vorbei.

Wie schon angedeutet, konnte ich aber sehr gut laufen. Auf der Penne war ich ein relativ guter Leichtathlet und trat dann 1953 auch Viktoria Recklinghausen bei. Ich glaube, ich hätte durchaus einiges erreichen können, wenn wir damals professionelles Training gehabt hätten. Aber wir besaßen ja noch nicht einmal Spikes. Der Trainer betrieb eine Lotto-Annahmestelle und kümmerte sich nur so nebenbei um uns. Von Süd waren es gut sechs Kilometer bis in die Stadt, zum Verein. Ich fuhr mit dem Fahrrad, und am Schluss ging es nur noch bergauf. Da kam ich oft schon halbtot beim Training an.

So stümperhaft das Training auch war, ich habe den Sport mit Leidenschaft betrieben. Ich war ein so großer Leichtathletikfan, wie man heute sagen würde, dass ich sogar zu den Länderkämpfen gefahren bin, die es damals noch gab und die meistens in Düsseldorf stattfanden. Es war die große Zeit der Leichtathletik, denn seinerzeit war der Fußball noch nicht die alleinherrschende sportliche Macht. Ich habe Herbert Schade gesehen, den schmächtigen Langstreckler aus Solingen, oder Karl-Friedrich Haas. 400-Meter-Läufer wie er waren so ein bisschen meine Idole. Aber Fußballer? Nein, nicht einmal die Helden von Bern.

Trotzdem ist mir der Tag des Endspiels noch gut in Erinnerung. Es war nämlich einer der letzten, in denen unsere kleine Welt – vom dritten Stock bis zur Kneipe unten – noch in Ordnung war. Denn schon im folgenden Jahr, also 1955, gab es den schweren Unfall. Meine Schwester Zita war mit den Wirtsleuten, Günthers Eltern, in deren Wagen unterwegs auf dem Ruhrschnellweg, heute die A 40. Ungefähr auf der Höhe von Dortmund-Hombruch verlor ein stark angetrunkener Autofahrer die Kontrolle über sein Fahrzeug und kollidierte mit dem Wagen der Wirtsleute.

Günthers Mutter war auf der Stelle tot. Ihr Mann und meine Schwester wurden schwerverletzt ins Krankenhaus eingeliefert. Zita hatte bei dem Unfall einen Beckenbruch erlitten, der dann leider nicht nach allen Regeln der modernen ärztlichen Kunst behandelt wurde. Beim Eingipsen muss etwas schiefgelaufen sein, jedenfalls wuchs ihr Becken nicht wieder sauber zusammen. Fortan hinkte sie leicht. Aber immerhin überlebte sie – Günthers Vater tat es nicht. Zwei Wochen nach dem Unfall starb er im Krankenhaus an einer Fettembolie, also dem Verschluss eines Blutgefäßes durch kleine Tröpfchen Körperfett.

Auf einmal stand Günther ohne Eltern da und war im Alter von gerade mal siebzehn Jahren zum Besitzer einer Kneipe und eines großen Mietshauses geworden. Er hat versucht, die Kneipe weiterzuführen, aber nach und nach ging alles den Bach runter. Er fing an zu trinken, dann kamen komplizierte Weibergeschichten dazu. Schließlich setzte ihm jemand einen Floh ins Ohr und schwatzte ihm eine Hühnerfarm auf.

Das klingt heute abwegiger, als es damals war. Eine Zeit lang, in der zweiten Hälfte der 1950er, war das eine beliebte Geschäftsidee. Man konnte Geld verdienen mit den Eiern der Hühner und ihrem Fleisch, vor allem, wenn man viele hatte. Und Günther hatte viele. Zweitausend! Leider hatte Günther keine Ahnung von Hühnern und auch keine Disziplin. Er blieb oft nächtelang weg, wegen Alkohol oder Frauen oder beidem, und viele Hühner verendeten elendig. Bald beschwerten sich die Nachbarn wegen des Gestanks, und die Stadt schloss die Hühnerfarm. Es war ein finanzielles Fiasko für Günther, nicht das letzte. Am Schluss war er pleite, und das Haus wurde zwangsversteigert. Was aus ihm wurde? Keine Ahnung, er ist spurlos verschwunden.

Der erste „Leusbub" macht Abitur

Der Kontakt zu Günther riss auch deshalb ab, weil ich Recklinghausen 1958 verließ. Und zwar, man glaubt es nicht, zum Studium. Jawohl: Werner Hansch, der Sohns eines „Püttologen" vom Leusberg, schaffte nicht nur sein Abitur, sondern ging auch noch zur Universität!

Ich liebte die Zeit auf dem Gymnasium. Im Grunde war diese Schule wie eine Heimat für mich, und ich ging unglaublich gerne hin. Es war auch keineswegs so, wie mein Vater befürchtet hatte, dass dort nur die Kinder der feinen Leute waren. Im Gegenteil, da es sich um ein Aufbaugymnasium handelte, kamen viele Schüler aus der Mittelschicht und aus einfachen Familien. Spätberufene wie ich, die nicht von Anfang an damit gerechnet hatten, das Abitur machen zu können.

Allerdings musste man in den ersten Jahren Schulgeld zahlen. Ich weiß noch, dass wir einmal im Monat klassenweise rauf ins Sekretariat gingen, um dort in bar zu bezahlen. So gesehen hatte ich Glück, dass mein Vater sich das erlauben konnte – und dass er auch bereit war, es zu tun.

Unser Gymnasium hatte einen sehr guten Ruf, hinter dem Petrinum mussten wir uns ganz sicher nicht verstecken, was Angebot, Anforderung und Qualität betraf. Und recht schnell entdeckte ich auf der Schule, was ich mit meinem Leben machen wollte. Ich entwickelte nämlich ein großes Faible für Geschichte. Ich weiß nicht, woher das kam, aber ich habe Bücher über Geschichte nur so gefressen.

Ab der Obersekunda, heute würde man sagen: der 11. Klasse, war der Direktor der Schule auch mein Geschichtslehrer. Es passierte nicht selten, dass ich im Unterricht aufstand und sagte: „Entschuldigen Sie bitte, Herr Fürstenau, aber ich glaube, diese Entwicklung hatte mit etwas ganz anderem zu tun." Das führte dann meistens zu lebhaften Diskussionen zwischen uns beiden. Er nahm es mir nicht übel, in meinem Abiturzeugnis erhielt ich in Geschichte die Note eins. Es war übrigens ein sehr gutes Zeugnis, und ich war der erste Junge von der Leusbergstraße, der nach dem Krieg Abitur machte. Ich erwähne das, weil ich fest davon überzeugt bin, dass auch viele meiner Kameraden ein mindestens ebenso gutes Abi wie ich gemacht hätten – wenn sie nicht auf den Pütt geschickt worden wären. Und ich erwähne es, weil ich glaube, dass mein Vater in diesem Augenblick stolz auf mich war. Gesagt hat er es natürlich nicht.

Was aber sollte nach dem Abi kommen? Ich kannte zu jener Zeit die Namen aller deutschen Botschafter in den wichtigsten Städten der Welt auswendig. Das war ein Thema, das mich völlig faszinierte. Vier Wochen vor dem Abitur veranstaltete dann der Rotary Club in Recklinghausen eine Art Berufsberatung, und ich wurde mit einigen anderen Schülern zu einem Rechtsanwalt geschickt, der über seinen Beruf berichtete. Als ich an die Reihe kam, sagte er zu mir: „Was zieht Sie denn in die Juristerei, was könnte Ihr Schwerpunkt sein?" Ich entgegnete: „Also, eigentlich möchte ich ja in den diplomatischen Dienst." Da leuchteten seine Augen, und er war auf einmal sehr interessiert. Er wollte wissen, woher mein Interesse dafür kam. Ich erzählte ihm, dass ich es mir toll vorstellte, ins Ausland zu gehen und Botschafter zu sein. „Da sind Sie bei mir genau richtig!", sagte der Anwalt. „Ich kann Ihnen auch sagen, was Sie tun sollten. Studieren Sie Jura und verbinden Sie das mit Neuerer Geschichte, dann sind Sie gut gerüstet." Er setzte erklärend hinzu: „Bei der Aufnahmeprüfung, die man machen muss, wenn man in den Auswärtigen Dienst will, geht es viel um Verfassungsrecht. Außerdem fragen die immer nach geschichtlichen Dingen. Mit einem Jura- und Geschichtsstudium sind Sie da bestens ausgerüstet."

Ich folgte seinem Rat und schrieb mich für Juristerei und Moderne Geschichte an der Westfälischen Wilhelms-Universität in Münster ein. Und so verließ ich im Sommer 1958 für immer, das dachte ich jedenfalls, die kleine Wohnung in der Leusbergstraße und nahm mir im 60 Kilometer entfernten Münster meine erste eigene Bude. Ich war voller Vorfreude. Was ich dem Rechtsanwalt vom Rotary Club nicht gesagt hatte, war nämlich, dass mich am Diplomatendasein auch der Status eines solchen Berufes reizte. Der polnische Vater auf'm Pütt, der Sohn im Auswärtigen Dienst der Bundesrepublik Deutschland! So jedenfalls lautete der Plan.

Bildungsprozesse

Wer den Tod nicht scheut, fährt Lloyd

In meinem Studentenleben – oder besser: in dem ersten meiner insgesamt drei Leben als Student – lief zunächst alles glatt. Ich fand schnell eine Bleibe, die ich mir mit einem Schulfreund teilte. Finanzielle Sorgen musste ich mir nicht machen, da mein Vater mich unterstützte. Ich bekam zudem eine gewisse Förderung durch das Honnefer Modell, einen BAföG-Vorläufer. Und was das Studieren selbst angeht, so war ich mit Hingabe und Akribie bei der Sache.

Der besagte Schulfreund hieß Jochen Richter. Er wollte eigentlich Pilot werden und hatte sich in Bremen beworben, bei der Pilotenausbildung der Lufthansa. Er wusste aber nicht, ob er dort zur Prüfung zugelassen würde, also schrieb er sich sicherheitshalber auch in Münster ein, für Deutsch und Englisch.

Jochens Vater war Polizist in Datteln und besaß eines jener Autos, die man damals als „Plastikbomber" bezeichnete, einen Lloyd 300. Innen war alles aus Kunststoff, daher der Name. Diesen Wagen lieh er uns in den Ferien nach dem ersten Semester, damit wir in den Zelturlaub fahren konnten – quer durch Italien, bis nach Neapel. Das heißt, Jochen fuhr, denn ich hatte noch keinen Führerschein.

Der Wagen war bis unters Dach vollgepackt mit Konserven, Geschirr, Klamotten. Wir konnten uns buchstäblich kaum bewegen in dem Ding, so eng war es. Aber lange fuhren wir sowieso nicht. Denn in der Nähe von Stuttgart machte es plötzlich Klingeling, der Wagen rollte aus, und nichts ging mehr. Wir öffneten die Motorhaube, konnten aber keinen Fehler finden. Als der ADAC schließlich eintraf, warf der Mechaniker nur einen kurzen Blick auf das Auto und sagte: „Friede seiner Asche. Da muss ein neuer Motor her." Die Pleuelstange war gebrochen.

Der ADAC schleppte den Wagen in die nächste Werkstatt. Dort war kein Lloyd-Motor vorrätig, also mussten wir zwei Tage warten, bis aus Bremen, dem Sitz der Firma, einer eintraf. Der Motor und sein Einbau waren nicht billig, deswegen war ich der Meinung, wir sollten umkehren und den Urlaub abbrechen. Jochen aber sah das anders, also reisten wir weiter. Wenn man das „reisen" nennen kann.

Denn damals musste man neue Motoren noch einfahren – und zwar ganz langsam und sachte. Also tuckerten wir in einem völlig überladenen Plastikbomber im Schneckentempo über die Alpen.

Irgendwann hatten wir es endlich geschafft, kamen runter nach Italien, fuhren an Mailand vorbei und fanden einen Campingplatz bei La Spezia, an der Italienischen Riviera. Wir schlugen unser Zelt auf und verbrachten ein paar schöne Tage am Strand des Mittelmeeres. Ganz in der Nähe war ein gutes Restaurant mit einem schönen Garten. Am Wochenende gab es dort Livemusik, damit die Leute tanzen konnten. Jochen und ich schlenderten also am Samstag hin, um uns das mal anzusehen. Plötzlich ging die Tür auf, und wer oder was kam rein? Eine ganze Busladung junger, bildhübscher Schwedinnen! Wir zwei machten natürlich große Augen und waren ganz begeistert. Es dauerte aber keine halbe Stunde, da konnte man die Mädchen gar nicht mehr sehen. Denn in einem weiten Halbkreis standen lauter junge Italiener um sie herum, alle mit offenen weißen Hemden und schwarzen Haaren (auf dem Kopf und auch auf der Brust). Da hatten Jochen und ich natürlich nichts mehr zu melden. Wir schlichen als verhinderte Casanovas zurück zum Campingplatz, während links und rechts der Straße die Pärchen im Gras lagen.

Bald darauf brachen wir auf und machten uns auf den Weg nach Neapel. Wir wollten in Etappen fahren, so etwa 200 Kilometer pro Tag hatten wir uns vorgenommen. Wieder kamen wir nicht weit. Hinter uns im Wagen klapperte etwas, vielleicht das Schloss einer geöffneten Aktentasche. Anstatt mich zu bitten, mal nachzusehen, drehte sich Jochen selbst um und verriss dabei das Lenkrad. Plötzlich stand sie im Weg – die dicke Palme, die für einen kleinen Plastikbomber viel zu mächtig war. Ich schlug mit dem Kopf durch die Scheibe und zerschnitt mir das Gesicht. Jochen zog sich nur eine leichte Prellung zu. Zum Glück passierte uns nichts Schlimmes. Ein damals oft gehörter Spruch besagte nämlich „Wer den Tod nicht scheut, fährt Lloyd".

Gegenüber der Unfallstelle war ein Friseursalon. Binnen Minuten waren wir von aufgeregten Italienern umringt. „Mamma mia!", riefen sie und holten mich in den Laden, wo sie mir das

Gesicht säuberten und mich von den Glassplittern befreiten. Als ich wieder vor die Tür trat, sah ich, wen von uns dreien es am schlimmsten erwischt hatte: den Lloyd. Totalschaden. Zerknirscht rief Jochen seinen Vater an und gestand ihm, dass wir gerade sein Heiligtum, den schönen Plastikbomber, zu Schrott gefahren hatten. Man kann sich vorstellen, wie der Polizist daheim in Datteln tobte.

Aber was sollten wir nun tun? „Komm, lass das Ding hier einfach stehen", sagte ich. „Wir nehmen unsere Koffer raus und fahren mit dem Zug nach Hause." Doch das konnten wir natürlich nicht machen. Also schleppten wir den Lloyd in eine Werkstatt. Und hatten Glück. Der Meister war ein sehr netter Mann und dazu noch äußerst pfiffig. Er hatte in seinem ganzen Leben noch keinen Plastikbomber gesehen, aber nachdem er sich den Wagen genau angeschaut hatte, meinte er, man könnte das Auto wiederbeleben, und bestellte in Mailand eine Reihe von Ersatzteilen. Auf die mussten wir allerdings eine Woche lang warten.

Während dieser Zeit schauten wir jeden Tag in der Werkstatt vorbei. Wie sich herausstellte, frönte der Meister einem herrlichen Hobby: Hinter seiner Werkstatt hatte er einen eigenen kleinen Weinberg. Er lud uns zu mehr als nur einem Umtrunk ein, und als die Ersatzteile aus Mailand endlich eintrafen, pflegten wir schon ein herzliches, fast freundschaftliches Verhältnis zu dem Mann. Er stellte uns am Ende sogar eine doppelte Rechnung aus, damit Jochens Vater aus dem Schneider war und die Kosten von der Versicherung übernommen wurden. Allerdings sind wir nicht weiter nach Neapel gefahren. Wir wollten unser Glück nicht überstrapazieren, sondern machten uns sogleich auf den Rückweg, zurück über die Alpen und wieder recht langsam. Denn nach dem Unfall schlossen die Türen nicht mehr richtig, und wir mussten sie von innen mit einem Strick zuhalten, damit sie uns bei dem Wind in den Bergen nicht um die Ohren flogen.

Kurz nach unserer Rückkehr bekam Jochen den Bescheid aus Bremen, dass er zur Prüfung zugelassen war. Er ist dann in der Tat, wie er es von Anfang an geplant hatte, Pilot bei der Lufthansa geworden und flog um die ganze Welt. Leider schlief der Kontakt zu ihm irgendwann ein. Jochen ist also der nächste wirklich gute Freund, von dem ich nicht weiß, wo er heute ist und wie es ihm geht.

Eine neue Welt in Berlin

Damals war es üblich, während seines Studiums zumindest einmal die Uni zu wechseln, um nicht so eingleisig durchs Leben zu fahren. Ein ehemaliger Schulkollege von mir studierte zu jener Zeit schon seit einigen Jahren in Berlin und schwärmte in den höchsten Tönen von dieser Stadt. Also entschloss ich mich nach dem Ende des zweiten Semesters, für ein Jahr an die Freie Universität Berlin zu gehen.

An einem Samstag im Herbst 1959 kam ich mit einem kleinen braunen Pappkoffer und einem Persilkarton, der durch einen Strick zusammengehalten wurde, in Berlin am Bahnhof Zoo an. Ich hatte weder eine Unterkunft noch irgendeinen Kontakt, denn die Adresse meines Schulkollegen kannte ich nicht. Ich trat aus dem Bahnhofsgebäude ins Freie und bekam einen Schreck, an den ich mich noch heute genau erinnern kann. Diese riesigen Häuser! Diese gigantischen Straßen! Ich kannte ja nur Recklinghausen und Münster, nun fühlte ich mich, als wäre ich in eine Betonschlucht gestürzt.

Ich stolperte in die erste U-Bahn-Station, die ich sah, und setzte mich in den nächstbesten Zug. Er fuhr zufällig nach Charlottenburg. Wie betäubt saß ich in der Bahn und ließ mich ziellos durch Berlin treiben. Irgendwann blickte ich auf die Uhr und stellte fest, dass es schon später Mittag war. Kohldampf hatte ich auch. Und es half ja nichts – ich konnte nicht den Rest meines Lebens in dieser U-Bahn sitzen bleiben. Also entschloss ich mich, an der nächsten Station auszusteigen und ein Lokal zu suchen, in dem ich etwas essen konnte.

Die Haltestelle hieß Sophie-Charlotte-Platz. Ich irrte die Straße entlang, bis ich eine Kneipe sah, das „Zille-Eck". Ich muss einen ziemlich bedröppelten Eindruck gemacht haben, als ich mir eine Bockwurst mit Kartoffelsalat bestellte und mich an einen Tisch setzte. Denn einer der Thekengäste blieb auf dem Weg zur Toilette neben mir stehen.

„Na, junger Mann“, berlinerte er. „Se kieken aber nicht so fröhlich aus der Wäsche, wa?“

„Nein, es geht mir auch nicht gut“, erwiderte ich. „Ich bin gerade in Berlin angekommen, um zu studieren. Aber ich habe nicht mal ein Zimmer.“

„Uiuiui“, sagte er. „Na, dann wird's aber Zeit.“ Und damit ging er weiter.

Es dauerte kaum zehn Minuten, ich hatte meine Wurst gerade auf, da stand er mit einem Zettel wieder vor mir. „Jehn Se ma vorbei“, sagte er und deutete auf eine hingekritzelte Adresse. „Könn Se ma fragen. Vielleicht nehm se Se.“

Mit dem ersten „se“ war eine Familie Kasüschke gemeint, die ursprünglich aus Breslau stammte, wie alle guten Berliner. Ihre Wohnung lag nur 300 Meter entfernt, im zweiten Stock eines typischen Berliner Altbaus. Ich klingelte, die Tür öffnete sich einen Spaltbreit, und eine Frau musterte mich misstrauisch. Ich erklärte stockend, worum es ging und zeigte ihr den Zettel. Da murmelte sie: „Na, komm Se ma rin.“ Ein paar Augenblicke später saß ich auf der Wohnzimmercouch, eine halbe Stunde danach kannte ich die komplette Familienhistorie einschließlich aller Krankengeschichten. Zwischendrin sagte die Frau zu meiner großen Erleichterung: „Se könn natürlich bleeben.“ Die Familie hatte ein Zimmer, das nicht benutzt wurde. Das könnte ich beziehen, sagte Frau Kasüschke. Wie sich herausstellte, war der Kneipengast, der mir den Zettel in die Hand gedrückt hatte, ihr Ehemann.

Zwei Tage später, am Montag, fuhr ich raus nach Dahlem, um mich einzuschreiben. Und da sah ich tatsächlich vier, fünf vertraute Gesichter – Studenten, die ich aus Münster kannte und die wie ich vorübergehend die Uni gewechselt hatten. Wir bildeten schnell eine kleine Münsteraner Fraktion in Berlin und unternahmen viel zusammen. Das sollte für mein späteres Leben noch wichtig werden, wenn auch nur auf einer ganz persönlichen Ebene.

Es passierte, wie immer, aus Zufall. Einige Monate nach meiner Ankunft, irgendwann im Sommer, traf ich einen dieser Kameraden. Er sagte: „Hör mal, wir wollen heute Nachmittag nach Ostberlin. Komm doch mit.“

„Nein, das geht nicht“, antwortete ich. „Nächste Woche ist Klausur in Strafprozessordnung, dafür muss ich ein bisschen was machen.“

„Schade“, meinte er. „Wir wollen in die Oper.“

Da musste ich laut lachen. „In die Oper? Na, das ist sowieso nichts für mich.“

„Aber das ist doch nur Beiwerk“, sagte er. „Wir gehen da nur hin, um zu tauschen. Am Bahnhof Friedrichstraße, zum Kurs von eins zu sieben!“ Damals stand die Mauer ja noch nicht, und man konnte problemlos vom Westteil der Stadt in den Osten fahren. „Wenn wir getauscht haben“, fuhr mein Kommilitone fort, „gehen wir in die Oper, es kostet nur 20 Pfennig Eintritt, Westgeld. Aber wir gehen natürlich nicht wegen der Musik dorthin, sondern weil man da Kaviar essen und Krimsekt saufen kann!“

„In der Oper?“, fragte ich entgeistert.

„Ja klar“, sagte er. „Nur das allerbeste Zeug, für ganz kleines Geld.“

Das wollte ich mit eigenen Augen sehen, daher änderte ich meinen Plan und fuhr mit den anderen Münsteranern in den Osten. Erst tauschten wir Geld, dann gingen wir die paar Hundert Meter zur Komischen Oper und kauften Karten. Gleich danach eilten wir zum Buffet. Es war alles haargenau so, wie mein Kommilitone gesagt hatte. Vor uns war roter und schwarzer Kaviar ausgebreitet – und die Getränke waren auch nicht zu verachten. Ich muss vom Sekt schon etwas beschwipst gewesen sein, als mir einfiel, dass ich ja eine gültige Opernkarte in der Tasche hatte. War es die Neugier? War es die Aussicht, in einem bequemen Sessel gemütlich zu verdauen? Ich weiß es nicht mehr genau, jedenfalls beschloss ich, mich in die Loge zu setzen, für die ich eine Karte hatte.

Gespielt wurde *Der Rosenkavalier,* inszeniert von der Regielegende Walter Felsenstein. Ich hörte die wundervolle Walzermusik, komponiert von Richard Strauss, und war sofort gefesselt. Es mag seltsam klingen, aber dies war ein ganz zentraler Moment meines Lebens. Plötzlich machte es, wie man sagt, „Klick“. An diesem Tag öffnete sich für mich ein Tor, und dahinter tat sich eine völlig neue Welt auf. Ich trat hindurch und bin seitdem ein großer Liebhaber der klassischen Musik. Richard Strauss steht bis heute ganz oben bei mir. Die Walzersuite aus dem *Rosenkavalier* ist noch immer eine Pflichtnummer, wenn ich etwas brauche, das mich aufbaut.

Übrigens bekam diese Geschichte noch eine späte, kleine Pointe. Fast ein halbes Jahrhundert nach jenem Tag, im Januar 2006, erhielt ich einen Anruf. Die Stimme am anderen Ende sagte: „Hallo, mein Name ist Olaf Fischer. Ich bin der Künstlerische Leiter der Komischen Oper in Berlin."

„Da müssen Sie falsch verbunden sein", erwiderte ich. „Ich bin von Beruf Sportreporter."

„Das weiß ich", sagte Fischer. „Genau deswegen rufe ich ja an."

Er stellte mir dann ein Projekt vor, das zur Fußball-WM im Sommer stattfinden sollte, ein sogenanntes Fußball-Oratorium mit dem Titel *Die Tiefe des Raumes*. Erzählt und besungen wurde der Aufstieg eines Spielers von den Anfängen bis zur Nationalmannschaft. Komponiert hatte das Stück der Frankfurter Moritz Eggert, die Texte stammten von Michael Klaus aus Gelsenkirchen. Es war 2005 bei der Ruhrtriennale in der Bochumer Jahrhunderthalle uraufgeführt worden. Nun nahm die Komische Oper dieses Musikwerk wegen der anstehenden WM in Deutschland in ihr Programm auf.

Im Prinzip handelte es sich um eine Oper mit großem Orchester, großem Chor, vier Solostimmen und drei Sprechrollen. Bei der Aufführung in Bochum hatte der Intendant Jürgen Flimm diese Sprechrollen – ein Trainer, ein Spieler, ein Reporter – mit drei Schauspielern besetzt. Die Berliner wollten aber eine möglichst originalgetreue Besetzung. So ganz original ging es nicht, daher gab Schauspieler Peter Lohmeyer den Trainer. Der Spieler war der ehemalige Profitorwart Lars Leese, über den Ronald Reng ein schönes Buch geschrieben hat. Und der Reporter sollte ich sein.

Während Fischer mir die ganze Sache am Telefon erklärte, stiegen in meinem Hinterkopf Bilder hoch. Ich sah mich im Berlin des Jahres 1960 in der Loge sitzen und zum ersten Mal den Rosenkavalier genießen. „Herr Fischer, Sie können aufhören", unterbrach ich ihn. „Ich mache das."

Und so betrat ich im Juni 2006 selbst die Bühne der Komischen Oper in Berlin. Drei Tage haben wir intensiv geprobt, denn unsere

Rollen erforderten gutes Timing. Wir saßen auf der großen Bühne, etwas am Rand, hinter uns waren die Sänger. Es war aber nahezu unmöglich, den Einsatz präzise herauszuhören, deswegen hatte man einen sogenannten Subregisseur in die erste Reihe platziert. Wenn ein Einsatz nahte, hob er langsam seinen Finger und zeigte dann im richtigen Moment auf einen von uns dreien. Das Ganze hat mir sehr viel Spaß gemacht, aber nach vier Vorstellungen war es leider vorbei, denn auch die schönste WM geht mal zu Ende.

Waise mit Anfang zwanzig

Nach zwei Semestern in Berlin kehrte ich zurück nach Münster, noch immer guter Dinge und fest entschlossen, mein Studium durchzuziehen. Wie motiviert ich weiterhin war, kann man vielleicht daran sehen, dass ich Anfang März 1961, kurz vor dem Ende des fünften Semesters, nach Vlotho fuhr, weil dort ein Lehrgang für politische Bildung stattfand.

Wir hörten gerade einen Vortrag, als sich die Tür leise öffnete und eine Sekretärin in den Raum trat. Unsere Köpfe drehten sich fragend zu ihr um. Sie sagte: „Herr Hansch möchte bitte mal raus auf den Flur kommen." Sie hatte den Satz noch nicht beendet, da wusste ich schon, worum es ging. Draußen sagte sie mir, dass mein Vater gestorben war; ich nickte nur stumm. Ich hatte damit rechnen müssen. Er war 70 Jahre alt und hatte mindestens die letzten fünfzehn davon komplett arbeitsunfähig mit einer anerkannt hundertprozentigen Steinstaublunge gelebt. Er war regelrecht eingetrocknet. Am 4. März starb er in seiner Wohnung in der Leusbergstraße, im Grunde an Erstickung. Wer weiß, vielleicht saß er in seinem Sessel und blickte gerade in die Ferne.

Der Tod meines Vaters war also keine Überraschung. Dass meine Mutter ihm weniger als sieben Wochen später folgte, traf mich dagegen völlig unvorbereitet. Ich kam damals an den Wochenenden immer nach Hause und fuhr montags zurück nach Münster. An einem frühen Montagmorgen Mitte April lag ich noch im Bett, als ich aus der Küche einen dumpfen Knall vernahm. Ich sprang auf und sah meine Mutter am Boden liegen. Ich trug sie ins Bett und lief nach unten in die Gaststätte, denn dort befand sich das einzige Telefon im ganzen Haus. Ich rief unseren Hausarzt Dr. Steinberg an. Er stellte einen Schlaganfall fest und ließ meine Mutter ins Krankenhaus bringen.

Ich war jung und hatte keine genaue Vorstellung davon, was diese Diagnose bedeutete. Am nächsten Tag besuchte ich meine Mutter im Krankenhaus und hatte das Gefühl, dass sie auf dem Weg der Besserung war. Ihr Mund stand nicht mehr so schief wie am Tag zuvor, und man konnte sich sogar mit ihr unterhalten. „Das wird bald wieder“, sagte ich zu ihr. Pustekuchen. Als ich am folgenden Vormittag ins Krankenhaus kam, eilte mir eine Schwester entgegen, um mir zu sagen, dass meine Mutter im Koma lag.

Ich stand erst ein paar Augenblicke an ihrem Bett, als drei große Gestalten in weißen Kitteln ins Zimmer traten. Es waren die Chefärzte der Chirurgie, Neurologie und Inneren Medizin. „Herr Hansch“, sagte die Schwester, „Sie müssen jetzt mal rausgehen.“ Ich trat vor die Tür auf den Flur und wartete. Nach einer Viertelstunde kamen die drei wieder raus und schritten den Gang hinab. Plötzlich blieben sie stehen. Sie tuschelten einen Augenblick, dann drehte sich einer von ihnen um und kam auf mich zu. „Ich nehme an, Sie sind der Sohn“, sagte er. „Es sieht nicht gut aus. Sie hat heute Nacht einen zweiten Schlaganfall erlitten, der sehr heftig ist. Ebenso schlimm ist, dass sie eine Thrombose im linken Bein hat. Wir können das nicht operieren. Wir müssten also das Bein amputieren, aber das wird sie in ihrem Zustand nicht überleben.“ Er nahm meine Hand und drückte sie. „Es tut uns leid“, sagte er und ging.

Meine Mutter starb am nächsten Tag, dem 20. April, im Alter von 64 Jahren. Ich stand wie unter Schock. Ich weiß noch, wie ich in die zwei offenen Gräber starrte und beide Male nicht einmal weinen konnte. Mir war sofort klar, dass die zwei kleinen Zimmer in der Leusbergstraße nun wieder mein Zuhause sein würden, zumindest bis alle Formalitäten erledigt waren. Dort lebte auch noch meine Schwester Zita, noch immer unter dem Dach. Sie war allerdings inzwischen – endlich, möchte ich fast sagen – eine richtige Beziehung eingegangen und hatte mit Ende dreißig sogar geheiratet. Kurz nach der Beerdigung meiner Mutter ging ich zurück nach

Münster, in der festen Absicht, das Studium zu beenden. Zita blieb zunächst in der Leusbergstraße wohnen. Erst mehrere Jahre später zog sie zusammen mit ihrem Mann in eine kleine Wohnung in der Bochumer Straße, gar nicht weit weg von unserem Elternhaus. Alfred arbeitete als Altgeselle in einer großen Recklinghäuser Metzgerei, daher war der Kühlschrank der beiden immer voll. Anfangs hatte ich Zitas Verbindung mit Alfred durchaus skeptisch gesehen. Alfred ging gern mal in die Kneipe und zwitscherte einen. Doch Zita hing an ihm, und er war sozusagen ihre letzte Chance, ein wenig kleinbürgerliches Glück zu erleben. Meine Bedenken schwanden auch bald. Die zwei führten eine wunderbare Ehe. Alfred trank so gut wie gar nicht mehr und war wirklich eine Seele von Mensch. Die beiden konnten sich sogar ein kleines Auto leisten, mit dem sie manchmal ins Münsterland fuhren. Leider dauerte ihr Glück nur etwa zehn Jahre. Dann bekam Alfred mitten in der Wurstküche einen Herzanfall und fiel tot um.

Bis heute jammert mich Zitas Schicksal, und es gibt mir immer einen kleinen Stich ins Herz, wenn ich über sie spreche oder schreibe. Sie hatte kein einfaches Leben, und ich möchte behaupten, dass die Jahre mit Alfred die einzigen waren, in denen sie wirklich glücklich war. Sie weigerte sich, ihre kaputte Hüfte noch einmal operieren zu lassen, und ihre Verfassung verschlimmerte sich zusehends. Schließlich ging sie stark gebeugt, wie ein halbaufgeklapptes Taschenmesser. Weil sie in ihrer Wohnung immer wieder stürzte und vom Notarzt ins Krankenhaus gebracht werden musste, kam sie schließlich in ein Pflegeheim. Sie blieb dort zehn Jahre lang. Die letzten fünf davon verbrachte sie nur noch im Bett liegend, dement und blind.

Jobberei, Ehe und ein neues Studium

Der Tod meiner Eltern war ein größerer Schlag für mich, als ich mir damals eingestehen wollte, und in gewisser Weise begann damit ein für mich dunkles – oder zumindest sehr schwieriges – Jahrzehnt. Ich konnte nicht richtig trauern, hatte zuerst keine Zeit, das Geschehene zu verarbeiten. Aber man kann vor so etwas nicht weglaufen.

Es holte mich immer wieder ein. Diese psychische Belastung war sicherlich ein Grund, warum ich das Studium schließlich abbrach.

Es gab aber auch rein materielle Gründe. Nach dem Tod meines Vaters hatte ich einen Anspruch auf Knappschafts-Kinderrente, man könnte es auch Waisenrente nennen. Aber es dauerte mehr als ein halbes Jahr, bis deren Höhe errechnet wurde. Bis dahin musste ich regelmäßig beim Studentenwerk vorstellig werden, meine Lage erklären und um einen Vorschuss auf die erwarteten Zahlungen von der Knappschaft bitten. Ich bekam dann jedes Mal etwas Geld. (Das ich natürlich später zurückzahlte.) Das ging vielleicht zwei Monate so, dann hing es mir zum Hals raus, betteln zu müssen. Ich musste etwas finden, von dem ich leben konnte. Die Waisenrente – sie betrug am Ende knapp 125 Mark im Monat – reichte dafür nicht aus. Und so schmiss ich im sechsten Semester mein Studium und ging wieder zurück nach Recklinghausen, um mir Jobs zu suchen.

Die folgenden knapp drei Jahre sehe ich in der Rückschau wie durch einen Nebel. Ich arbeitete mal hier, mal dort – was man halt so machen kann, wenn man keine Ausbildung hat: Tiefbau, Hochbau, Handlanger auf Baustellen. Maloche, wie man im Ruhrgebiet sagt. Mal wohnte ich bei meiner Schwester – also wieder zurück in der Leusbergstraße, von der ich doch glaubte, ich hätte sie hinter mir gelassen, um im diplomatischen Korps durch die weite Welt zu reisen – und eine Zeit auch bei Tante Anni und Onkel Leo. Anders gesagt, ich war in die erste von zwei Lebenskrisen geschlittert, die dieses Jahrzehnt für mich bereithalten sollte.

Es half mir ganz ohne Frage, dass ich nicht alleine war. Wenige Monate vor dem Tod meiner Eltern hatte ich ein sehr hübsches, nettes Mädchen namens Ingrid kennengelernt. Ich war mit einem ehemaligen Klassenkameraden zum Silvesterball nach Herne gefahren, ins Café Central. Sie war auch dort, mit einer Freundin. Wir haben zusammen getanzt, und weil sie ebenfalls aus Recklinghausen Süd stammte, brachte ich sie später, in der Neujahrsnacht, nach Hause. Es entwickelte sich das, was manchmal aus solchen zufälligen Treffen entsteht. Knapp vier Jahre später heirateten wir.

Ingrid kam aus einem gutbürgerlichen Geschäftshaushalt, ihre Eltern hatten eine alteingeführte Lotto-Annahmestelle, in der man auch Tabakwaren und Zeitschriften kaufen konnte. Für jemanden von der Leusbergstraße war es schon ein kleiner sozialer Aufstieg, in eine Familie zu kommen, in der man sonntags an gedeckten Tischen saß und aus feinem Porzellan Kaffee trank. So etwas kannte ich gar nicht. Aber ich wurde herzlich aufgenommen, vor allem, als ich nach dem Tod meiner Eltern moralische Unterstützung benötigte.

Die Beziehung zwischen Ingrid und mir war erheblich turbulenter, als diese Worte es klingen lassen. Vor der Heirat waren wir verlobt, dann entlobt, dann wieder verlobt. Zum allergrößten Teil lag die Schuld bei mir. Ich war in jener Zeit nicht leicht zu nehmen und sicher auch sehr unreif. Vor allem aber, da bin ich mir heute sicher, war ich einfach mit mir und meinem Leben zutiefst unzufrieden. Mein Traum vom Botschafterposten an einem exotischen Ort war geplatzt, und ich hatte ihn nicht durch einen anderen ersetzt, sondern ließ mich nur treiben und war auf dem besten Weg zum Tunichtgut. Eine Zeit lang tingelte ich sogar durch Spielcasinos, verdingte mich als Croupier und fing selbst an zu zocken. Vielleicht hatte ich deswegen später, als Geschäftsführer einer Trabrennbahn, ein gutes Gespür für die Mentalität des zwanghaften Spielers.

Zum Glück hatte ich in jener Phase dann doch noch einen lichten Moment. Nach drei Jahren fühlte ich mich, als würde ich immer mit dem Schädel gegen eine Wand rennen. „Um Himmels willen, das kann doch nicht mein Leben sein!“, schoss es mir durch den Kopf. „Ich muss doch etwas machen, was einen Sinn hat.“ Naheliegend wäre gewesen, das alte Studium wieder aufzunehmen. Ich dachte auch kurz daran, stellte aber schnell fest, dass ich zu viel Abstand gewonnen hatte. Dieser ganze Juristenkram war mir fremd geworden. Außerdem hätte es bis zum Staatsexamen noch einige Zeit gedauert, und ich brauchte eine Ausbildung, die ich zügig abschließen konnte. Das soll man im Leben nie tun – etwas machen, nur weil es schnell geht. Aber diese Lektion hatte ich damals noch nicht gelernt.

Zu jener Zeit konnte man durch ein Studium von sechs Semestern Volksschullehrer werden. Zwei davon würde man mir erlassen, weil ich aus Münster und Berlin ein Vorstudium nachweisen konnte. Das hieß also: Ich konnte in nur zwei Jahren, nach vier Semestern,

Lehrer werden. So begann im Jahr 1964 an der Pädagogischen Hochschule in Dortmund mein zweites Leben als Student.

Wovon aber sollte ich während der vier Semester leben? Die Lösung des Problems hätte meinem Vater vermutlich sehr gefallen. Sein Sohn, der nie auf den Pütt wollte, finanzierte sich sein Studium unter Tage, auf der Zeche General Blumenthal. Natürlich war ich nicht wie mein Vater im Streb, wo die Kohle abgebaut wird. Stattdessen wurde ich zwei alten Hauern im sogenannten Streckenvortrieb als Gehilfe zugeteilt. Es wurde in zwei Schichten gearbeitet. Die erste Schicht bohrte Löcher und sprengte; die zweite, das waren wir, legte Schienen und baute die Strecke aus. Zuvor mussten aber natürlich die Steinbrocken vom Sprengen aus dem Weg geräumt werden. Das war mein Job: Steine zum Abtransport in die Lore schaufeln. Harte Arbeit für zarte Studentenhändchen.

Eines Tages, während der Butterbrotpause, kam der Steiger zu mir. „So, Hansch", sagte er. „Jetzt wollen wir uns mal einen Streb ansehen." Auf dem Arschleder rutschten wir in Schräglage runter auf die nächste Sohle. Und dort habe ich dann gesehen, unter welchen Bedingungen mein Vater 36 Jahre lang geschuftet hatte. Nicht erst seit diesem Tag habe ich Respekt und große Ehrfurcht vor der Arbeit der Kumpel.

Es ist schon seltsam: Obwohl ich mich als Junge mit Händen und Füßen dagegen gewehrt hatte, auf den Pütt zu gehen, ist es mir heute sehr wichtig, dass ich dann doch noch dort gewesen bin, wenn es auch nur sechs Wochen in den Semesterferien waren. Viele Jahre später, Ende der 1990er, lernte ich den Vorstandsvorsitzenden der Ruhrknappschaft zufällig kennen, und wir unterhielten uns über die große Zeit der Zechen. Ich erwähnte, dass ich auch mal eine Zeit auf dem Pütt gearbeitet hatte, was ihn sehr interessierte. Etwa drei Wochen später bekam ich Post von ihm. Er hatte in alten Unterlagen gewühlt und tatsächlich meine Knappenkarte aus den 1960ern gefunden. Ich habe sie noch heute – und bin sehr stolz auf sie. Onkel Leo hat es leider nicht mehr erlebt, dass sein Ersatzsohn auf die Zeche ging. Ich war noch nicht lange wieder im Studium, da kam ich eines Tages nach Hause, in die Leusbergstraße, und fand Zita und Tante Anni tränenüberströmt vor.

„Was ist passiert?“, fragte ich entgeistert.

„Onkel Leo ist tot“, schluchzte Zita.

„Wo ist er?“, wollte ich wissen.

„In unserer Wohnung“, sagte Tante Anni.

Sie hatte noch keinen Bestatter gerufen. Ich machte augenblicklich kehrt und eilte hinüber zur Emscherstraße. Onkel Leo saß auf der Couch, als ob er darauf warten würde, dass seine Frau zurückkommt. Es war das erste Mal, dass ich so etwas sah: Jemand, der vom Tod überrumpelt worden war. Vielleicht nicht direkt in der Blüte seiner Jahre, aber auch nicht in einem hohen Alter. Onkel Leo war erst Mitte sechzig, als er starb. Tanne Anni überlebte ihn sehr lange. Sie ist 1987 gestorben.

Meine kurze Karriere als Lehrer

Bei meinem zweiten Anlauf schloss ich das Studium tatsächlich ab, sogar mit einem buchstäblich ausgezeichneten Examen. Auch die erhoffte Anstellung fand ich sehr schnell, an einer Volksschule in Dortmund-Nette. Von Lehrerarbeitslosigkeit konnte damals noch keine Rede sein. Und im Jahr, nachdem Ingrid und ich geheiratet hatten, wurde ich auch noch Vater. Am 9. April 1966 kam mein Sohn Oliver zur Welt, auf den ich sehr stolz bin und dessen eigene Familie heute mein großer Lebensanker ist. Oberflächlich betrachtet, schien also alles in bester Ordnung zu sein und in traditionellen, gesellschaftlich akzeptierten Bahnen zu laufen. Wir planten sogar noch ein zweites Kind, hofften auf ein Mädchen und hatten uns auch schon auf einen Namen geeinigt – Jennifer.

Doch nach und nach bekam ich das Gefühl, vom Regen in die Traufe gekommen zu sein. Das fing an mit dem Beruf, von dem ich schon nach kurzer Zeit merkte, dass er nichts für mich war. Ich trat meine Stelle nach den großen Ferien an, zusammen mit einem anderen Neuen. Die Schule in Nette war sehr groß, es gab knapp tausend Kinder und 25 Lehrer. Es herrschte ein unglaubliches Gewimmel, und wir zwei wurden nur beiläufig wahrgenommen. Schließlich schellte es, und alle eilten in ihre Klassen. Wir beide standen da wie bestellt und nicht abgeholt.

Nach einiger Zeit kam die Rektorin auf uns zu. Sie hatte einen Bubikopf, trug eine Hornbrille und sah für mich irgendwie aus, als wäre sie aus dem Dritten Reich übrig geblieben. (Was vermutlich auch stimmte. Sie war trotzdem eine sehr nette Frau.) „Tja, was mache ich denn mit Ihnen?“, murmelte sie. „Herr Hansch, übernehmen Sie doch einfach mal die 7b. Ich muss Ihnen aber gleich sagen, dass das vielleicht nicht so einfach wird. Die hat aus Krankheitsgründen schon länger keinen richtigen Klassenlehrer mehr gehabt.“

Ich ging die Treppen hoch und konnte schon von Weitem hören, wie die Schüler im Klassenraum über Tische und Bänke stiegen. Ich hatte auf der Hochschule vom Pädagogen Hugo Reiring gelernt, dass man auch kleine Kinder ernst nehmen muss und im Grunde wie Erwachsene behandeln sollte. Mit dieser Einstellung trat ich vor die Klasse. „Kinder, seid doch vernünftig!“, sagte ich. „Wenn alle durcheinander schreien, kann niemand was verstehen.“ Man muss wohl sagen, dass dieser Ansatz nur bedingt Erfolg zeitigte. Jedes Mal, wenn ich zur Großen Pause ins Lehrerzimmer trat, schauten die Kollegen auf meinen hochroten Kopf und sagten: „Sie haben sich ja schon wieder total aufgeregt, Herr Kollege. Wenn Sie so weitermachen, werden Sie es hier nicht lange aushalten.“

In meiner Klasse war ein Schüler namens Egon. Er war älter als die anderen, weil er schon zweimal sitzengeblieben war, und betrachtete sich als Anführer der Klasse. Eines Tages schrieb ich etwas an die Tafel und hörte hinter mir den üblichen Lärm. Da drehte ich mich um, baute mich vor den Tischen auf und blickte Egon an.

„Egon, du bist doch der Chef hier“, sagte ich. „Also sage ich dir jetzt mal, was als Nächstes passiert. Du kommst hier nach vorne, und dann kriegst du von mir eine gescheuert.“

Er kam tatsächlich – und grinste mich an. Ich weiß nicht, ob er mich provozieren wollte oder ob er glaubte, meine Ankündigung wäre nur eine leere Drohung. Er stellte sich vor mich. Ich hob die rechte Hand (an der ich damals noch einen Siegelring trug) und haute ihm mit voller Wucht in die Fresse. Augenblicklich war es totenstill in der Klasse. Egon schwankte, aber er fiel nicht. Er rieb sich die Wange, machte kehrt und schlich sich zurück zu seinem Platz. Von diesem Moment an galt die 7b als ruhigste Klasse der gesamten Schule. Und zwar weil Egon mein bester Verbündeter war. Sobald mich etwas störte, sah ich ihn an und sagte: „Egon, hast du deine Truppe nicht mehr im Griff?" Dann guckte er nur zweimal böse in die Runde, und sofort war Ruhe im Karton.

Am Tag nachdem ich Egon geschlagen hatte, klopfte es kurz vor der Großen Pause an die Tür zum Klassenraum. Ich hatte sofort ein ungutes Gefühl, deswegen nahm ich auf dem Weg zur Tür meinen Schlüsselbund in die Faust. Vor der Tür stand ein Mann in Maurerkleidung, den ich noch nie gesehen hatte, mindestens einen Kopf größer und gut doppelt so breit wie ich. „Sind Sie Herr Hansch?", fragte er. Das konnte ich schlecht verneinen, und so fuhr er fort: „Ich bin der Vater vom Egon."

Ich sagte zu den Schülern, ich käme gleich wieder, trat hinaus auf den Gang und zog die Tür hinter mir zu. Ich war auf alles gefasst. „Ich habe gehört, was Sie gestern gemacht haben", sagte Egons Vater. „Ich weiß, wie schwierig der Junge ist." Er machte eine kurze Pause, holte Luft und sagte: „Ich wollte Ihnen nur sagen: Das können Sie ruhig öfter machen!" Darauf war ich nun allerdings nicht gefasst gewesen. „Ich danke Ihnen für Ihr Verständnis", sagte ich, „aber ich glaube, das wird in Zukunft nicht mehr nötig sein."

Meine Erleichterung war so groß, dass ich ihm fast um den Hals gefallen wäre. Denn ich hatte mir natürlich große Vorwürfe gemacht und insgeheim schon mit der Entlassung gerechnet, vielleicht sogar mit Schlimmerem. Man konnte doch nicht vor der ganzen Klasse einen Schüler mit vollem Vorsatz auf diese Weise körperlich züchtigen. Es war ja fast wie eine Exekution! Da hätte ich schon wissen können, dass ich nicht zum Lehrer taugte.

Abgesehen von dieser Episode hatte ich allerdings mit den Kindern eigentlich keine Probleme. Eine viel größere Hürde war zum Beispiel der Lehrplan. Als Klassenlehrer unterrichtete ich alle Fächer – auch Religion. Später wurde dies geändert, aber als ich mich für Pädagogik einschrieb, war es noch fester Bestandteil der Studienbedingungen, dass man auch die Lehrbefähigung für Religion erwarb. Darauf hatte ich nun wirklich keinen Bock, denn mein Verhältnis zur Religion war inzwischen äußerst weltlich. Kurz vor der Prüfung bat ich den Regierungsvertreter, der in der Prüfungskommission saß, um ein Gespräch und schilderte ihm meine Bedenken. Er sagte: „Ich verstehe Sie, Hansch, aber Sie müssen da durch. Ich versichere Ihnen, dass ich bei der Prüfung anwesend sein werde, und dass ich darauf achte, dass es keine Gesinnungsprüfung wird, sondern eine Wissensprüfung."

So war es dann am Ende auch. Ich brachte die Prüfung mit einem „Befriedigend" (meiner schlechtesten Note) hinter mich und war im Besitz der Missio canonica, wie die katholische Lehrbefugnis heißt. An der Schule sagte ich dann der Rektorin sogleich, dass sie mich für alle Fächer einteilen könne, aber bitte nicht für Religion. Doch da war nichts zu machen. Ich war einer von nur drei Katholiken im gesamten, großen Lehrkörper. Also biss ich in den sauren Apfel und zog den Katechismus durch, an den ich selbst nicht glaubte. Es war ein weiteres Detail, das mich störte und meine Unzufriedenheit im Beruf wachsen ließ.

Dazu kamen private Probleme. Vielleicht trug ich die Frustration, die ich tagsüber als Lehrer spürte, in meine Ehe hinein. Vielleicht war es auch umgekehrt. Jedenfalls vertieften sich auf allen Ebenen, zwischenzeitlich sogar in finanzieller Hinsicht, die Krisen, in die ich nach und nach hineinschlitterte. So wenig, wie ich zum Lehrer taugte, so wenig schien ich zum Ehemann zu taugen. Jedenfalls nicht zum Ehemann von Ingrid. Unsere Beziehung war eine von diesen seltsamen, in denen die beiden Partner einfach nicht miteinander leben können, dann jedoch – nach der Trennung – zu den besten Freunden werden. Wir ließen uns im November 1968 scheiden, aber ich hatte danach ein wunderbares menschliches Verhältnis zu Ingrid, und als sie im September 1999 an den Folgen von Brustkrebs starb, mit gerade einmal 59 Jahren, da war ich es, der ihr die Augen für immer schloss.

Im Nachhinein war die Scheidung für alle Beteiligten die beste Lösung, und ich bin dem Schicksal wirklich dankbar, dass vor allem für den Jungen alles gut ausging. Oliver blieb bei Ingrid, die wenige Jahre später einen neuen Lebenspartner fand, mit dem ich mich gut verstand. In der Schule hatte mein Sohn nie Probleme, legte ein tolles Abitur hin und zog sein Studium in einer Weise durch, wie es seinem Vater nicht vergönnt gewesen war. (Was hätte Stefan Hansch wohl erwidert, wenn ihm gesagt worden wäre, dass eines seiner Enkelkinder in England promovieren und dann in den USA an der Universität lehren würde?)

Wer nur wegen seiner Kinder zusammenbleibt, obwohl keine Liebe mehr da ist, der tut weder sich noch seinen Kindern einen Gefallen. Das ist die Lehre, die ich aus dieser Geschichte gezogen habe. Aber das konnte ich natürlich 1968 noch nicht ahnen, als mein kleiner Sohn zu einem Scheidungskind und ich zu einem Wochenendvater wurde. Man muss es so deutlich sagen: Vor mir selbst – und es gibt keinen härteren und wichtigeren Kritiker – war ich privat und beruflich brutal gescheitert. Es war der zweite Tiefpunkt des Jahrzehnts für mich, und diesmal hatte ich nicht die leiseste Ahnung, was ich tun sollte. Noch war ich Beamter auf Widerruf, aber die zweite Staatsprüfung rückte unaufhaltsam näher. Was viele Leute sich erträumen, erschien mir wie der Eintritt in die Vorhölle – verbeamtet zu werden und den Rest meines Lebens als Lehrer zu arbeiten. Also bat ich um meine Entlassungsurkunde.

Zum ersten, aber nicht zum letzten Mal in meinem Leben war es eine entweder unerwartete oder sogar rein zufällige Begegnung mit einem fast Fremden, die mich auf einen neuen Lebensweg stupste. Später hießen die Menschen, durch die sich alles ändern sollte, Günter Siebert oder Kurt Brumme. Bei diesem ersten und am Ende wahrscheinlich wichtigsten Mal war es ein Mann namens Werner Korte. Ich hatte nur eine ungefähre Ahnung, wer er überhaupt war, als er mich ansprach. Irgendwie kannten wir uns über die Penne, glaube ich. Jedenfalls arbeitete Korte inzwischen als Geschäftsführer der Trabrennbahn in Recklinghausen. Und in dieser Eigenschaft rief er mich eines Tages aus heiterem Himmel an.

„Werner, ich weiß ja, dass du so ein bisschen schreiben kannst", sagte er. Ich kann nur vermuten, dass er sich entweder auf ein gewisses Talent im Umgang mit Sprache bezog, das ich auf der Schule gezeigt haben musste, oder auf meinen Lehrerberuf. Denn bis dahin war ich nicht journalistisch und schon gar nicht schriftstellerisch auffällig geworden. „Ich möchte hier auf der Trabrennbahn was ganz Neues machen. Ich möchte eine kleine Presseabteilung aufbauen, um den Sport etwas populärer zu machen", fuhr Korte fort. „Wäre das was für dich? Du kannst es dir ja mal überlegen."

Er kann nicht gewusst haben, dass ich meinen Beruf aufgegeben hatte. Schließlich posaunte ich meine Seelenlage ja nicht in die Welt hinaus, außerdem kannten wir uns nur flüchtig. Seine Anfrage kam also rein zufällig im richtigen Moment. Andererseits hatte ich keine besonders große Beziehung zu Pferden. Onkel Leo hatte mich in den 1950ern ab und zu mit auf die Rennbahn genommen, aber meistens zu den Autorennen, die damals noch dort veranstaltet wurden. (Der Rennfahrer Walter Komossa war unser Lokalheld.)

Beim Trabrennen war ich einige wenige Male, in erster Linie, weil man als Recklinghäuser gar nicht daran vorbeikonnte. Die Bahn war eine der ältesten Turfstätten in Westdeutschland und das größte Aushängeschild der ganzen Stadt. Als ich während meiner Schulzeit mal einen Job für die Sommerferien gesucht hatte, war mir zuerst die Rennbahn eingefallen. Etwa vier Wochen lang mistete ich als Schüler die Boxen aus. Darauf beschränkten sich also meine Erfahrungen mit dem Pferderennsport.

Etwa zwei Wochen lang schob ich die Entscheidung hin und her. Doch im Grunde stand mein Entschluss schon kurz nach dem Anruf fest. Mein Gehalt als Lehrer hatte 1.250 Mark netto betragen. Nicht zu verachten in jener Zeit, aber auch keineswegs bemerkenswert. Korte stellte mir mehr Geld in Aussicht und mehr Freiheit. Nach zweieinhalb Jahren im Schuldienst bekam ich meine Entlassungsurkunde („Mit dem Dank des Landes") und begann Ende 1968 ein neues Leben – auf der Trabrennbahn.

Pferdemann und Fußballnovize

Zum ersten Mal am Mikrofon

Im Grunde ist der Pferderennsport in Deutschland ein Teil der Landwirtschaft. Eigentlich geht es nämlich nur um die Zucht. Bei anderen Nutztieren, zum Beispiel Schweinen oder Bullen, gibt es Zuchtschauen, die vom Staat veranstaltet werden. Auf ihnen prüfen Richter die Tiere auf bestimmte Merkmale und entscheiden dann, welche zur Zucht zugelassen werden und welche eben nicht.

Bei den Rennpferden hat der Staat hingegen seine Aufgabe, die besten Zuchttiere zu finden, an Rennvereine delegiert. Ihre Pflicht ist es, Rennen auszutragen, um so die leistungsstärksten Pferde herauszusieben. Dies können Trabrennen oder Galopprennen sein. Die beiden Sportarten sind natürlich verwandt, haben aber eine völlig andere Entstehungsgeschichte. Der Galoppsport ist seinem Ursprung nach ein Offizierssport; die dekorierten Herren überprüften sonntags gerne mal, wer den schnelleren oder ausdauernderen Hengst ritt. Bei den Trabern hingegen waren es die Bäckermeister und Milchbauern, die auf Vorstadtwiesen ihre Karrengäule testeten. Vielleicht sind diese einfachen, fast proletarischen Wurzeln der Grund, weshalb Westdeutschland eine Hochburg des Trabrennsports war, mit vier Bahnen in einem Radius von nur 70 Kilometern.

Weil die Rennvereine im Auftrag des Staates eine gemeinnützige Aufgabe übernehmen, zahlen sie nur ganz geringe Steuern. Trotzdem müssen sie natürlich Einnahmen erwirtschaften, um überhaupt existieren zu können. Und das geschieht durch das Wetten. Die Zuschauer können Geld auf bestimmte Pferde setzen; der Rennverein kümmert sich um die Organisation der Wetten sowie die Verteilung der Gewinne und kassiert für diese Arbeit ein Viertel der eingezahlten Gelder.

Von diesen 25 Prozent bezahlt der Verein seine festen Angestellten und die zahlreichen Teilzeitbeschäftigten, die an den Renntagen gebraucht werden. Außerdem unterhält er davon die Anlagen und Gebäude der Rennbahn. Vor allem aber muss er mit diesem Geld auch Rennpreise ausloben. Denn ohne einen solchen finanziellen Anreiz würden sich ja nur die wenigsten Leute überhaupt Rennpferde halten.

Für den Rennverein geht es im Grunde darum, dieses System am Laufen zu halten und am Ende keinen Verlust zu machen. Gewinn muss er nicht unbedingt erzielen, das darf er auf Dauer auch gar nicht, weil sonst seine Gemeinnützigkeit in Gefahr käme.

All dies wusste ich natürlich noch nicht, als ich begann, für Werner Korte auf der Trabrennbahn in Recklinghausen zu arbeiten. Bald jedoch – und für sehr lange Zeit – sollte dieses System mein Lebensinhalt werden. Wie dem einen oder anderen Leser vielleicht bekannt ist, kam ich auf der Trabrennbahn bald vom Schreiben zum Sprechen, was mich schließlich ins Radio und dann sogar ins Fernsehen bringen sollte. Aber auch, als ich schon längst als Sportreporter tätig war und immer bekannter wurde, hatte ich noch eine feste Anstellung bei einem Rennverein. Vom Sommer 1981 bis Mitte 1992 war ich in meinem Hauptberuf Geschäftsführer der Trabrennbahn Dinslaken.

Mein Leben drehte sich also mehr als zwei Jahrzehnte lang um Rennpferde. Und zwar nicht um die des kleinen Mannes, die Onkel Leo einst unter dem Dach gehabt hatte, sondern um richtige. Aber das hätte ich mir natürlich niemals träumen lassen, als ich in meinen ersten Wochen auf der Trabrennbahn in Recklinghausen begann, mich in das Thema einzuarbeiten, und jeden ansprach, der mir etwas erklären konnte – vom Trainer bis zum Stallburschen.

Die Pressearbeit bestand zum größten Teil aus den Vorberichten zum kommenden Renntag. Welche tollen Pferde laufen in welchem Rennen? Was sagt dieser oder jener Trainer zu den kommenden Aufgaben? Woraus besteht das attraktive Rahmenprogramm? Über diese Texte, im Grunde ausgeschmückte Pressemitteilungen, kam ich rasch zu Nebenjobs und schrieb erst für die *Recklinghäuser Zeitung* und dann auch für die *Westdeutsche Allgemeine Zeitung* die Nachberichte zu unseren Renntagen. Das machte natürlich mehr Spaß als die reine PR-Arbeit.

Ich merkte schnell, dass es mir lag, mich in irgendeiner Weise öffentlich zu machen – nennen wir es, Journalismus zu betreiben. Und so wuchs in mir langsam die Idee, dass hier ein Beruf war, der mich wirklich erfüllen könnte. Allerdings wollte ich nicht den Rest meines Lebens den Pferden in den Hintern schauen. Wenn es denn wirklich Journalismus sein sollte, so sagte ich mir, dann aber auch richtiger. Richtiger Journalismus, das war für mich, der ich immer ein sehr politischer Mensch gewesen bin, allein politischer Journalismus. Und so reifte nach und nach ein Entschluss in mir. Wer schon zweimal studiert hatte, so folgerte ich messerscharf, der konnte es auch noch ein drittes Mal tun.

Weil ich diesen Plan – noch ein weiteres Studium – im Hinterkopf hatte, entging mir, dass eine andere Aufgabe auf der Rennbahn für meine Zukunft viel maßgeblicher war. Der Sprecher bei uns in Recklinghausen hieß Günther Keienburg. Er war von Beruf Lehrer, saß nur in seiner Freizeit oben im Zielturm und kommentierte von dort die Rennen. Und das nicht nur in Recklinghausen: Keienburg war auch auf den Bahnen in Gelsenkirchen und Dinslaken als Sprecher beschäftigt. (Auf der vierten Bahn im Westen, der in Gladbach, kommentierte damals noch Heinrich Müller.) An einem Renntag irgendwann im Jahr 1969 bekamen wir plötzlich vormittags einen Anruf von seiner Frau. „Der Günther kann heute unmöglich kommen", sagte sie. „Den hat die Grippe so schlimm erwischt, dass er keine Stimme mehr hat." Korte war ratlos.

„Ja, was machen wir denn jetzt?", fragte er mich. „Es ist ja keiner da, der das übernehmen kann." Ich zuckte mit den Schultern. Da sagte Korte: „Meinst du, dass du das hinkriegst, Werner?"

„Naja", antwortete ich, „ich kann's ja mal versuchen. Was soll schon passieren?"

Ich hatte bis zu diesem Augenblick nicht im Entferntesten daran gedacht, mit meiner Stimme zu arbeiten – und schon gar nicht auf diese Weise. Keienburg machte seinen Job schon etliche Jahre und auch sehr gut. Außerdem war es keine Aufgabe, um die ihn viele Leute beneidet hätten. Das Kommentieren von Pferderennen ist keine so ganz einfache Sache, denn man braucht schon ein scharfes und geübtes Auge, besonders wenn die Pferde hinten in den Kurven verschwinden.

Man kann dem Rennen auf eine solche Entfernung nur dann folgen, wenn man die Gespanne auf bestimmte Merkmale reduziert und diese im Blick behält. Heinz Wewering war ja meistens gut an seinem goldenen Helm zu erkennen. (Den darf der Deutsche

Meister tragen, und da Wewering diesen Titel fast dreißig Jahre ununterbrochen innehatte, war er als „Mann mit dem Goldhelm" bekannt.) Aber bald konnte ich viele Fahrer schon an ihrer Haltung im Sulky erkennen, etwa Eddy Freundt oder Willi Rode. Bei den Fußballern war das später nicht anders, auch da guckt man nicht auf die Rückennummer, sondern weiß sofort: Dieser watschelnde Laufstil, das ist Rüdiger Abramczik.

Die Hürde beim Trabrennen ist nun, dass es einem zunächst nicht viel hilft, wenn man den Fahrer schnell erkennt. Denn beim Kommentieren nennt der Sprecher die Namen der Pferde, nicht der Fahrer. Man muss also bei jedem Rennen im Kopf Verknüpfungen herstellen zwischen den Fahrern, die man am Helm, an der Haltung oder vielleicht auch nur den Farben des Dresses erkennt, und den Pferden, die sie in diesem speziellen Rennen vor sich haben. Da die Kombinationen ständig wechseln, müssen diese Verknüpfungen vor jedem Rennen neu gebildet werden. Viele Fehler darf man sich dabei nicht erlauben, denn es wird vom Sprecher erwartet, dass er beim Zieleinlauf die korrekten Platzierungen durchgibt. Bei ganz engen Rennen, die per Zielfoto entschieden werden, kann man schon mal sagen: „Da müssen wir erst den Richterspruch abwarten." Aber den Ersten mit dem Vierten verwechseln, das sollte nicht passieren.

Schließlich braucht man ein Gespür für den Rennverlauf und ein gutes Auge für sich anbahnende Veränderungen. Wenn so ein Feld sich erst mal formiert hat, dann behalten die Pferde meistens eine ganze Zeit lang ihre Reihenfolge. In diesen Phasen muss man schauen, wo der Favorit ist, ob er das Pferd schon „rausnimmt", also sozusagen zum Überholen ausschert. Oder welchen Eindruck der Führende macht, ob ihn vielleicht langsam die Kraft verlässt. Wenn ein Pferd „anspringt", also in Galopp verfällt, sollte man das auch sofort erkennen und durchgeben.

Ich muss ein gewisses Talent für all das besessen haben, denn die Übung und die Erfahrung, die einem guten Sprecher die Arbeit enorm erleichtern, hatte ich ja noch nicht, als ich an jenem Tag ins kalte Wasser sprang, besser gesagt: anstelle von Keienburg den Turm hinaufkletterte und das Mikrofon ergriff. Um meine Nerven zu beruhigen, sorgte Korte dafür, dass ein Journalist von der Deutschen Traberzeitung mit einem Fernglas hinter mir stand, um mir sozusagen im Notfall zu soufflieren. Ob ich die Hilfe wirklich brauchte, weiß ich heute nicht mehr. Vermutlich nicht.

Denn ich machte meine Sache von Anfang an recht gut. Deshalb war Korte gar nicht unglücklich, als sich herausstellte, dass Keienburg das viele Reisen leid war und nur noch in seiner Heimatstadt Gelsenkirchen kommentieren wollte. Ich übernahm seinen Part in Recklinghausen und in Dinslaken. Später, als Keienburg sich ganz vom Mikrofon zurückzog, bekam ich auch den Job in Gelsenkirchen. Und am Tag, als Müller in Rente ging, kam Gladbach noch hinzu. Warum ich so schnell so gefragt als Sprecher war, kann ich gar nicht genau sagen. Ich nehme an, es wird – wie später auch beim Radio – eine nicht greifbare Kombination aus Stimme, Sprache und Stil gewesen sein. Es gelang mir, nicht immer dieselben stereotypen Formulierungen zu benutzen, und ich konnte auch schon mal einen lockeren Spruch einstreuen.

Es gab da zum Beispiel einen Traber namens Lümmel. Das Pferd war sehr gut, wurde aber von seinem Besitzer Franz Keldenich fast nur in Amateurrennen gestartet, weil er es dann selbst fahren konnte. Die beiden waren ziemlich erfolgreich. Eines Tages kommentierte ich ein Rennen, in dem sie als Favorit galten. Keldenich lag lange im hinteren Feld, aber ich wusste genau, dass er sein Pferd bald in die äußere Spur rausnehmen würde, um anzugreifen. Kurz vor dem Finish sagte ich daher ins Mikro: „Das Feld ist auf der letzten Überseite … und da nimmt Keldenich seinen Lümmel raus!“ Ich konnte bis in meinen Turm hören, wie die Leute auf der Tribüne lachten.

Ein anderes Mal verzögerte sich der Start eines Rennens, weil beim Geschirr von Ralf Dautzenberg etwas kaputt war. Es ging dabei um den letzten Teil des Geschirrs, der unter dem Schweif des Pferdes durchgeführt wird. Ohne mit der Wimper zu zucken, nahm ich das Mikro und machte die folgende, begriffstechnisch völlig korrekte Durchsage: „Ich höre gerade, dass bei Dautzenberg der Schwanzriemen gerissen ist.“

Auch das amüsierte die Leute. Ich achtete aber darauf, diese Dinge nicht zu übertreiben. Natürlich soll der Rennsport auch

Werner Hansch (1. von rechts) ist stolzer Staffelsieger bei der Schulmeisterschaft über 5 x 80 m, um 1951.

Stefan Hansch und Magdalena Hansch, geb. Tomczak.

12493/207

Straf- – Gerichtsgefängnis Hamm

Hansch Stefan
(Zuname) (Vorname)

geb. am 18.8.90 in Bielewo Kreis Kosten Prov. Posen

Haft R. Nr. Religion: k Beruf: Bergmann Wohnung Recklinghausen S2 Hermann-Göringstrasse 28

Eingeliefert – xxxx

am 23.4. 1934, 10 Uhr 30 Ehefrau Magdalena Wohnung: daselbst Kinder: 4

von: Gerichtsgefängnis Recklinghausen Verwandte: (Eltern, Vormund)

Nr. der Zugangsliste 160/34

Haus

Größe: 1,78 Bart: Schnurrbart Augen blau Kinn: gew.

Gestalt: kräftig Gesicht oval Nase gew. Mund: gew.

Haar dunkel Stirn: hoch Ohren grossabstehen. Zähne: Sprache: deutsch

Besondere Kennzeichen r. H. tätowiert St. H.

A. Untersuchungshaft. Vorstrafen: keine Geldstrafe, Haft, Gefängnis, Zuchthaus, P.-A. Bl.

Tatgenossen: 30 Tatgenossen

Einlieferungsanzeige ab: 23.4.34

Lfde Nr. der Einlieferung	Strafverfolgungsbehörde, Aktenzeichen und Datum des Annahmeersuchens	Tatverdacht auf	
1.	G. St. A. Hamm O.J. 323/33 v. 9.4.34.	Vorbereitung zum Hochverrat	Ich wurde darauf hingewiesen, daß die Angaben, die ich hier über meine Person mache, richtig sind, und daß ich mich durch falsche Angaben der intellektuellen Urkundenfälschung schuldig und strafbar mache, ferner, daß ich die Hausordnung zu befolgen habe. v. g. u. geschlossen.

Entlassungsanzeige ab:
Strafgefangener seit:
Übergeführt am:
Untersuchungshaft unterbrochen durch Strafhaft siehe B. Nr.

Richter, Vollstr.-Behörde, Polizei. Für Untersuchungsgef. u. kurzzeitige Strafgef.

B. Strafhaft (wenden)

Heftrand

Die Einlieferungsanzeige des Gerichtsgefängnisses Hamm für den Untersuchungshäftling Stefan Hansch, angeklagt der „Vorbereitung zum Hochverrat".

▷ Die Bürokratie funktionierte auch im Konzentrationslager einwandfrei. Rechts oben die Namensliste derjenigen Häftlinge, die mit Stefan Hansch am 5. Juli 1938 im KZ Buchenwald bei Weimar eingeliefert wurden. Die Mehrzahl der Mitgefangenen war im Zuge der im Frühsommer 1938 durchgeführten „Aktion Arbeitsscheu Reich", die die Nationalsozialisten gegen vermeintlich Asoziale richteten, verhaftet worden. Rechts unten die sogenannte Schreibstubenkarte für Stefan Hansch. Aus ihr geht u.a. sein Aufnahme- und Entlassungsdatum im KZ Buchenwald hervor.

Anlage zur Veränderungs-
meldung vom 5.7.1938.

K.L.Buchenwald, den 6.Juli 1938

Namentliche Liste der Zugänge vom 5.7.1938

1	Schutzhäftling	Nr.7824	Hansch, Stephan	rückfällig
2	"	Nr.7857	Hein, Siegfried	Jude
3	"	Nr.7849	Hirschberg, Josef	Jude
4	"	Nr.7816	Lenz, Wilhelm, Friedrich	
5	"	Nr.7830	Niesyto, Felix	
6	"	Nr.7855	Obolensky, Nicolaus	
7	"	Nr.7854	Petersen, Lauritz	
8	"	Nr.7823	Sieberg, Heinrich	
9	Vorb.-Häftling	Nr.7820	Carls, Rudolf	
10	" "	Nr.7828	Eichmann, Erhard	0001356
11	" "	Nr.7822	Gude, Feodor	
12	" "	Nr.7829	Häusler, Robert	
13	" "	Nr.7821	Heinemann, Johann	
14	" "	Nr.7808	Hoffmann, Bernhard	
15	Ausweis.Häftl.	Nr.7827	Michalowitz, Stanislaus	
16	Bibelforscher	Nr.7850	Diekmann, Hinrich	
17	"	Nr.7851	Laakmann, Peter	
18	Arbeitsscheu R	Nr.7832	Abrahams, Herbert	Jude
19	"	Nr.7839	Arjes, Christian	
20	"	Nr.7811	Borkenbrink, Erwin	
21	"	Nr.7841	Bold, Dirk	
22	"	Nr.7843	Bräucker, August	
23	"	Nr.7835	van Cleef, Siegfried	Jude
24	"	Nr.7836	Döpke, Robert	
25	"	Nr.7812	Duscha, Emil	
26	"	Nr.7853	Fero, Nikolaus	
27	"	Nr.7856	Gottschall, Otto	
28	"	Nr.7814	Grabowski, Eduard	
29	"	Nr.7845	Habben, Meent	
30	"	Nr.7859	Hein, Nikolaus	
31	"	Nr.7858	Kilkowski, Friedrich	
32	"	Nr.7846	Knödler, Anton	
33	"	Nr.7844	Kossack, Julius	
34	"	Nr.7840	Krebs, Paul	
35	"	Nr.7842	Kuiper, Leonhard	
36	"	Nr.7815	Lück, Paul	
37	"	Nr.7810	Malolepski, Johann	
38	"	Nr.7817	Marohn, Hugo	
39	"	Nr.7834	Oberländer, Hermann	
40	"	Nr.7809	Paul, Helmut	
41	"	Nr.7848	Petry, Joseph	
42	"	Nr.7825	Poppinga, Theodor	
43	"	Nr.7813	Spill, Eduard	
44	"	Nr.7833	Schubert, Emil	
45	"	Nr.7819	Vollmuth, Max	
46	"	Nr.7838	Wagner, Bruno	
47	"	Nr.7852	Wagner, Josef	
48	"	Nr.7831	Waligorski, Bruno	
49	"	Nr.7818	Warnke, Erich	
50	"	Nr.7837	Weinthal, Walter	Jude
51	"	Nr.7[illegible]	[illegible] Ernst	
52	"	Nr.7[illegible]	[illegible]	Jude

Pol. ~~7824~~ 895 H a n s c h , Stephan 40 /
~~rückf~~.

18. 8. 90 Bielewo/Posen
Bergmann
eingel. 5. 7. 38
ab 20. 9. 38 nicht mehr rückfällig

Am 27.10.38 auf Transport
" 24.11.38 von " zurück

Recklinghausen

I.T.S. FOTO Nr. 98a

entlassen 7.2.39

Werner Hansch mit seiner Mutter und seiner Schwester Zita in der elterlichen Wohnung. Im Hintergrund der Schrank, der von der „KZ-Entschädigung" erworben wurde.

Werner Hansch, rechts stehend im hellen Trenchcoat, mit seiner Abiturklasse.

Stefan Hansch (2. von rechts) beim Doppelkopf in der Kneipe unter seiner Wohnung.

Das Geburtshaus von Werner Hansch. Im zweiten Stock ganz links ist das Fenster zu sehen, das zur Wohnung der Familie Hansch gehörte.

Zita Hansch, um 1930.

Werner Hansch als Sprecher auf der Trabrennbahn in Dinslaken.

Werner Hansch und sein Freund Peter Büttel (rechts) als Angler.

Im Sulky: Werner Hansch als Sieger bei einem Presserennen 1969 (Nr. 7) …

… und 1973.

Interview mit der Schalker Vereinslegende Berni Klodt.

Schalke-04-Präsident Dr. Hans Joachim Fenne, WDR-Reporter Werner Hansch, Schalke-Manager Rudi Assauer, 1984.

der Unterhaltung dienen, aber es geht immerhin um das Geld der Wetter, also darf man nicht albern werden. Und vor allem darf sich ein Sprecher nicht wichtiger machen als die Sache selbst.

Unvergessliche Polenreisen

Kortes Ansage, dass er den Trabrennsport populärer machen wollte, war keine leere Versprechung. Am Ostermontag 1970 veranstaltete er in Recklinghausen die erste Europameisterschaft der Trabrennfahrer. Es war ein gigantischer Erfolg. Der *Spiegel* schrieb damals: „Elf europäische Spitzenfahrer zogen 18.132 Zuschauer an, mehr als je zuvor die Rennbahn an einem Tag besucht hatten. Hans Frömming, mit nahezu 5.000 Siegen erfolgreichster Fahrer der Welt, frohlockte: ‚Endlich sind wir Traber da, wo andere Sportarten auch sind.'"

Doch das war erst der Anfang. Korte hatte die Traberorganisation der USA dafür gewonnen, knapp einen Monat nach der EM die erste Weltmeisterschaft auszutragen – und ich war dabei! Die acht besten Fahrer aus sieben großen Trabernationen wurden zu dieser WM eingeladen (als Gastgeber durften die Amis zwei Fahrer stellen) und sollten in insgesamt zwei Dutzend Rennen auf sieben verschiedenen Bahnen in Nordamerika den Weltmeister ermitteln. Deutschland wurde durch Eddy Freundt vertreten, der die EM bei uns in Recklinghausen gewonnen hatte. Ich durfte ihn begleiten; man könnte sagen, ich war Eddys Kofferträger.

Es war eine unvergessliche Reise für mich, der ich bis dahin ja höchstens mal in einem Plastikbomber über die Alpen gerumpelt war. Die Tour startete in Chicago und ging dann über Philadelphia und New York runter in die Südstaaten, nach Louisville. Das Finale fand statt in Montreal, Kanada. Die Pferde kamen alle aus Amerika und wurden den Fahrern zugelost. Auf jeder Bahn fanden drei oder vier Wertungsrennen statt, und am Ende gewann der Fahrer mit den meisten Punkten. Es war schließlich der Kanadier Herve Filion. Eddy wurde abgeschlagen Letzter.

Am Tag vor der Europameisterschaft auf unserer Rennbahn hatten wir übrigens eine große Gala im Saalbau Recklinghausen veranstaltet. Zwei Monate lang waren wir mit den Vorbereitungen beschäftigt, auch weil es eine große Tombola gab, für die wir die Preise besorgen mussten. Viele Prominente aus Politik, Kultur und Sport waren eingeladen. Landwirtschaftsminister Diether Deneke drehte das Glücksrad, mit dem die Gewinner der Tombola bestimmt wurden. (Und stürmte mit zornrotem Kopf aus dem Saal, als man ihm vorwarf, dabei einen Fehler gemacht zu haben. Ich musste ihm nacheilen, um einen Eklat zu verhindern.) Das Orchester Max Greger spielte an dem Abend, Roberto Blanco trat auf. Die beiden allein kosteten uns 30.000 Mark Gage, aber Korte wusste, dass es sich lohnen würde, auf diese Weise die Werbetrommel zu rühren.

Aus diesem Grund, also Publicity, trugen wir auch sogenannte Presserennen aus, bei denen sich Journalisten mal in den Sulky setzen durften. Wir hofften, den einen oder anderen damit so für den Sport zu begeistern, dass wir öfter in den Medien auftauchten. In einem solchen Zusammenhang durfte ich zum ersten Mal selbst ein Trabrennen fahren. Im Juli 1969 saß ich beim Deutschen Pressepreis in Dinslaken im Sulky und feierte gleich einen großen Sieg. Das lag aber wahrscheinlich weniger an mir, mehr an dem tollen Pferd, das ich hatte. Die Stute lief im Grunde von alleine, ich musste nur darauf achten, eine Kollision zu vermeiden.

An jenem Tag fuhr auch ein Journalist namens Peter Büttel mit. Ich hatte ihn kurz nach meinem Wechsel vom Schuldienst zum Rennverein kennengelernt. Eines Tages tauchte er mit seinem kleinen Sohn auf dem Arm bei uns auf und meinte, er würde gerne mal eine Geschichte über die Rennbahn schreiben. Er war damals Lokalredakteur der WAZ in Oer-Erkenschwick, wechselte aber bald nach Oberhausen. Aus dieser Begegnung entwickelte sich eine ganz dicke Freundschaft, vielleicht die engste, die ich je hatte. Ich tue mich, aus welchen Gründen auch immer, sehr schwer damit, jemanden als Freund zu bezeichnen, und habe in meinem Leben auch nicht viele gehabt. Peter aber war einer. Vielleicht ist er es immer noch, das ist schwer zu sagen, weil wir in den letzten Jahren keinen Kontakt mehr hatten. Was zu einem ganz erheblichen Teil daran liegt, dass Peters Leben mehr als turbulent verlaufen ist, geradezu abenteuerlich. (Der hätte eine Autobiografie schreiben sollen, nicht ich!) Doch dazu später ein klein wenig mehr.

An dieser Stelle sei nur gesagt, dass für Peter und mich ein anderes Ereignis des Jahres 1970 viel wichtiger war als eine Trabrenn-EM oder eine noch so große Gala. Die Rede ist von Willy Brandts Kniefall am 7. Dezember in Warschau. Wir waren beide beeindruckt von Brandts Ostpolitik, der Versöhnung mit Staaten wie der Sowjetunion und Polen. Wir vergötterten den Mann geradezu. Bei mir kam natürlich noch meine Familiengeschichte hinzu. Und die Tatsache, dass ich seit meiner jugendlichen Schwärmerei für Adenauer inzwischen so weit nach links gewandert war, dass ich mich als überzeugten Genossen sah. Ja, man könnte durchaus sagen, dass ich selbst damals schon noch links von einem großen Teil der SPD stand. (Heute natürlich allemal.)

Der Kniefall von Warschau hatte für mich zwei unmittelbare Folgen. Die erste war, dass mein Wunsch verstärkt wurde, politischer Journalist zu werden. Die Zeiten waren zu aufregend und Politik zu spannend, um die nächsten Jahrzehnte mit so etwas wie Sport zu verbringen. Damals – wie wahrscheinlich auch heute noch – galt: Wer Journalist werden will, sollte nicht unbedingt Journalistik oder Publizistik studieren, sondern sich viel eher eine profunde Ausbildung in etwas verschaffen, über das er dann später kundig berichten kann.

Mittlerweile hatte ich ja eine ganze Reihe von ordentlich bezahlten Jobs – Pressereferent in Recklinghausen, Sprecher auf gleich vier Rennbahnen, freier Mitarbeiter einiger Zeitungen – und konnte mir ein weiteres Studium durchaus finanzieren. Also schrieb ich mich zum Sommersemester 1972, mit fast 34 Jahren, an der Ruhr-Universität in Bochum für Politik und Soziologie ein. Da wusste ich noch nicht, dass keine zwölf Monate später ein weiterer Job hinzukommen sollte und ich vielleicht bald ein wenig zu viel Arbeit haben würde, um nebenbei auch noch zu studieren.

Die zweite Folge des Kniefalls war, dass Peter und ich beschlossen, nach Polen zu fahren. Ab 1972 oder 1973, nachdem ich wieder Student geworden war, unternahmen wir insgesamt sechs Reisen in den sogenannten Ostblock, damals eine sehr ungewöhnliche Sache und für uns eine fantastische Erfahrung. Das einzig wirklich Unangenehme an diesen Reisen war der Weg durch die DDR. Wir haben alle möglichen Tricks ausprobiert, zum Beispiel eine Ausgabe des *Neuen Deutschland* zu kaufen und die Zeitung so ins Auto zu legen, dass die Grenzposten sie sehen mussten. Aber meistens nutzte das gar nichts. Wir wurden regelmäßig schikaniert, und hatten wir die Grenzkontrollen endlich hinter uns, mussten wir auf der Transitstrecke fürchten, angehalten zu werden. Der Polizei war kein Vorwand zu blödsinnig, um uns Devisen abzuknöpfen. Es war furchtbar. Aber kaum hatten wir Polen erreicht, da war es, als würde sich der Eiserne Vorhang plötzlich heben. Die Menschen waren herzlich und hatten einen feinen, hintergründigen Humor, der mir sehr gefiel.

Wir organisierten diese Fahrten über die WAZ. Die Zeitung meldete uns bei der polnischen Nachrichtenagentur PAP an, und die stellte uns einen Begleiter, der auch für uns dolmetschte. Wir konnten völlig offen mit den Menschen auf der Straße reden und bekamen auch ohne Weiteres Interviewtermine mit Parteifunktionären und Regierungsvertretern. Ich schrieb anschließend Berichte über unsere Erlebnisse, für die ich natürlich auch ein Honorar von der WAZ erhielt. Peter machte die Fotos, mit denen die Artikel illustriert wurden. Wir haben zusätzlich noch einige Ausstellungen organisiert, auf denen Peters Bilder gezeigt wurden, und Vorträge gehalten.

Wir berichteten nicht nur über die große Politik, sondern auch über Land und Leute, über Kultur und Kunst. Mit dem Wissen von heute wäre ich das Ganze damals noch professioneller angegangen und hätte einen Kameramann mitgenommen. Themen, die uns alle Sender aus der Hand gerissen hätten, lagen buchstäblich auf der Straße, wie etwa der religiöse Wahn um die Schwarze Madonna von Tschenstochau. Ebenso eindrucksvoll war der Marienplatz von Krakau. Bis zum heutigen Tag erscheint zu jeder vollen Stunde im Nordturm der Marienkirche ein Trompeter und bläst eine Melodie, die auf die Zeit der Mongolen zurückgeht. Die Legende besagt, dass ein Trompeter die Bewohner der Stadt vor einem Angriff warnte und dabei von einem Pfeil der Mongolen tödlich getroffen wurde.

Deswegen bricht die Melodie des Trompeters noch heute mittendrin einfach ab.

Ein Problem auf den Polenreisen konnte die Zimmersuche sein. Wir kamen oft erst mitten in der Nacht in Warschau an und versuchten es dann zuerst im Hotel Europejski. Wenn wir dem Portier unsere Reisepässe zeigten, legte ich immer einen 20-Mark-Schein rein, aber manchmal half selbst das nichts, und er hatte nur noch die Besenkammer für uns – oder gar nichts. Einmal haben wir deswegen direkt vor dem Palast des Staatspräsidenten im Auto übernachtet. Wir wunderten uns, dass wir dort parken durften, aber niemand kam, um uns zu verscheuchen. Die ganze Nacht patrouillierte ein Posten vor dem Palast auf und ab. Wir waren also sozusagen gut bewacht; wer weiß, ob Peters schickes westliches Auto, ein Ford, sonst nicht unliebsame Neugierige angezogen hätte.

Ein anderes Mal sprachen wir in einer Bar zwei Mädchen an. Sie waren offenkundig … wie soll ich mich ausdrücken? … aus beruflichen Gründen dort. Wir gingen zu ihnen rüber und sagten: „Passt auf, wir geben euch 30 Mark bar auf die Hand, aber wir brauchen nur einen Platz zum Aufwärmen und zum Schlafen." Sie schauten uns etwas skeptisch an, ließen sich aber auf den Deal ein. Ich nehme an, sie waren sehr überrascht, als Peter und ich dann tatsächlich völlig übermüdet von der Reise in ihre Betten fielen – und augenblicklich einschliefen.

Mit Westgeld konnten wir in Polen herrlich leben. In Sopot, einem Ostseebad unweit von Danzig, stand ein großes Hotel, das früher mal ein edles Spielcasino gewesen war. Wir tauschten auf dem Schwarzmarkt Geld und lebten dann wie die Fürsten in diesem Hotel – mit üppigem Frühstück auf dem Zimmer und allem Schnickschnack.

Einmal verließen wir unser Hotel in Warschau und wollten gerade ins Auto steigen, als ein elegant gekleideter junger Mann auf mich zukam.

„Wollen Sie tauschen?", fragte er.

„Nein danke", antwortete ich. „Wir brauchen nichts mehr, wir sind schon so gut wie auf dem Weg nach Hause." Dann sah ich zu Peter hinüber. „Oder willst du noch ein Andenken kaufen?"

„Warum nicht?", gab Peter zurück. „Hier um die Ecke ist ein guter Laden. Tausch ruhig noch was, Werner."

Ich wandte mich also wieder an den jungen Mann. „Ja, geht in Ordnung. Welchen Kurs geben Sie denn?"

„Eins zu sechzig", sagte er. Das war ein außergewöhnlich guter Kurs, damals war eins zu fünfzig die Regel.

„Gut", meinte ich, „dann tausche ich 200 Mark. Gehen wir ins Hotel." Es war eine eiserne Regel, dass man nur in geschlossenen Räumen schwarz Geld tauschen sollte, am besten sogar in Fahrstühlen.

Der junge Mann senkte den Kopf und raunte mir zu: „Nein, lassen Sie uns um die Ecke gehen. Der Hotelportier guckt schon so komisch zu uns rüber."

Wir bogen um die nächste Straßenecke, er schaute nach rechts und links, dann zählte er wenige Handbreit vor meinen Augen 11.950 Zloty ab. „Oh, da fehlen fünfzig", sagte er, griff in die Manteltasche und legte noch einen Fünfziger auf den Haufen. Er reichte mir den Packen Geld und ich gab ihm meine 200 Mark. Er nickte, machte kehrt und trat an den Straßenrand. Die hintere Tür eines parkenden Wagens flog auf, er sprang hinein und das Auto brauste mit quietschenden Reifen los. In diesem Moment kam Peter um die Ecke.

„Hast du alles erledigt?", wollte er wissen. Ich blätterte durch die Scheine in meiner Hand. Es waren insgesamt 200 Zloty. Ich hatte gerade eins zu eins getauscht. Ich wusste nicht, ob ich mich ärgern oder den Kerl bewundern sollte. Mit dem Taschenspielertrick hätte er als Magier im Varieté auftreten können, vielleicht kam er auch genau dorther. „Frag nicht, Peter, lass uns fahren", sagte ich.

Eine halbe Stunde später konnten wir über die Sache schon wieder lachen. Wir mochten die Menschen in diesem Land so sehr, dass wir nicht einmal sauer waren, wenn uns jemand übers Ohr haute. Unser Faible für Polen war dermaßen groß, dass wir uns sogar in der Kaschubischen Schweiz, südlich von Danzig, eine kleine Hütte kauften, als eine Art Ferienhaus. Als Ausländer durften wir zwar keinen Grundbesitz erwerben, aber das ließ sich umgehen. Wir hatten uns in Warschau mit einem Diplom-Ingenieur namens Krzysztof angefreundet, und er kaufte auf seinen Namen für uns die Hütte. Sie kostete uns nur ein Taschengeld, vielleicht 500 Mark pro Nase. Die Landschaft dort ist ganz wundervoll, und Peter hat auch in der Tat ein- oder zweimal da Urlaub gemacht. Ich nicht ein einziges Mal.

Nachdem Krzysztof uns die Hütte gezeigt hatte, sagte er: „So, jetzt fahren wir zum Bauern Nowopolski!“ Peter und ich wollten wissen, wer das sei. Krzysztof antwortete: „Der wohnt hier in der Nähe. Er glaubt, dass die Erde eine Scheibe ist.“ Wir hielten das zunächst für einen Scherz, aber als Krzysztof uns immer tiefer in die Wälder führte und wir schließlich die windschiefe Hütte des Bauern sahen, kam uns die Sache schon nicht mehr ganz so unwahrscheinlich vor.

Der Bauer Nowopolski dürfte 80 Jahre alt gewesen sein und hatte nur noch einen einzigen Zahn im Mund. In einer Ecke seines kleinen Wohnzimmers hielt er sich etwa 200 Küken hinter Maschendraht, die ohne Unterbrechung quakten und außerdem bestialisch stanken. Als höflicher Gastgeber tischte der Bauer uns eine polnische Wurst auf. Ich bekam bei dem Gestank keinen Bissen runter, aber Peter schnitt sich seelenruhig Stück um Stück ab und spülte die Wurst mit reichlich Wodka hinunter. Im Gespräch bestätigte Nowopolski uns dann in der Tat, dass die Erde flach sein müsste. „Sonst würden wir ja runterfallen“, nuschelte er an seinem einsamen Zahn vorbei.

Zum Abschied schenkte uns der Bauer einen ganzen Sack voll faustgroßer Kartoffeln. Wir packten ihn ins Auto und dachten nicht mehr daran, bis wir auf der Rückreise an die DDR-Grenze kamen.

„Haben Sie etwas zu verzollen?“, fragte der Beamte.

„Ich glaube schon“, erwiderte Peter zögernd. „Einen Sack Kartoffeln.“

Der Zöllner beugte sich vor. „Sie wollen mich wohl verarschen“, sagte er langsam. Natürlich konnte er sich nicht vorstellen, dass zwei Westdeutsche aus Polen einen Sack Kartoffeln mit nach Hause nahmen. Als wir ihm die Sache endlich erklärt hatten, schüttelte er den Kopf und meinte: „Ach, fahren Sie einfach weiter.“

Diese Fahrten durch Polen mit Peter gehören zu meinen schönsten Lebenserinnerungen. Leider hörten sie auf, als ich 1976 mein Examen machte und es für mich keine Semesterferien mehr gab, in denen sich das Reisen anbot. Dazu kam noch, dass Peter wenig später das Ruhrgebiet verließ. Er hatte es sich mit einigen Leuten bei der WAZ verscherzt und sah keine Aufstiegsmöglichkeiten mehr bei dieser Zeitung. Darum ging er nach Berlin, in die Heimatstadt seiner Frau, und nahm einen Job bei der *Morgenpost* an. Das war ein schwerer Schlag für mich, denn durch die räumliche Entfernung schlief unsere Freundschaft etwas ein. Zwar fuhr ich anfangs noch drei- oder viermal im Jahr nach Berlin, um ihn zu besuchen. Aber selbst das wurde bald nahezu unmöglich, weil ich zum Rundfunk kam und von diesem Moment an so gut wie überhaupt keine Freizeit mehr hatte.

Norbert Nigbur, Startnummer eins

Die vier Trabrennbahnen im Westen veranstalteten aus naheliegenden Gründen ihre Renntage so, dass sie sich nicht in die Quere kamen. Gladbach eröffnete die Traberwoche am Dienstag, Gelsenkirchen folgte am Donnerstag, in Recklinghausen ging es freitags rund. Am Sonntag, dem besten Termin, wechselte man sich ab – mal veranstaltete diese Rennbahn einen Renntag, mal jene.

Der Samstag gehörte Dinslaken, war aber ein ungeliebter Termin, weil an diesem Tag die Fußball-Bundesliga viele Besucher abzog. Damals spielten ja unglaublich viele Vereine aus unserem Einzugsgebiet in der obersten Liga: Bochum, Düsseldorf, Duisburg, Essen, Gladbach, Köln, Oberhausen, Schalke und Wuppertal. (Dortmund war zu jener Zeit zweitklassig.) Dinslaken hatte den Samstag deswegen nur sehr widerwillig zum Renntag erkoren, aber die Bahn war einfach die jüngste der vier und musste halt nehmen, was übrig war. (Ein Umstand, der viele Jahre später noch bedeutsam für mich werden sollte.)

Es konnte jedoch passieren, dass sich die Termine verschoben, etwa durch Feiertage oder Wetterkapriolen. Und wegen einer dieser zufälligen Abweichungen vom Plan kam ich am Vormittag des 24. Februar 1973 zur Bahn in Gelsenkirchen. Es war ein Renntag, obwohl es ein Samstag war. Noch ungewöhnlicher: Es war ein

Renntag, obwohl an diesem Tag der FC Schalke 04 kaum fünf Kilometer entfernt ein Heimspiel austrug.

Schon von Weitem konnte ich erkennen, dass auf dem Gelände Feuerwehrwagen standen. Im Laufschritt eilte ich zur Haupttribüne, denn dort sah ich den großgewachsenen Rennsekretär, der hektisch Anweisungen gab. Der Mann hieß Hans Schneider. Im Gegensatz zu mir war er ein begeisterter Fußballfan und sogar Mitglied bei Schalke 04.

Einige Jahre zuvor war der Schalker Stadionsprecher gestorben, ein Mann, der diesen Job schon seit den Zeiten von Szepan und Kuzorra gemacht hatte. Präsident Günter Siebert wusste nicht, wer ihn ersetzen sollte. Da fiel sein Blick auf den langen Schneider, der sowieso immer hervorstach, weil er einen Kopf größer war als alle anderen. „Der Hans macht das jetzt“, sagte Siebert, und damit war die Sache erledigt. Ob Schneider überhaupt Sprecher sein wollte oder konnte, danach wurde nicht gefragt.

„Was ist hier los, Hans?“, fragte ich aufgeregt, als ich ihn erreicht hatte.

„Jemand hat einen Brand in der Zwischentribüne entdeckt“, antwortete Schneider.

„Wie schlimm ist es?“, wollte ich wissen.

„Ich habe keine Ahnung“, gab Schneider zurück. „Ich weiß noch nicht mal, ob wir heute überhaupt Rennen fahren können.“ Schon wollte ich weiter, um mir die Sache selbst anzusehen, da ergriff Schneider meinen Ärmel und hielt mich fest. „Pass auf, Werner“, sagte er mit einem dringlichen Unterton. „Du musst mich heute auf Schalke vertreten, ich kann hier nicht weg.“

„Beim Fußball?“, fragte ich entgeistert. „Ich habe doch im meinem ganzen Leben noch kein Bundesligaspiel gesehen!“

„Das ist doch völlig unwichtig“, sagte Schneider, übrigens mein Vorgesetzter auf der Rennbahn. „Wir können jetzt hier nicht lange darüber diskutieren, du musst mir aus der Patsche helfen!“

Unweit von uns wartete schon ein Taxi. Schneider schob mich mit sanfter Gewalt hinein und sagte: „Frag nach Günter Siebert, der wird dir alles erklären.“ Dann gab der Fahrer Gas und wir sausten davon, Richtung Glückauf-Kampfbahn.

Als wir am Stadion ankamen, war es noch keine 14 Uhr, aber es wimmelte nur so von Menschen. Die Kampfbahn sollte an diesem Tag mit knapp 33.000 Zuschauern so gut wie ausverkauft sein. Ich hatte in meinem ganzen Leben noch nicht so viele Menschen auf einem Haufen gesehen. Beeindruckt und etwas eingeschüchtert fragte ich einen Ordner, wo ich Herrn Siebert finden könnte. Er führte mich einen Weg entlang und zeigte dann auf eine Gruppe von Männern, die hinter der Tribüne standen. „Der Mann mit dem blauen Jackett, das ist Herr Siebert", sagte der Ordner.

Ich näherte mich der Gruppe mit klopfendem Herzen und zupfte den Mann im blauen Jackett am Ärmel. Ich stellte mich vor, erklärte die Situation und schloss mit den Worten: „Das Problem ist nun, dass ich gar keine Ahnung von Fußball habe. Aber der Hans meinte, Sie würden mir alles erklären." Siebert musterte mich mitleidig von Kopf bis Fuß. „Guter Mann", sagte er dann, „ich habe gerade wirklich andere Sorgen."

Das stimmte. Er hatte sogar eine ganze Menge Sorgen, denn Schalke kämpfte mit den Folgen des Bundesligaskandals. In den ersten Wochen der Saison war ein halbes Dutzend Profis gesperrt worden, darunter Klaus Fischer und Reinhard „Stan" Libuda. Dann, vor etwa zwei Wochen, hatte Oberstaatsanwalt Werner Kny vierzehn Schalker wegen Meineides angeklagt. Und am Tag, bevor Schneider mich nach Schalke schickte, erfuhr der Präsident, dass man auch Klaus Fichtel, Rolf Rüssmann und Herbert Lütkebohmert bald die Spielerlaubnis entziehen würde. Siebert hatte im Grunde keine Mannschaft mehr. Ausgerechnet an diesem Tag kam nun der amtierende Deutsche Meister und aktuelle Tabellenführer Bayern München mit all seinen Stars in die Glückauf-Kampfbahn. Und dazu noch der komische Vogel namens Werner Hansch, der von all diesen Vorgängen nur eine vage Ahnung hatte.

Siebert konnte sich also nicht mit mir beschäftigen und schickte mich zu dem kleinen Marathontor, wo ich mich weiter durchfragen sollte. Der einzige Mann, den ich dort antraf, war ein kleiner, älterer Herr mit tiefen Furchen im Gesicht. Es war offenbar der Platzwart, denn er machte sich gerade an einer dieser Metallkarren zu schaffen, die man benutzt, um den Platz mit Kreide zu markieren. Auch ihm erklärte ich, wer ich war und was mich hierher geführt hatte. Mit wachsender Verzweiflung sagte ich: „Ich weiß noch nicht mal, wo der Stadionsprecher hier überhaupt sitzt.“ Er deutete auf eine knallrot gestrichene Feuerleiter an der Wand gegenüber. „Da müssen Sie hoch“, erklärte er mir. „Oben schwingen Sie sich dann über die Mauer, und gleich in der ersten Reihe ist der Platz vom Sprecher.“

Es war ein ganz normaler Sitzplatz, mitten unter den anderen Zuschauern, aber wenigstens überdacht. Ich erkannte ihn daran, dass ein Mikrofon auf dem Sitz lag. Es war alles sehr einfach und schon ein wenig heruntergekommen, aber das lag natürlich daran, dass Schalke kurz vor dem Umzug stand. Fünf Kilometer weiter nördlich legte man gerade letzte Hand an das Parkstadion, das für die WM 1974 erbaut wurde und in dem der Verein von der nächsten Saison an seine Heimspiele austragen würde.

Ich setzte mich, lauschte der Musik, die etwas blechern aus den Lautsprechen drang (ich weiß nicht mehr, was es war; ganz sicher nicht *Der Rosenkavalier*), und sah mir an, wie sich das Stadion langsam füllte. Mit jeder Minute, die verstrich, wuchs der Kloß in meinem Hals. Mit jedem Zuschauer, der seinen Platz auf der Haupttribüne einnahm, wurde ich nervöser. 15 Uhr kam und ging, ohne dass sich jemand um mich gekümmert hätte. Obwohl das Wetter regnerisch und ungemütlich war, brach mir der Schweiß aus.

Zehn Minuten vor dem Anpfiff sah ich einen jungen Mann die Feuerleiter heraufkommen. Er hatte einen Zettel in der Hand und sah sich suchend um. Ich winkte ihm. Er kam herüber.

„Wer sind Sie denn?“, fragte er.

„Ich vertrete heute den Stadionsprecher“, antwortete ich.

Er drückte mir den Zettel in die Hand und verschwand wieder. Auf das Blatt Papier hatte jemand handschriftlich – mit einem Bleistift – ein paar Zahlen und Namen hingekritzelt. Ganz oben stand: FC Schalke – Bayern München. Das war gut. So wusste ich wenigstens, wer heute der Gegner war. Irgendwo stand „Beckenbauer“. Das war auch gut. Von dem hatte ich irgendwann schon mal etwas in der Zeitung gelesen. Nur Namen und Zahlen. Fast wie auf der Rennbahn. Ich fasste ein wenig Mut. Vielleicht könnte ich das ja doch hinkriegen?

Kurz vor halb vier hörte die Musik auf. Ich linste über die Brüstung und sah unten schon ein paar Spieler in blauen und rot-weiß gestreiften Trikots stehen. Jetzt müsste ich vielleicht mal etwas sagen, dachte ich bei mir. Ich nahm das Mikrofon und sagte, was man auf der Rennbahn eben so sagt: „Guten Tag, meine sehr verehrten Damen und Herren!" Da ging schon ein Raunen durch die Reihen, und ich spürte die verblüfften Blicke der Menschen hinter und neben mir. Als Sprecher muss man nicht sehen oder hören, wie die Leute reagieren; man fühlt es. Ich wusste aber nicht genau, was das Problem war. Ich hatte keine Ahnung, dass die Fans des FC Schalke noch nie so höflich begrüßt worden waren. Oder dass Hans Schneider seine Durchsagen immer mit einem einfachen „Achtung, Achtung!" einleitete.

Ich sprach also einfach weiter. „Dies sind die Aufstellungen der beiden Mannschaften", sagte ich. Ich wusste nicht, dass man zuerst die Spieler des Gastes nennt, und begann mit Schalke. Das ist der Grund, aus dem der Satz, der mich berühmt gemacht hat, so lautet, wie er nun einmal lautet. Ja, es ist wahr – ich sagte: „Mit der Startnummer eins: Norbert Nigbur."

Da ich mitten unter den Menschen saß, konnte ich ihr geradezu hysterisches Gelächter sehr gut hören. Heute glaube ich, dass sie sich nicht vorzustellen vermochten, dass da ein völlig Ahnungsloser am Mikrofon saß. Sie mussten also annehmen, ich wäre ein Spaßvogel, der versuchte, die äußerst ernste Lage – fast die ganze Mannschaft gesperrt, Schalke im Abstiegskampf – ein wenig zu entspannen und das Publikum aufzumuntern.

Aber was auch immer die Leute dachten, ich bekam einen tiefen Schrecken, als ich die Lacher hörte. Mir war sofort klar, dass ich schon wieder einen großen Fehler begangen hatte. Bei den nächsten Spielern sprach ich dann nicht mehr von einer „Startnummer", aber das Kind war in den Brunnen gefallen. Als das Spiel begann, stand ich wie unter Schock und wollte nur noch weg von diesem schrecklichen Ort.

Ich nehme an, dieser tiefe Schock ist der Grund, aus dem ich über das Spiel gar nichts mehr weiß. In der Regel habe ich ein sehr gutes Gedächtnis, aber ich war jahrzehntelang überzeugt, dass die Bayern durch einen Treffer von Gerd Müller mit 1:0 gewannen und dass ich diese Durchsage irgendwie unfallfrei hinkriegte, weil mir meine Sitznachbarn sagten, wer der Torschütze gewesen war. Aber das stimmt gar nicht. Das Spiel endete 1:1. Uli Hoeneß brachte die Bayern kurz nach der Pause in Führung, Rechtsaußen Peter Ehmke köpfte wenig später den Ausgleich. Im *kicker* schrieb der bekannte Journalist Dieter Ueberjahn: „Viel Spannung, viele begeisternde Spielzüge und enormer Kampfgeist auf beiden Seiten." Er fügte an: „Es gab in diesem packenden Spiel etliche begeisternde Szenen." Ich bekam von ihnen nichts mit.

Als endlich, endlich der Abpfiff kam, ergriff ich wieder das Mikrofon und spulte das Vokabular ab, das mir vertraut war. „Meine Damen und Herren", sagte ich, „wir danken Ihnen für Ihren Besuch und wünschen Ihnen einen guten Heimweg und noch ein angenehmes Wochenende. Wir würden uns freuen, Sie bald wieder hier begrüßen zu dürfen." Und dabei dachte ich: „Aber ohne mich!" Ich faltete das Blatt Papier mit der Aufstellung zusammen und blieb noch ein paar Minuten sitzen, bis die Tribüne sich geleert hatte. Dann kletterte ich die Feuerleiter hinab.

In dem Moment, als mein Fuß den Boden berührte, kam Günter Siebert aus der Schalker Kabine, nur ein paar Meter entfernt. Er ging an mir vorbei und blieb dann abrupt stehen, als wäre ihm gerade wieder eingefallen, wer ich war. Er drehte sich zu mir um.

„Sagen Sie mal, haben Sie nicht heute hier gesprochen?", fragte er. Ich nickte. „Och, das haben Sie aber nett gemacht", sagte er in seinem leutseligen Tonfall. „Wollen Sie das beim nächsten Spiel nicht wieder machen?" Ich hatte keine Ahnung, ob er meine Fehler einfach nicht gehört hatte oder sie vielleicht auch für Scherze hielt.

„Aber Herr Siebert", sagte ich. „Sie haben doch den Hans Schneider. Das ist ein Freund von mir und dazu auch noch sozusagen mein Chef."

„Ach, der Schneider kann doch gar nicht richtig sprechen", erwiderte Siebert. „Der will nur Schalke sehen. Ich gebe ihm eine Dauerkarte, dann ist er glücklich, und Sie machen den Sprecher. Sie kriegen auch Honorar!"

„Also, wenn Sie mit dem Schneider reden und der wirklich einverstanden ist", sagte ich, „dann können wir uns ja vielleicht noch mal über die Sache unterhalten."

„So machen wir das", strahlte Siebert, der über das Unentschieden seiner Rumpftruppe gegen die großen Bayern ausgesprochen glücklich war. „Sie hören von mir", sagte er noch und eilte davon. Ich war mir sicher, den Mann nie wieder zu sehen, denn ich ging davon aus, dass Schneider seinen Job als Sprecher liebte.

Am nächsten Morgen wurde ich eines Besseren belehrt. Schneider kam mir an der Rennbahn freudestrahlend entgegen und fiel mir vor Erleichterung fast um den Hals. „Werner!", rief er. „Was für eine tolle Lösung! Ich schaue mir die Spiele an und du quasselst dabei." Er fügte hinzu: „Quasseln kannst du ja."

Erst viel später erfuhr ich den Namen des Platzwartes, der mir die Feuerleiter gezeigt hatte. Er hieß Ernst Kalwitzki. Als Rechtsaußen hatte er vor dem Krieg sechs Meisterschaften mit Schalke gewonnen. Im Endspiel von 1939 schoss er gleich fünf Tore. Weil er natürlich zu seiner aktiven Zeit keine Reichtümer anhäufen konnte, arbeitete er bis zu seiner Pensionierung als Platzwart auf der Glückauf-Kampfbahn. Er war eine lebende Legende.

Wieder Student – und Stadionsprecher auf Schalke

Zu Günter Siebert sagte so gut wie niemand „Herr Siebert" oder „Günter". Er war für alle einfach nur „Oskar". Der Spitzname ging zurück auf eine beliebte deutsche Comicfigur aus den 1950ern: einen Kater, der einen ganzen Stall voll Kinder hat, die ihn auf Trab halten. Siebert hatte sogar sieben Kinder, obwohl er erst Anfang vierzig war. Das brachte ihm seinen Spitznamen ein und so führte er auch Schalke – als Familienpatron, der für alle ein, offenes Ohr hatte, aber dessen Wort Gesetz war. Und so saß ich nur eine Woche später wieder auf dem Sitz über dem kleinen Marathontor. Diesmal spielte Schalke im Pokal gegen Gladbach. Diesmal war ich vorbereitet.

Im Frühjahr 1973 kam ich auf diese Weise also zu meinem vierten Nebenjob, denn eigentlich war ich ja in erster Linie Student. Von dem, was man sich so unter einem Studentenleben vorstellt, konnte natürlich keine Rede sein. Ich war bestrebt, das Studium nach den vorgesehenen acht Semestern abzuschließen, und strengte mich dementsprechend an. Außerdem war ich mit Eifer dabei, weil mich die Themen und Inhalte interessierten. Die Zeit der Studentenbewegung wirkte noch nach; in den Vorlesungen des Soziologen Urs Jaeggi, der dem Marxismus nahestand, wurde heftig und hitzig diskutiert. Damit ich da mithalten konnte, las ich mich in marxistische Theorie ein. Leider wurde Jaeggi bald an die Freie Universität Berlin berufen.

Jaeggis Nachfolger war der berühmte Leo Kofler, ein Marxist, der früher Professor in der DDR gewesen war, sich dann aber mit der SED überworfen und das Land verlassen hatte. Kofler schrieb sagenhafte Bücher und war ein faszinierender Mann. Er betrat den Vorlesungssaal ohne die kleinste Notiz, ohne jede Vorbereitung, und fesselte das Auditorium aus dem Stegreif. Kofler hatte mich so gepackt, dass ich später meine Diplomarbeit bei ihm schrieb. Bis heute denke ich, dass der Kommunismus ein kluges und hehres Ziel verfolgte, aber zum Scheitern verurteilt war. Um die Natur der Gesellschaft zu verändern, müsste man zunächst die Natur des Menschen verändern, und das geht nicht. Was aber nicht heißt, dass man sich keine klugen und hehren Ziele setzen sollte. Mein Motto war immer: Es gibt kein Paradies auf Erden, und es wird auch nie eines geben – aber wir müssen es unter allen Umständen anstreben!

Inzwischen hatte ich schon einige Erfahrung, was das Studieren angeht, daher kam ich in Bochum ganz gut klar. Ich wählte mir früh die Professoren wie Kofler aus, die ich für die Prüfungen haben wollte, besuchte ihre Vorlesungen und sorgte mit dem einen oder anderen kleinen Trick dafür, dass ich einen guten Eindruck hinterließ und sie sich später an mein Gesicht erinnerten.

In einem Fach aber, da halfen weder Tricks noch Grips. Alle Wirtschafts- und Sozialwissenschaftler brauchten den großen Statistikschein. Von Mathematik verstand ich noch weniger als von Fußball, mir war also von vorneherein klar, dass dies die schwerste Hürde werden würde. Noch heute denke ich mit Schaudern an die Statistikvorlesungen im stets überfüllten Hörsaal HGC 10. Sie fanden meistens an einem Mittwochmorgen statt, von 8 bis 10 Uhr. Vorne stand jemand und schrieb Hieroglyphen an die Tafel, während ich ihn aus dicken Klüsen anstarrte und mit der Müdigkeit kämpfte. Denn am

Abend vorher hatte ich ja den Renntag auf der Bahn in Gladbach kommentiert und war erst weit nach Mitternacht zu Hause gewesen.

Aber büffeln musste ich zu jener Zeit nicht nur für die Uni. So, wie ich einige Jahre zuvor einen Schnellkurs im Thema Pferdesport gemacht hatte, arbeitete ich mich nun in die Fußballmaterie ein. Ich lernte Namen, Orte und Ereignisse, die jeder echte Fan bestens kannte, die für mich aber bislang böhmische Dörfer gewesen waren. Und langsam, aber sicher begriff ich auch das Spiel selbst, seine Feinheiten und Geheimnisse. Das verdanke ich zu einem nicht unerheblichen Teil einem anderen echten Kind des Ruhrpotts, Friedel Rausch.

Rausch kam aus Duisburg, wechselte aber schon als junger Kerl nach Schalke und verbrachte dort den größten Teil seiner aktiven Karriere. Danach wurde er erst Jugendtrainer im Klub, dann Assistent von Max Merkel. Zu sagen, dass Merkel nie mit Schalke warm wurde, ist eine Untertreibung (Sätze wie „Das Schönste an Gelsenkirchen ist die Autobahn nach München" halfen ihm auch nicht gerade dabei), daher waren alle froh, als er im März 1976 gefeuert wurde. Rausch übernahm den Posten und holte später die Vizemeisterschaft mit einer tollen Truppe – viele der gesperrten Profis waren begnadigt worden, dazu kamen starke Spieler wie Rüdiger Abramczik, Hannes Bongartz oder Branko Oblak, von dem noch die Rede sein wird. Das waren schöne Schalker Jahre, und ich habe es immer bedauert, dass Rausch im Dezember 1977 gehen musste.

Lange, bevor es so weit war, kam Rausch eines Tages auf mich zu. „Hör mal, Werner", sagte er. „Was du da machst, ist ja ganz in Ordnung. Aber ich finde, du solltest das Spiel von der Pike auf lernen. Am besten schaust du dir mal unser Training an. Und lies das hier." Damit drückte er mir ein paar Bücher in die Hand. Es waren Standardwerke zu Taktik und Training, zum Beispiel Karl-Heinz Heddergotts Klassiker *Neue Fußball-Lehre.* Ich kann nicht sagen, warum Rausch das tat. Wir mochten uns einfach, denke ich. Auf jeden Fall half mir Rausch sehr dabei, nicht nur oberflächlichen Einblick in das zu bekommen, was sich auf dem Rasen während einer Partie abspielt.

Meine Wissbegierde kam auch daher, dass ich spätestens mit dem Umzug ins Parkstadion im Sommer 1973 mehr und mehr gefesselt wurde von der ganzen Nummer. Es war alles viel größer und moderner, es gab dort auch eine schöne, komfortable Kabine für den Sprecher. Eine riesige Anzeigentafel hatten wir auch. Die musste von uns oben bedient werden, und zwar durch eine Art überdimensionierte Schreibmaschine. Buchstabe für Buchstabe wurde dort alles eingetippt. Zu Beginn half mir der Hausmeister dabei, später machte das ein Student namens Volker Stuckmann. Ein paar Jahre danach, als ich zum Radio ging, sollte er mein Nachfolger als Stadionsprecher werden.

Nicht zuletzt wegen dieser Anzeigentafel hatten wir viel Kontakt zu der Firma Omega, die für die gesamte Elektronik im neuen Stadion verantwortlich war. Eines Tages sprach mich der Ingenieur an, der all diese Arbeiten überwachte.

„Herr Hansch", sagte er vorsichtig, „ich habe da mal ein Anliegen, vielleicht können Sie mir helfen."

„Worum geht's denn?"

„Wir bauen gerade in Tripolis, in Libyen, am Flughafen die elektronischen Anlagen ein", begann er. „Und dort hat uns ein hoher Beamter aus dem Innenministerium um einen Gefallen gebeten."

Ich hörte interessiert zu, ohne den blassesten Schimmer zu haben, was das alles mit mir zu tun haben könnte. Man muss sich vorstellen, dass wir dieses Gespräch mitten in der Zeit des Diktators Muammar al-Gaddafi führten, der Libyen seit dem Militärputsch von 1969 beherrschte und dem Westen gegenüber abschottete.

„Dieser Beamte", fuhr der Mann von Omega fort, „hat einen Schwager, der Sportlehrer ist. Und der würde gerne mal bei einem Bundesligaklub ein Praktikum machen." Er druckste ein wenig herum. „Sie kennen doch hier alle, Herr Hansch. Auch den Siebert und so. Können Sie da vielleicht was machen?"

„Ich kann auf jeden Fall mal fragen, was man hier so dazu sagt", meinte ich leichthin. Ich ging zuerst zu meinem guten Bekannten Friedel Rausch. Der meinte, es sei kein Problem, solange der Gast nicht stören würde, es komme immer mal vor, dass jemand hospitiert und bei einem großen Verein in die Praxis reinschnuppert. Auch sonst machte niemand im Klub Einwände geltend, also sagte ich dem Ingenieur, dass er Tripolis grünes Licht geben könnte.

Etwa ein Dreivierteljahr hörte ich weder von ihm etwas noch von der Firma Omega, die inzwischen ihre Arbeiten in Gelsenkirchen beendet hatte. Dann, an einem Montagmorgen, klingelte um Viertel vor acht mein Telefon. Am anderen Ende war Frau Petruschke, die Chefsekretärin von Schalke 04.

„Herr Hansch, Sie müssen sofort kommen", sagte sie. „Hier steht ein Mann, dessen Namen ich nicht verstanden habe und der kein Deutsch spricht und kein Englisch. Er zeigt uns hier irgendwelche Unterlagen, denen ich entnehme, dass er aus Libyen kommt und dass Sie etwas mit der Sache zu tun haben."

Selten war ich so schnell aus dem Bett wie an diesem Morgen. Kurz danach traf ich auf der Geschäftsstelle ein, und da stand der arme Tropf, neben ihm zwei Sporttaschen. Das war aber noch nicht alles. Mit Händen und Füßen und Fotos machte er mir klar, dass er seine ganze Familie mitgebracht hatte, eine Frau und zwei kleine Kinder! Er hatte es irgendwie geschafft, sie ohne jegliche Sprachkenntnis im Hotel Schloss Berge unterzubringen.

Mit der Hilfe von Hans Schneider organisierte ich innerhalb von 24 Stunden eine Drei-Zimmer-Wohnung in Gelsenkirchen-Rotthausen für die Libyer. Durch einen Kontakt beim Hotel Maritim bekamen wir schnell drei Betten – inklusive Matratzen, Kissen und Decken –, und im Laufe der nächsten zwei, drei Tage richteten wir die Wohnung so her, dass eine kleine Familie dort einziehen konnte.

Aber damit ging die Arbeit erst los. Als Nächstes standen Ämtergänge an, um den deutschen Behörden zu erklären, wie und warum da plötzlich vier libysche Staatsbürger in ihrer Stadt wohnten. Während der Mann wenigstens seinen Namen (den ich leider vergessen habe) unter die Anträge setzen konnte, machte seine Frau immer nur drei Kreuze. Sie war Analphabetin.

Immerhin ging auf dem Fußballplatz alles glatt. Ich fuhr unseren Gast jeden Morgen zum Training, er passte genau auf und schrieb sich ständig Notizen in ein kleines Büchlein. Er machte auch viele Einheiten mit. Nur die anschließende Körperpflege, die verweigerte er. Als Muslim konnte er nicht nackt mit anderen Männern unter die Dusche gehen. Aber er war ein netter und äußerst intelligenter Mann, der schnell lernte und schon bald das Einkaufen und die anderen Dinge des täglichen Lebens meisterte. Die Familie wuchs mir richtig ans Herz – und wuchs auch in anderer Hinsicht: Seine Frau bekam noch ein Kind in Deutschland.

Nach einem Jahr gingen sie alle zurück nach Tripolis. Der Mann hatte mich mehrfach eingeladen, ihn dort besuchen zu kommen. Ich habe es aber nie getan. Mir fehlte immer die Zeit und die Muße. Außerdem vermutete ich, dass es da vielleicht mehr als nur familiäre Verbindungen zu Gaddafis Regime gab. Er kann nicht bloß ein einfacher Sportlehrer gewesen sein, sonst hätte man ihn nicht in den Westen geschickt und dann auch noch finanziell unterstützt. Denn die Familie lebte von Geld, das ihnen aus Tripolis überwiesen wurde. Und zwar so gut, dass sie Kühlschränke, Fernseher und andere technische Geräte kaufte und per Container in die Heimat verschiffen ließ.

Etwa ein halbes Jahr, nachdem die Familie wieder abgereist war, saß ich in meiner Sprecherkabine im Parkstadion, als ich hinter mir eine fröhliche Stimme vernahm: „Guten Tag, Herr Hansch! Lange nicht gesehen." Es war der Omega-Ingenieur.

„Na, Sie kommen mir gerade richtig", sagte ich ungehalten. „Lassen Sie uns mal rausgehen."

Vor der Tür habe ich ihm dann richtig den Kopf gewaschen, weil er mir den Libyer aufgehalst hatte. Ich rechnete ihm vor, was mich die Familie, so nett sie auch war, an Zeit, Nerven und Geld gekostet hatte. Er fiel aus allen Wolken.

„Mein Gott, davon hatte ich keine Ahnung", stammelte er. „Ich wusste nicht, dass da wirklich jemand nach Deutschland gekommen ist. Wir stehen ja tief in Ihrer Schuld! Da überlegen wir uns was, ich verspreche Ihnen das."

Eine Woche später war er wieder da. Er legte mir den großen Uhrenkatalog von Omega auf den Tisch und sagte, ich könnte mir etwas aussuchen. Egal was. Im Katalog waren Uhren, die 25.000 Mark kosteten. Ich Schafskopf nahm eine für 3.500 Mark. Sie gefiel mir einfach. Ich habe sie mindestens zehn Jahre getragen. Immer, wenn ich wissen wollte, was die Uhr geschlagen hatte, blickte ich auf meine Omega – und musste an Friedel Rauschs libyschen Volontär denken.

Singvogel

Mit Oskar nach Zagreb

Mein Honorar bei Schalke betrug 150 Mark pro Spiel. Erst nach und nach wurde mir klar, dass es viele Leute gab, die diesen Job sogar umsonst gemacht hätten. Aber da saß nun ich – Werner Hansch, der von Nawrath und Limbach nie in die Straßenmannschaft gewählt worden war. Und damit noch nicht genug. Nur etwas mehr als ein Jahr, nachdem „Oskar" Siebert mich mehr oder weniger zwangsverpflichtet hatte, wurde ich sogar Sprecher bei einer Fußball-WM.

Das war allerdings gar nicht so einfach. Der DFB wollte nämlich den Stadionsprecher des 1. FC Köln, Hans-Gerd König, in Gelsenkirchen einsetzen. König war damals eine sehr bekannte Stimme im deutschen Fußball und machte seine Sache auch ausgezeichnet. Da Köln keine WM-Stadt geworden war, hielt man es beim DFB für ratsam, dass König mich – der ich gerade erst ein Jahr der Gilde der Sprecher angehörte – bei einem so großen Ereignis ersetzte. Aber bei uns im Bürgermeisterbüro gab es einen jungen, selbstbewussten Mann namens Uwe Martin. Er wurde zum Leiter des lokalen Organisationskomitees ernannt und beharrte dem DFB gegenüber darauf, den Sprecher zu nehmen, der das Stadion und die Anlage am besten kannte – mich.

„WM-Sprecher", dieser Titel ist eine schöne Tresse für die Schulterstücke, aber wenig mehr. „WM-Vorleser" wäre passender. Die FIFA gab von der Begrüßung bis zur Verabschiedung alle Texte vor, sogar die Formulierungen für Kindersuchdurchsagen. Trotzdem war ich sehr stolz, denn ich empfand es als eine Art Ritterschlag, bei solch einem Turnier eingesetzt zu werden. Ich kann mich entsinnen, dass die große holländische Mannschaft um Johann Cruyff zweimal im Parkstadion spielte, an die Exoten aus Zaire erinnere ich mich auch. Aber Details weiß ich nicht mehr; das war ja, bevor Friedel Rausch mir erklärte, worauf man beim Fußball zu achten hat.

Im Jahr nach der WM, Mitte Oktober 1975, lief mir im Parkstadion Präsident Siebert mal wieder über den Weg. Wir begrüßten uns und hielten ein kurzes Pläuschchen, wie immer. Plötzlich sagte er: „Hör mal, Werner, wir machen morgen einen kleinen Ausflug. Willst du mitkommen?"

„Wohin soll es denn gehen?“, fragte ich.

„Nach Zagreb“, sagte Siebert, ohne mit der Wimper zu zucken.

„Wie, nach Jugoslawien?“

„Wir kaufen Branko Oblak von Hajduk Split“, sagte Siebert. „In der Maschine ist noch ein Platz frei. Du kannst mitfliegen.“

Das ließ ich mir nicht zweimal sagen. Am nächsten Morgen um halb sieben war ich am Düsseldorfer Flughafen, und zwar dort, wo die Privatmaschinen landeten und starteten. Denn wir reisten im Flugzeug eines kroatischen Geschäftsmannes aus Gelsenkirchen. Offiziell führte er einen Ofenladen, aber ich gehe stark davon aus, dass er noch so einige andere Geschäfte machte; jedenfalls können sich nicht viele Leute, die Kamine verkaufen, ein eigenes Flugzeug mit sechs Sitzen leisten.

Außer mir und Siebert stiegen noch zwei andere Herren zu, Mitarbeiter von ihm, die ich vom Sehen kannte. Die Taschen ihrer feinen Anzüge waren seltsam ausgebeult. Als wir unsere Flughöhe erreicht hatten und die Sicherheitsgurte lösen durften, zogen sie ihre Anzugjacken aus. Ich konnte sehen, wie oben aus den Innentaschen die Tausender rausguckten.

Nachdem wir in Zagreb gelandet waren, wollte ich den Schildern folgen, die zum normalen Ausgang wiesen. Doch Siebert und die beiden anderen gingen auf eine Seitentür zu, vor der zwei große Männer mit ausdruckslosen Gesichtern standen. Ich machte schnell kehrt und folgte den anderen. Die beiden Posten öffneten wortlos die Tür und wir schlüpften durch, vorbei am Zoll und den Passkontrollen.

Wir fuhren zu einem Hotel mitten in Zagreb und warteten unten im Foyer. Es dauerte keine halbe Stunde, da kam der jugoslawische Nationalspieler Branko Oblak durch die Tür. Siebert und seine Begleiter verschwanden mit ihm auf einem Zimmer. Etwa eine Stunde lang saß ich in der Lobby und wartete auf ihre Rückkehr. Dann tauchte Oblak wieder auf. Mit einem Schuhkarton unter dem Arm. Er durchschritt das Foyer und verließ das Hotel. Wenige Minuten später kamen auch Siebert und die anderen, und wir fuhren in ein rustikales, aber ganz vorzügliches Restaurant vor den Toren der Stadt, wo es Spanferkel und Rotwein gab, bis wir nicht mehr papp sagen konnten.

Irgendwann kurz vor Mitternacht fuhren wir zurück in das Hotel und gingen in die Bar. Es spielte noch eine kleine Band, aber sonst war so gut wie nichts los. Nur ein einziger Gast saß etwas verloren hinten in einer Ecke. Es war der Trainer von Kickers Offenbach. Sein Name war Otto Rehhagel. An diesem Tag hatte ein Länderspiel in Zagreb stattgefunden, Jugoslawien gegen Schweden. Otto sollte einen ganz bestimmten Spieler kaufen, aber seine Anzugtaschen waren offenbar nicht so prall gefüllt gewesen wie die der Schalker. Oblak war ihm durch die Lappen gegangen.

Siebert lud Rehhagel ein, sich an unseren Tisch zu setzen, und stellte uns vor. Das war der Tag, an dem ich Otto zum ersten Mal traf. Irgendwie muss ich einen guten Eindruck hinterlassen haben, vielleicht lag es auch nur daran, dass wir fast exakt gleich alt sind und beide aus dem Pott kommen, jedenfalls hat Otto diesen Abend in Zagreb bis heute nicht vergessen. Später, als ich beim Radio und dann auch fürs Fernsehen arbeitete, konnte ich kommen, wann ich wollte – Otto stand mir Rede und Antwort. Vor allem die Kollegen von Radio Bremen waren jedes Mal fassungslos, wenn ich selbst um zehn nach drei noch am Spielfeldrand ein Interview mit dem Trainer von Werder bekam, während er an ihnen einfach vorbeilief. Otto mochte mich einfach.

Leider passierte ungefähr um diese Zeit herum auch etwas sehr Unerfreuliches, jedenfalls für einen Stadionsprecher. Ein Rechtsanwalt mit Namen Bardelle, der ein paar Hundert Meter vom Parkstadion entfernt wohnte, reichte eine Klage gegen die Stadt Gelsenkirchen wegen Lärmbelästigung ein. Damit meinte er aber nicht den normalen Zuschauerlärm, den musste er über sich ergehen lassen. Nein, er beschwerte sich über die Lautstärke der von der Firma Siemens installierten Beschallungsanlage.

Im Grunde war es eine sehr seltsame Klage, denn das Stadion wurde ja nicht annähernd so oft genutzt wie heutige Arenen, in denen vom Popkonzert über eine Fachmesse bis zum Biathlonrennen alles Mögliche stattfindet. Wir hatten damals alle zwei Wochen ein Heimspiel, und das nur während der Saison. Dazu gab es noch ein paar wenige Pokalbegegnungen, das war's. (Zwischen 1973 und 1976 spielte Schalke ja nicht international.) Deswegen glaubten einige Leute auf der Geschäftsstelle, dass es in Wahrheit um irgendeine Art von Entschädigung ging. In jedem Fall konnte sich niemand vorstellen, dass der Anwalt mit seiner Klage Erfolg haben könnte.

In erster Instanz, beim Landgericht Essen, bekam die Stadt auch in der Tat recht. Doch Bardelle ging in Berufung. Und so erhielten wir eines Tages Besuch von drei Herren, Richtern des OLG Hamm. Das heißt, eigentlich bekamen wir Besuch von fünf Herren, denn einer der Richter war schon so hinfällig, dass er von zwei Gerichtsdienern gestützt werden musste. Ausgerechnet dieser Greis setzte sich dann auf Bardelles Balkon und überwachte das Messen der exakten Dezibelzahl, während ich im Stadion die Anlage einschaltete und Durchsagen machte. Aufgrund der Messung wurde die Stadt Gelsenkirchen vom OLG Hamm dazu verdonnert, einen ganz bestimmten Lautstärkepegel im Stadion nicht zu überschreiten. Die Richter drohten der Stadt ein happiges Bußgeld von 500.000 Mark an, falls der Wert nicht eingehalten würde. Daraufhin wurde unsere tolle, fast nigelnagelneue Siemens-Anlage so manipuliert, dass sie nur noch 50 Dezibel durchließ. Von diesem Moment an war es mir als Sprecher praktisch unmöglich, die Leute akustisch zu erreichen.

Ich halte das bis heute für eine unverantwortliche Entscheidung des Gerichts, denn man kann sich ja leicht einen Unglücksfall ausmalen, bei dem es von großer Wichtigkeit ist, dass die Menschen in diesem riesigen Stadion die Durchsagen verstehen. Später wurde kurz versucht, die Art der Beschallung zu verändern – von unten nach oben, mit kleinen Trichterlautsprechern auf der Laufbahn, statt wie bisher vom Stadiondach nach unten. Aber dafür war das Stadion einfach zu groß.

Nach diesem Urteil ließ meine Begeisterung für den Sprecherjob ganz erheblich nach. Ständig kamen Leute auf mich zu und sagten: „Herr Hansch, drüben in der Kurve versteht man kein Wort von dem, was Sie sagen." Zu seltenen, großen Anlässen – ein Länderspiel, ein Michael-Jackson-Konzert oder ein Papstbesuch – wurde Herr Bardelle von der Stadt im Gegenzug für ein paar Ehrenkarten gebeten, eine Ausnahme zu gestatten. Das tat er dann auch, doch bei normalen Bundesligaspielen blieb das Stadion akustisch tot.

Aber die Zeit als Stadionsprecher würde ja für mich ohnehin bald vorbei sein. Zu meinem großen Glück bestand die Statistikprüfung an der Universität nämlich aus zwei Teilen. Da war zum einen die schriftliche, mathematische Prüfung. Dieser Teil blieb mir immer ein Buch mit sieben Siegeln. Da war aber auch eine mündliche Prüfung, in der es um die verschiedenen soziologischen Ermittlungsverfahren ging, von der Stichprobe bis zur Befragung. Wie Hans Schneider schon gesagt hatte, quasseln konnte ich. Beide Noten wurden zusammengenommen und so schaffte ich tatsächlich die größte Hürde und bekam meinen Statistikschein. Im März 1976 bestand ich das Examen mit Auszeichnung und war nun ganz offiziell Diplom-Sozialwissenschaftler.

Umgehend bewarb ich mich. Bei Zeitungen, Zeitschriften und sogar Radio- und Fernsehsendern wie der ARD und dem ZDF. Fast alle schickten mir auch eine Antwort und lobten meine Bewerbung. Aber alle sagten mir ab. Vielleicht war es in gewisser Weise eine Folge meines Milieuhintergrundes. Vielleicht fehlte mir jemand mit ein wenig Einfluss, der mir im richtigen Moment die richtige Tür aufhielt. Noch heute habe ich, wenn ich politische Sendungen sehe oder höre, das Gefühl: Mensch, viel schlechter als die oder der hätte ich das auch nicht gemacht.

War ich enttäuscht? Ja, auf eine gewisse Weise schon. Schließlich hatte ich vier Jahre hart für meinen Abschluss gearbeitet, nun schien er keinen zu interessieren. Aber niedergeschlagen oder gar mutlos war ich nicht. Kaum hatte ich mein Diplom in der Tasche, da bot mir der inzwischen zum Geschäftsführer aufgestiegene Hans Schneider einen Job als festangestellter Pressereferent auf der Bahn in Gelsenkirchen an. (Bei Korte in Recklinghausen war ich ja freier Mitarbeiter gewesen.) Das Anfangsgehalt sollte 5.000 Mark im Monat betragen, eine beträchtliche Summe. Da Schneider mich schließlich zu Schalke gebracht hatte, gab er mir auch die Erlaubnis, meine Sprecherjobs in Nebentätigkeit weiterzuführen. Ich musste nicht lange über dieses Angebot nachdenken. Im Frühjahr 1976 begrub ich meinen Traum, für die *Süddeutsche Zeitung*, fürs Radio oder gar fürs Fernsehen von den Brennpunkten dieser Welt zu berichten, und richtete mich auf ein Leben mit den Pferden ein.

Ach ja, eine entscheidende Veränderung gab es dann doch noch in diesem Jahr: Ich ließ mir einen Schnurrbart stehen.

Mit den Pferden nach Moskau

Ich muss wohl nicht noch einmal erwähnen, dass mein Leben oft seltsame Kapriolen geschlagen hat. Nehmen wir zum Bespiel für einen Moment an, dass mir eine der großen deutschen Zeitungen 1976 auf meine Bewerbung tatsächlich eine Stelle als Redakteur angeboten hätte, um den politischen Journalismus dieses Landes zu bereichern. Dann wäre zum einen nichts von dem passiert, was einen guten Teil der folgenden Buchseiten ausmacht – samstägliche Schlusskonferenzen im Radio, die ARD-*Sportschau,* Medienpreise und Olympische Spiele, der Aufbau von *ran* auf Sat.1, meine Beziehung zu Rudi Assauer und die Gründung der Alzheimer-Initiative. Aber vor allem hätte ich im Jahr nach meinem Examen nicht das machen können, wovon damals jeder politische Journalist träumte und was mitten im Kalten Krieg doch so fern schien: Reisen in die UdSSR.

Sie kamen nicht etwa zustande, weil Günter Siebert einen russischen Spieler kaufen wollte, sondern weil ein Mann namens Moisey Efros umtriebig war und offenbar Einfluss besaß. Efros war der Direktor der großen Rennbahn in Moskau. Eines Tages hatten wir ein Schreiben von ihm auf dem Tisch, in dem er fragte, ob er mit ein paar Pferden nach Deutschland kommen könnte. Wir hatten natürlich nichts dagegen, waren allerdings skeptisch, ob Efros das wirklich hinkriegen würde. Er kriegte. Etwa fünf Wochen lang reiste er mit einem halben Dutzend Pferden und ebenso vielen Fahrern und Trainern durch Deutschland. Sie waren eine kleine Sensation auf allen Bahnen – russische Traber! Zwar liefen die Pferde mit nur bescheidenem Erfolg, aber das tat dem Interesse keinen Abbruch.

Als die kleine Tournee unserer sowjetischen Gäste beendet war, bekamen wir von Efros die Einladung zu einem Gegenbesuch. Diese Chance konnten wir uns nicht entgehen lassen, und so flogen Hans Schneider und ich im Jahr 1977 nach Moskau. Zunächst ging es von Düsseldorf nach Frankfurt, wo wir anderthalb Stunden Aufenthalt hatten, bis unser Flieger abheben sollte.

„Hör mal, Hans", sagte ich, während wir warteten, „meinst du nicht, dass wir dem Efros ein kleines Geschenk mitbringen sollten?"

„Ja, das stimmt", antwortete Schneider. „Hast du eine Idee?"

Ich sagte: „Zumindest glaube ich zu wissen, worüber er sich freuen würde."

Wir standen auf und marschierten die langen Gänge entlang, bis wir in Halle A angekommen waren. Dort befand sich eine Filiale der Sexshop-Kette „Dr. Müller". Im Laden stellten wir für unseren russischen Gastgeber einen dicken Stapel Pornohefte zusammen und ließen ihn von der Bedienung mit einem schicken Schleifband umwickeln. Wir packten die Zeitschriften in eine Papiertüte und schlenderten zu unserem Gate.

Kurz vor der Landung in Moskau fiel mir plötzlich etwas ein. Was wäre eigentlich, wenn man uns durchsuchte und mit einem Haufen westlicher Sex-Magazine im Handgepäck erwischte? Irgendwie hatte ich das Gefühl, dass wir deswegen Ärger kriegen könnten. Vielleicht war es verboten, subversives Material in den Ostblock einzuführen, das geeignet war, die Moral der Arbeiterklasse zu unterwandern? Ich teilte Hans meine Bedenken mit, und auf einmal machte er sich ebenfalls Sorgen.

„Pass auf, Werner", sagte er schließlich. „Auf dem Weg zur Passkontrolle stellen wir die Tüte unauffällig in die Ecke oder hinter eine Säule und lassen sie einfach dort stehen."

Wir waren fest entschlossen, diesen Plan auch durchzuführen, weshalb ich die Tüte unter meinem Mantel verbarg, als wir das Flugzeug verließen. Am Ende war das aber gar nicht nötig. Im Grunde lief es so ähnlich wie zwei Jahre zuvor mit „Oskar" Siebert in Zagreb. Lange bevor wir uns dem Ausgang und den Kontrollen überhaupt genähert hatten, stand da auf einmal Moisey Efros, neben ihm zwei Polizisten.

Nachdem wir uns begrüßt hatten, schlug ich meinen Mantel zurück, damit er die Papiertüte sehen konnte und flüsterte: „Wir haben dir etwas mitgebracht." Efros, der leidlich Deutsch sprach, verstand sogleich, um was es ging. Seine Augen begannen zu leuchten, und er nahm die Tüte freudig an sich. In der prüden kommunistischen Gesellschaftsordnung waren diese Hefte ganz heiße

Ware und deshalb für ihn wertvoller als bares Geld. Wir gingen, eingerahmt von den beiden Polizisten, die er wahrscheinlich geschmiert hatte, durch die Kontrollen; niemand wollte wissen, was in der Papiertüte war, die Efros stolz und glücklich in der Hand hielt.

Wir blieben eine Woche in Moskau und waren auf Kosten unserer russischen Gastgeber untergebracht im Hotel Rossija, direkt am Roten Platz. Es war bis zu seinem Abriss im Jahr 2006 mit weit über 3.000 Zimmern auf 21 Stockwerken das größte Hotel Europas. Man fühlte sich, auch wegen der nach unseren Maßstäben sehr einfachen Einrichtung, fast wie in einer Kaserne. Efros stellte uns einen Fahrer zur Verfügung. Über ihn und sein Auto der Marke Wolga durften wir frei verfügen. Der Wagen war ein ehemaliges Regierungsfahrzeug, hinten konnte man sich gegenübersitzen und die Vorhänge zuziehen.

Den schönsten Ausflug machten wir in ein Staatsgestüt unweit von Moskau. Einer der Angestellten fuhr Hans und mich mit der Troika, dem klassischen russischen Dreispänner, durch die umliegenden Wälder. Danach gab es im Haus des Direktors ein großes Essen, man könnte fast sagen: ein Gelage. Das Fleisch wurde am offenen Feuer gegrillt, der Dampf von Kartoffeln mit Dill erfüllte den Raum. Alle paar Minuten stand jemand auf, sagte einen Trinkspruch, und dann hieß es: „Nastrovje!" Während die anderen ihre Gläser ansetzten, kippte ich meinen Wodka rasch in die Blumen. Doch Hans Schneider versuchte, mit den Russen mitzuhalten.

Das Tückische am Wodka ist ja, dass man zuerst gar nichts merkt. Wir aßen und redeten fast vier Stunden lang, dann wurde es Zeit, nach Moskau zurückzufahren. Alle am Tisch erhoben sich. Auch Schneider. Jedenfalls versuchte er es. Er schwankte gefährlich, dann machte er einige unsichere Schritte nach hinten, bis er die Wand erreicht hatte. Er drückte seinen Rücken an die Tapete und schob sich Schritt für Schritt an der Wand entlang bis zur Eingangstür. Als er hinaustrat, gab ihm die frische Luft den Rest. Er schoss geradezu die Treppe hinab, unfähig seine Beine zu kontrollieren. Zum Glück hatte unser Chauffeur den Wagen schon vorgefahren und sah Schneider kommen. Mit Kennerblick erkannte er, in welchem Zustand sich sein Fahrgast befand, und öffnete elegant die Fondtür. Hans nahm die letzte Stufe im Laufschritt, stürzte ins Auto und sank wortlos auf der Rückbank zusammen. Er verschlief den ganzen nächsten Tag.

Im folgenden Jahr, 1978, kam Efros dann wieder mit einem Tross nach Deutschland. Und da kündigte er an, im Spätsommer eine internationale Fahrermeisterschaft in Moskau auszutragen, mit Sportlern aus insgesamt elf Nationen. Die meisten kamen natürlich aus dem Ostblock, aus Rumänien oder Bulgarien. Der Trabrennsport fristete in diesen Ländern nur ein Nischendasein. Man merkte das schon daran, dass selbst Efros' Fahrer nicht die beste Ausrüstung hatten. Manche von ihnen fuhren sogar in Straßenschuhen.

Efros lud auch fünf westdeutsche Fahrer ein. Da Hans Schneider diesmal auf die Reise verzichtete, wurde ich zum Leiter der Delegation bestimmt. Diesmal flogen wir von Berlin-Schönefeld aus nach Moskau, wo uns Efros wieder in Empfang nahm. (Und vielleicht erneut auf eine Papiertüte hoffte, aber keine bekam.) Zu unserem Team gehörten die Berufsfahrer Helmut Beckemeyer, Berni Burgheim, Dieter Oppoli und Willi Roth. Der fünfte Mann war ein Amateur namens Klaus Schüle. Genauer: Dr. Klaus Schüle. Er war mein Zahnarzt.

Es muss einen Zusammenhang geben zwischen diesem Berufszweig und einer gewissen Affinität zum Trabrennsport. Ich kann mich nämlich noch an einen zweiten Medizinstudenten erinnern. Sein Name war Carl-Heinz „Charlie" Meller. Er saß nur aus Spaß an der Freude im Sulky, hatte aber trotz seiner Jugend schon die Klasse eines erfahrenen Amateurfahrers. An Meller habe ich eine spezielle Erinnerung, weil ich 1973 in Gelsenkirchen gegen ihn meinen zweiten Sieg im Sulky errang, auf etwas ungewöhnliche Weise.

Wir fuhren beide in einem Presserennen mit, denn Meller schrieb nebenbei für Zeitungen über den Trabrennsport. Natürlich waren wir den anderen Teilnehmern überlegen, deswegen lagen wir vor dem letzten Bogen gleichauf – Meller innen, ich außen. Ich fuhr einen Wallach, der Geigand hieß; Meller hatte eine Stute namens Quelle. Sie war trabsicher und schnell. Aber auch das, was wir eine „Pissflinte" nennen. Das bedeutet, dass sie im Endkampf ihre Nerven nicht mehr im Griff hatte. Auf der Zielgeraden hob sie vor Aufregung den Schwanz ... und strullte Meller auf die Brille.

Charlie musste eine Hand von der Leine nehmen, um sich die Brille abzuwischen. Diesen Moment nutzte ich, um Geigand „anzuschieben", wie das Beschleunigen des Pferdes heißt, und holte den entscheidenden Vorsprung heraus.

Klaus Schüle hätte ich wohl nicht geschlagen, er war ein sehr starker Fahrer und deshalb auch zu Recht bei der Meisterschaft 1978 in Moskau dabei. Die Fahrer bekamen, wie einst bei der WM in Nordamerika, einheimische Pferde zugelost. Es wurden vier Rennen ausgetragen; am Ende hatte Willi Roth die meisten Punkte.

Es war ein unvergesslicher Tag für jeden, der ein Herz für den Trabrennsport hat. Nahezu 30.000 Zuschauer waren auf der malerischen alten Bahn in Moskau, die noch aus der Zarenzeit stammte. Willi Roth war lange Trainer und Fahrer für den Stall des Unternehmers Wilhelm Geldbach gewesen und hatte schon viele, viele Rennen gewonnen. Aber als ihm der russische Landwirtschaftsminister den Siegerkranz umhing und die Zuschauer ihm stehend applaudierten, da kamen ihm die Tränen.

Nach dem Tod Geldbachs Ende 1975 hatte Roth sich selbstständig gemacht und wurde ein sogenannter öffentlicher Trainer, der für mehrere Besitzer mit den Pferden arbeitete. Er war sozusagen der Haus-und-Hof-Trainer für die Schalker Profis, die dem Trabrennsport eng verbunden waren, zum Beispiel Hannes Bongartz, Rolf Rüssmann, Klaus Fichtel, Norbert Nigbur oder Manfred Dubski. Leider starb Willi viel zu früh, mit Mitte fünfzig im Jahr 1994, an einer mysteriösen Krankheit. Wann immer ich ihn in der Zeit vor seinem Tod traf, sagte er zu mir: „Werner, das in Moskau, das war der größte Tag meines Fahrerlebens!"

Kurt Brumme holt mich zum Rundfunk

Der Tag, an dem Kurt Brumme in mein Leben trat, war sonnig und frühherbstlich mild. Es war ein Renntag in Gelsenkirchen, also ein Donnerstag, Anfang Oktober 1978. Ein paar Stunden, bevor es losging, rief Hans Schneider uns zusammen.

„Heute Abend haben wir prominenten Besuch", begann er. „Kurt Brumme, der Hörfunk-Sportchef des Westdeutschen Rundfunks, kommt mit seiner gesamten Redaktion zu einem Betriebsausflug auf unsere Rennbahn." Sofort brach große Hektik aus. Alles wurde noch einmal besonders gründlich geputzt, und man stellte die Champagnerflaschen kalt. Es fehlte nur noch, dass wir einen roten Teppich ausgerollt hätten.

Brumme war, das ist keine Übertreibung, eine lebende Legende. Er hatte schon zu dem kleinen Reporterteam gehört, das die WM 1954 in die deutschen Stuben brachte. Die anderen drei waren Rudi Michel, Gerd Krämer und natürlich Herbert Zimmermann. Das Los bestimmte Brumme zum Reporter des ersten Spiels der deutschen Mannschaft, danach wechselten die vier sich ab. So kam es, dass Brumme beim Halbfinale gegen Österreich am Mikrofon saß, während Zimmermann das Endspiel kommentieren durfte, das ihn unsterblich machen sollte.

Doch in Brummes langer Karriere herrschte kein Mangel an ähnlich dramatischen Fußballspielen, man denke nur an das sogenannte Jahrhundertspiel zwischen Deutschland und Italien bei der WM 1970 in Mexiko. In diesem Spiel fielen die Italiener vor allem durch Schauspielerei und Theatralik auf. Sie führten, wie Brumme sich ausdrückte, „schlechte Mailänder Oper auf". An einer Stelle seiner Reportage sagte er: „Der Schiedsrichter lässt sich beeindrucken, weil ein Italiener auf dem Boden liegt. Wir fragen uns besorgt, ob er wohl durchkommt." Viele Hörer haben nie vergessen, wie Brumme nach einer Schwalbe von Tarcisio Burgnich mit seiner tiefen, einprägsamen Stimme sagte: „Burgnich ist soeben im Strafraum verstorben, sehe ich."

Mir hingegen war Brummes Name vor allem wegen seiner Boxreportagen ein Begriff. Er hatte fast alle der großen Kämpfe von Muhammad Ali übertragen, die Anfang der 1970er Jahre in Deutschland echte Straßenfeger waren. Seit Ende 1963 war er auch Abteilungsleiter Sport im WDR-Hörfunk und Miterfinder der samstäglichen Bundesligasendung „Sport und Musik", die er moderierte. Als er sich mit seinen Redaktionskollegen bei uns auf der Rennbahn ankündigte, war Brumme außerdem schon Träger des Bundesverdienstkreuzes. Man kann also verstehen, warum Schneider so aufgeregt war.

Mich brachte der angekündigte hohe Besuch allerdings nicht aus der Fassung. Ich würde ja eh oben, an der höchsten Stelle der Tribüne sitzen und die Rennen kommentieren, während man unsere Gäste bewirtete. Und so war es dann auch. Brumme und seine Mannschaft – neben zwei Sekretärinnen hatte er noch Dietmar Schott, Erhard „Eddie" Körper und vier oder fünf andere Mitarbeiter mitgebracht – wurden über die ganze Bahn geführt und bekamen alles gezeigt, vom Totoschalter bis zu den Ställen. Währenddessen erledigte ich meinen Sprecherjob.

Doch plötzlich stand Brumme, ein geradezu furchteinflößend großer Mann, oben neben mir. Ich machte die Arbeit am Mikrofon ja nun schon gut neun Jahre lang und hatte so viel Routine, dass ich die Kommentare praktisch aus dem Ärmel schüttelte. Man könnte fast sagen, ich erkannte die Pferde schon an ihrem Hufschlag und hätte beim Kommentieren nebenbei Zeitung lesen können. Doch für Brumme war das alles völlig neu und eine ihm ganz ungewohnte Art der Berichterstattung. Höchst interessiert verfolgte er das Rennen, das ich gerade kommentierte. Als die Pferde im Ziel waren, sprach er mich an.

„Sagen Sie mal", meinte er, „wie machen Sie das eigentlich? Wie können Sie diese vielen Pferde da hinten auseinanderhalten? Sie haben ja nicht mal ein Fernglas."

„Um ganz ehrlich zu sein, meistens rate ich."

Brumme lachte laut auf, aber ich konnte ihm ansehen, dass er sich nicht völlig sicher war, ob ich einen Scherz gemacht hatte oder nicht. „Erzählen Sie doch keinen Quatsch", sagte er und stieg wieder die Tribüne hinab. Ich nahm an, dass er zurück zu seiner Mannschaft ging. Doch stattdessen holte Brumme unten einige Erkundigungen ein – über mich. Eine halbe Stunde später, pünktlich zum Beginn des nächsten Rennens, stand er wieder neben mir und hörte sich meinen Kommentar an.

Als ich fertig war, meinte er: „Man hat mir gesagt, dass Sie auch Stadionsprecher bei Schalke sind."

Ich nickte. „Ja, mittlerweile schon seit fünf Jahren."

„Na, dann haben Sie ja bestimmt auch etwas Ahnung von Fußball", sagte Brumme. Es war halb Frage, halb Feststellung.

„Inzwischen schon so ein bisschen", erwiderte ich.

Er griff in sein Portemonnaie und holte eine Visitenkarte heraus.

„Ich will Ihnen mal einen Rat geben", sagte er. „Sie haben eine fantastische Stimme. Sie sollten sich bei mir bewerben. Ich kann Sie gebrauchen." Mit diesen Worten legte er die Visitenkarte neben meinen Arm auf den Tisch und verabschiedete sich.

Es gab und gibt zahllose Jungen (und inzwischen auch Mädchen), für die ein solches Angebot die Erfüllung eines Lebenstraumes gewesen wäre. Ich treffe noch heute andauernd Menschen, die mir gestehen, dass ihr größter Berufswunsch nicht Astronaut oder Feuerwehrmann war, noch nicht einmal Profifußballer, sondern Radioreporter. Ihre Kindheit und Jugend war geprägt von der Berichterstattung über die Bundesliga im Radio, vor allem der berühmten Schlusskonferenz.

Deren Prinzip ist übrigens viel älter, als man vielleicht denken mag. Die erste Fußball-Schaltkonferenz ging schon am 21. September 1952 über den Äther. Sie dauerte 45 Minuten und erlaubte es den Hörern des Nordwestdeutschen Rundfunks (NWDR), mit Beginn der zweiten Hälfte alle acht Partien des fünften Spieltags in der Oberliga Nord zu verfolgen. Ausgedacht hatte sich das der Sportfunkchef des NWDR, kein Geringerer als Herbert Zimmermann. Die anderen Anstalten der ARD übernahmen das Format sehr schnell. Schon ein halbes Jahr später, im März 1953, folgte die erste bundesweite Konferenz, mit Ausschnitten von Spielen mehrerer Oberligen. Als der DFB 1963 endlich eine nationale Spielklasse einführte, die Bundesliga, wurden solche Schaltungen über Landesgrenzen hinweg zur Regel. Ganze Generationen wuchsen mit der Faszination der Schaltkonferenz auf.

Ich nicht. Als ich Brummes Visitenkarte neben mir liegen sah, dachte ich nicht: „Ein Traum wird wahr!" Mir fiel nicht einmal ein, wie seltsam es doch war, dass mir soeben einer der bekanntesten Medienmänner des Landes geraten hatte, mich beim WDR zu bewerben – nur zweieinhalb Jahre, nachdem die ARD mir meine Bewerbungsunterlagen zurückgeschickt hatte. Nein, ich dachte nur: „Mein Gott, Rundfunk? Unmöglich! Davon habe ich doch überhaupt keine Ahnung."

Aber ich warf die Visitenkarte nicht weg. Im Gegenteil. Zwei Wochen lang lag sie auf dem Schreibtisch meines Büros an der Rennbahn. Zwei Wochen lang schob ich sie von rechts nach links, dann wieder von links nach rechts. Manchmal nahm ich sie ehrfürchtig in die Hand. Auch wenn ich als Kind nicht wie gebannt vor den Fußballübertragungen gehockt hatte, so kannte ich doch die Namen und Stimmen der großen Radiolegenden (wir hatten ja nie einen Fernseher daheim). Neben den schon Genannten – Zimmermann, Michel, Krämer, Brumme selbst – waren mir auch Reporter ein Begriff, die heute leider etwas in Vergessenheit geraten sind, wie Oskar Klose und Werner Labriga. Mit solchen Männern konnte ich mich doch unmöglich messen!

Am Ende gewann meine … ja, was? … die Oberhand. Vermutlich einfach die Neugier. Oder vielleicht war es der Nachdruck, mit dem alle Bekannten, denen ich die Karte zeigte, mir rieten, die Chance zu ergreifen. Nach vierzehn Tagen schrieb ich Brumme einen Brief, in dem ich mich, ganz wie er es mir geraten hatte, darum bewarb, einen Job beim Radio zu bekommen. Nur drei Wochen später, an einem düsteren Novembertag, war meine Stimme zum ersten Mal live auf dem Sender zu hören. Das hatte es in der Geschichte des WDR noch nicht gegeben. Ich kann nur vermuten, dass Brumme mich ein wenig protegierte. Schließlich hatte er mich sozusagen entdeckt, da musste er vor der Redaktion notgedrungen beweisen, dass ich auch etwas konnte.

Doch natürlich wurde ich diesmal nicht so holterdipolter ins kalte Wasser geworfen wie an meinem ersten Tag als Sprecher auf der Rennbahn oder als Ersatz von Hans Schneider beim FC Schalke. Kaum war mein Brief bei Brumme eingetroffen, bekam ich einen Anruf von Georg „Schorsch" Alberts, dem Chef vom Dienst. Er lud mich gleich für das folgende Wochenende zu einer Probereportage ein. Am 22. Oktober, einem Sonntag, sollte ich doch bitte schön zum Sportpark Höhenberg in Köln kommen. Dort spielte an diesem Tag Viktoria Köln in der 2. Bundesliga Nord gegen den Wuppertaler SV. Der Reporter des WDR und damit mein Mentor würde Jochen Hageleit sein.

Ich war zwei Stunden vor Spielbeginn am Stadion. Meine Hände umklammerten mehrere Bögen Papier, auf denen ich alles notiert hatte, was ich in den Tagen zuvor über die beiden Mannschaften herausfinden konnte. Ich kannte doch keinen einzigen Spieler! (Obwohl ich den Namen von Viktorias Kurt Pinkall schon mal vorgelesen haben musste, denn er war für Gladbach und Bochum einige Jahre in der Bundesliga aktiv gewesen.)

Das war aber nicht meine einzige Vorbereitung gewesen. Ein Name, den ich aus dem Hörfunk kannte, war der von Armin Hauffe. Er war etwa zehn Jahre jünger als ich und arbeitete als sogenannter fester Freier für den WDR. Ich wusste, dass er in Gelsenkirchen-Buer wohnte, also suchte ich seine Nummer heraus und rief an. Ich bat ihn, mir einige Tipps zu geben. Obwohl er mich nicht kannte, lud mich Armin zu sich nach Hause ein. Ich habe ihm das nie vergessen, und wir hatten später ein ausgezeichnetes Verhältnis. Leider meinte es das Schicksal nicht gut mit ihm, doch dazu kommen wir später.

So stand ich also um 13 Uhr am Sportpark Höhenberg in Köln, hatte meine Unterlagen und die Tipps von Armin Hauffe. Wer nicht da war, das war Hageleit. Ich wartete eine Stunde. Dann noch eine halbe. Dann noch mal fünfzehn Minuten. Als ich mit den Nerven schon völlig am Ende war, schlenderte er endlich um die Ecke. Zehn Minuten vor Spielbeginn. Ohne irgendwelche Unterlagen.

Hageleit war ein Jahr jünger als ich, aber zu diesem Zeitpunkt natürlich schon ein alter Radiohase und völlig abgebrüht. Ich weiß noch, dass er an diesem Tag einen langen, alten Ledermantel trug. Aus gutem Grund, wie sich zeigen sollte.

„Ah, Sie müssen Herr Hansch sein", sagte er. „Sie sollen ja heute bei mir ein bisschen üben."

„Ich wusste nicht, wo unsere Plätze sind", sagte ich, „deswegen stehe ich noch hier und bin nicht auf die Tribüne gegangen."

„Tribüne?", sagte Jochen. „Da wären Sie auch falsch gewesen. Wir sitzen unten am Spielfeldrand."

Zu meinem Entsetzen war das kein Scherz. Direkt neben dem Spielfeld standen zwei Stühle für uns. Das war alles. Ich legte mir die Blätter mit meinen Notizen auf die Knie und blickte zum Spielfeld. Alles, was ich sah, waren Beine. Dann fing es an zu regnen. Jochen klappte einfach den Kragen seines Mantels hoch, während die Regentropfen auf meine Unterlagen klatschten und die Schrift unleserlich machten.

Später war ich oft selbst Mentor. Wir bekamen ja in manchen Jahren Hunderte von Bewerbungen. Da saßen dann bei einem Spiel vier, fünf junge Leute um mich herum, alle vor Aufregung zitternd und mit detaillierten Ausarbeitungen und Hintergrundmaterial auf dem Schoß.

„Schmeißt das alles weg", sagte ich dann jedes Mal. „Das will keiner hören. Die Leute in Köln wollen wissen, ob ihr Situationen schnell erfassen und dann in Sprache umwandeln könnt. Nur darum geht es. Die ganzen Statistiken, die ihr euch zusammengesucht habt, könnt ihr vergessen."

Ich habe in all den Jahren so manche interessante Probereportage gehört und bekam bei einigen Jungs auch das Gefühl, sie hätten das Zeug zum Reporter. Aber kein einziger von ihnen ist mir je wieder begegnet. Warum es bei mir anders war? Ich weiß es nicht. Es kann jedenfalls nicht an der Qualität meines ersten Testlaufs bei Viktoria Köln gelegen haben.

Hageleit wurde während des Spiels etwa drei- oder viermal aus dem Studio gerufen. Seelenruhig nahm er dann das Mikro und erzählte irgendetwas zum Spielstand und zum Verlauf der Partie. Nachdem er wieder zum Moderator zurückgegeben hatte, sagte er zu mir: „So, jetzt machen Sie mal." Ich war natürlich nicht auf Sendung, aber der Ü-Wagen zeichnete meinen Kommentar auf. Ich habe nicht die leiseste Ahnung, was ich wohl erzählt haben mag, aber es kann nicht gut gewesen sein. Ich hatte keinen Überblick über das Geschehen, kannte keinen Spieler, saß wie ein Häufchen Elend im Regen.

Am Tag nach dem Spiel rief Alberts mich wieder an. Ich erwartete, dass er sagen würde, das Experiment sei gescheitert. Und ich konnte auch an seiner Stimme hören, dass man in Köln beim Anhören meiner Probereportage nicht gerade vor Begeisterung aus dem Sessel gesprungen war. Aber ich glaube, Brumme wollte mich nicht so schnell aufgeben. Vielleicht, weil er etwas in mir sah oder hörte; vielleicht einfach nur, weil er sich in den Kopf gesetzt hatte, dass er sich an jenem Tag auf der Rennbahn nicht getäuscht hatte.

„Na, Hansch, das war ja ganz munter", sagte Alberts. „Machen Sie am Wochenende am besten noch eine zweite Probereportage. Und zwar diesmal im Parkstadion, da kennen Sie sich doch aus. Schalke spielt gegen Kaiserslautern, und Heribert Faßbender wird für uns da sein. Er sagt Ihnen zwischendurch Bescheid und dann machen Sie noch so fünf, sechs Minuten."

So lernte ich sechs Tage, nachdem ich Hageleit zum ersten Mal getroffen hatte, auch den großen Heribert Faßbender kennen. Mitten im Spiel holte er mich rüber in seine Kabine, die nur zwei Türen weiter war. Ich setzte mich und kommentierte einige Minuten das Geschehen, während Heribert hinter mir saß und zuhörte. Es war kein Vergleich zum Tag in Köln, denn ich kannte die Spieler, hatte einen guten Überblick und war auch nicht so aufgeregt, weil mir die Umgebung vertraut war. Selbst wenn in diesen paar Minuten ein Tor gefallen wäre, hätte es kein Problem gegeben, denn Volker Stuckmann, der die Anzeigetafel bediente, wusste Bescheid und war darauf vorbereitet, als Sprecher einzuspringen. Als ich fertig war, sagte Faßbender: „Das war doch ganz ordentlich. Viel Glück!"

Es muss für Brumme so ordentlich geklungen haben, dass es beim nächsten Anruf von Alberts nicht mehr um eine Probereportage ging, sondern um einen richtigen Live-Einsatz: Am 4. November 1978 beim Spiel der 2. Liga Nord zwischen Preußen Münster und Bayer Leverkusen! Diesmal war ich völlig auf mich alleine gestellt, denn es gab keinen Mentor, keinen erfahrenen Sprecher, der im Notfall eingreifen konnte. Unten im Ü-Wagen saß ein Toningenieur namens Uli Schewe. Dazu kam noch der Fahrer Udo Lakemper, der auch die Strippen verlegte und dafür sorgte, dass ich oben an meinem Platz verkabelt war. Wir drei waren das komplette Team.

Das Spiel begann mit ein paar Minuten Verspätung, denn als die Mannschaften auf den Platz kamen, wurde Leverkusens Verteidiger Jürgen Gelsdorf von einem Gegenstand aus Plastik, der aus dem Publikum geworfen worden war, am Kopf getroffen. Da hätte man schon vermuten können, dass es ein hitziger Nachmittag werden würde. Doch noch war ich guter Dinge.

Über die Kopfhörer konnte ich die Stimme von Kurt Brumme hören, der im Studio in Köln saß und die verschiedenen Schaltungen ankündigte. Es war ein Samstag, daher hatten die Spiele der ersten Bundesliga Vorrang, von der die etablierten Sprecher berichteten, also Hageleit, Faßbender, Hauffe oder Manfred Breuckmann. Irgendwann sagte Brumme: „So, nun wollen wir zum Spitzenspiel der zweiten Liga nach Münster schauen. Dort spielt heute Bayer Leverkusen, das den Aufstieg in die Bundesliga anstrebt."

Leverkusen, unter Trainer Willibert Kremer, war ungeschlagen und führte schon mit deutlichem Vorsprung die Tabelle an. (Am Ende der Saison schaffte Bayer tatsächlich zum ersten Mal den Sprung in die erste Liga, wo der Verein bis heute spielt.) Aber auch Preußen stand gut da, die Mannschaft war Dritter. Ich berichtete also von einer bedeutenden Partie vor ausverkauftem Haus.

„Wir haben übrigens dort, in Münster, einen neuen Kollegen sitzen", fuhr Brumme fort. Während ich ihn reden hörte, merkte ich, wie in meinem Nacken und meinem Rücken langsam alles steif wurde. Das war keine Probe, das war live! Die beiden Testreportagen hatten nur Hageleit, Faßbender und Brumme gehört, doch gleich würde ich zu mehr Menschen sprechen als jemals zuvor. Brumme sagte: „Wir rufen Werner Hansch." Ich schluckte und begann zu sprechen.

Das WDR-Archiv hat keine Aufnahme dieser Sendung mehr, ich kann also nicht nachprüfen, welche Worte die ersten waren, die ich im Radio sprach. Ich bin mir sicher, es ist besser so. Was man braucht, um ein wenig Lockerheit und Sicherheit zu bekommen, sind die einfachen Dinge. Wenn ein Fußballer nervös ist oder seinen Rhythmus nicht findet, dann lautet die Goldene Regel: simple, kurze Pässe, bis man im Spiel drin ist. Bei Reportern ist es ähnlich. Wenn man unsicher ist, dann beschreibt man ein paar einfache, normale Spielzüge, bis der Puls sich beruhigt hat: Gelsdorf baut das Spiel von hinten auf, er passt heraus auf den rechten Flügel zu Thomas Hörster, es steht immer noch 0:0 hier in Münster. Solche Sachen hätte ich sagen sollen. Aber ich kam gar nicht dazu.

Am nächsten Tag schrieb der *kicker* auf Seite 75 seiner Montagsausgabe: „Was als Spitzenspiel mit vorsichtigem Abtasten begann, endete nach stellenweise temporeichen und dramatischen Szenen als Skandal; vier Spieler und Leverkusens Trainer Kremer wurden des Feldes verwiesen. Wie dem Schiedsrichter dieses zwar mit Kampf und Einsatz, aber nie unfair geführte Spiel derartig entgleiten konnte, bleibt sein Geheimnis."

Während der drei oder vier jeweils zweiminütigen Einsätze, die ich hatte, erschloss sich auch mir das Geheimnis nicht. Die Partie war chaotisch, und warum Schiedsrichter Jan Redelfs aus Hannover all diese Roten Karten zeigte, verstand ich so wenig wie der Reporter des *kicker*. Ich musste natürlich etwas zu diesen Entscheidungen sagen, konnte aber nur stammeln, dass mir alles ein Rätsel war. Wenn ich nicht auf Sendung war, fragte ich die Leute um mich herum, aber auch sie zuckten nur ratlos mit den Schultern. Sogar Kremer, ein stets besonnener und ruhiger Trainer, beschwerte sich über die Spielleitung und wurde vom Schiedsrichter zwanzig Minuten vor dem Ende in den Kabinentunnel geschickt.

Es war für einen Reporterneuling der schlimmste anzunehmende Stress überhaupt. Als das torlose Spiel abgepfiffen wurde, waren meine Klamotten buchstäblich von oben bis unten durchgeschwitzt. Der *kicker* schrieb: „Für den Fußball war es eine Niederlage. Und für den Schiedsrichter ebenfalls." Ich darf hinzufügen: für Werner Hansch auch.

Ich muss so schlecht ausgesehen haben, wie ich mich fühlte, als ich hinunter zum Ü-Wagen kam. Denn Uli Schewe, später ein dicker Kumpel von mir, sagte sofort: „Herr Hansch! Was ist denn mit Ihnen los?"

„Ach, lassen Sie mich bloß in Ruhe", gab ich zurück. „Ich muss erst mal nach Hause in die Badewanne." Dann verabschiedete ich mich von ihm und sagte: „Ich glaube nicht, dass wir uns noch mal sehen."

Mein Eindruck, dass die Reportage missglückt war, kann nicht so falsch gewesen sein. Denn am Montag kam wieder ein Anruf, und diesmal war Brumme selbst am Apparat. „Na, junger Kollege", fing er an, „das war ja nicht so schön für Sie. Wir hatten im bezahlten Fußball überhaupt erst einmal ein Spiel mit so vielen Roten Karten. Und dann kriegen Sie so etwas gleich bei Ihrem ersten Einsatz. Das müssen wir natürlich wohlwollend berücksichtigen."

Dann zählte er ein paar Sachen auf, die ihm an meinem Kommentar nicht gefallen hatten. Anscheinend hatte ich vergessen, zu Beginn einer jeden Einblendung den aktuellen Spielstand durchzugeben. Doch vor allem bemängelte Brumme einige sprachliche Dinge. Ich nehme an, dass mir viele der klassischen Redewendungen und Stereotypen, mit denen man ein Spiel beschreibt, noch nicht geläufig waren. Deswegen werde ich so manche umständliche oder vielleicht sogar verwirrende Formulierung benutzt haben. Brumme aber war ein Mann der alten Schule; er legte Wert auf klare, einfache, deutliche Kommentare. Brumme schloss diese Manöverkritik mit dem Satz: „Das nächste Mal fahren Sie nach Uerdingen, zum Pokalspiel gegen Schalke. Das wird dann bestimmt schon viel besser."

Ich war sehr erleichtert, als ich das hörte. Es ging also weiter! Vor allen Dingen aber: Es ging bergauf. Denn ein paar Wochen später in Uerdingen war ich schon viel besser und fühlte mich viel sicherer. Der damalige Zweitligist warf Schalke sogar mit einem 2:1 aus dem Pokal, es gab also Tore zu beschreiben und eine Überraschung zu vermelden. Kein Vergleich zum Theater von Münster.

Brumme hat mich auch danach noch sehr gefördert. So sehr, dass es sicher einige renommierte Kollegen gab, die etwas die Nase rümpften. Zum Beispiel durfte ich gerade ein Jahr, nachdem meine Stimme zum ersten Mal über den Sender gegangen war, sogar von einem Europapokalspiel berichten – aus Italien! Borussia Mönchengladbach spielte bei Inter Mailand. Es war ein fantastischer Abend, das Tollste, was ich bis dahin auf einem Fußballplatz gesehen hatte: San Siro, Flutlicht, Wahnsinnstore. Harald Nickel traf mit einem unglaublichen Volleyschuss aus 30 Metern zum 1:1. Der Ball war schon im Netz, da blickte der italienische Torwart noch einmal ungläubig hoch in den Winkel, als könnte er nicht verstehen, was passiert war. In der Verlängerung schoss Nickel dann auch noch das 3:2-Siegtor mit einem seiner typischen Elfmeter – ohne Anlauf, aus dem Stand.

Das Spiel war so aufwühlend, dass die Leute vor mir ständig aufsprangen. Ich saß zwar etwas erhöht auf der Pressetribüne, konnte aber das Feld vor lauter Leibern nicht mehr sehen. Mir blieb keine

Wahl, ich musste mitspringen, um noch etwas zu sehen. Bei einem dieser Sprünge fielen die Blätter mit den Aufstellungen zu Boden, und ich fand sie nicht mehr wieder.

An diesem Abend ging in Frankfurt, bei der zentralen Vermittlung der ARD-Hörfunkanstalten, etwas schief. Irgendwann hatte ich auf einmal die Stimme von Schorsch Alberts auf den Ohren. „Werner!", rief er ganz aufgeregt, „du musst durchmachen! Wir können nicht schalten!" Ich glaube, ich habe bei dieser Einblendung mehr als eine halbe Stunde am Stück kommentiert. Nur zwölf Monate nach meiner Feuertaufe in Münster.

So begann sie also, meine Karriere als Singvogel. Durch eine Verkettung von Zufällen. Ich bin mir sicher, dass es bei den meisten so ist. Ich kenne kaum jemanden, der diesen Beruf angestrebt hat und dann geradlinig hineingewachsen ist. Fast alle sind das, was man Seiteneinsteiger nennt.

Immer und immer wieder bin ich gefragt worden, wie man zum Radio kommt. „Herr Hansch", sagten die Menschen zu mir, „geben Sie mir doch bitte einen Rat, ich möchte das auch so gerne machen." Meine Antwort lautete stets: „Junge, wenn du wissen willst, wie ich dazu gekommen bin, dann muss ich dir mein ganzes Leben erzählen. Das dauert zwei Tage – und am Ende hilft es dir kein bisschen."

Der Mann, der immer die Ansager spielt

15.30 Uhr

Einer meiner tiefsten Charakterzüge ist der Drang zur Selbstkritik. Ich weiß nicht, woher diese Veranlagung kommt; sie ist so ausgeprägt, dass ich nichts gegen sie tun kann. Mir fällt zum Beispiel keine einzige Reportage von mir ein, die ich selbst für gelungen hielt. Selbst mit den beiden Übertragungen, für die ich schließlich bedeutende Medienpreise erhalten sollte, war ich nicht wirklich zufrieden.

Als ich später bei Sat.1 arbeitete, hielten wir regelmäßig große Redaktionskonferenzen ab, um unsere Leistung vom Wochenende aufzuarbeiten. (Bei der ARD machten wir so etwas nie, weder fürs Radio noch fürs Fernsehen. Was man in Köln von einem Reporter hielt, ließ sich nur an seinen Einsatzzeiten ablesen.) Bei diesen Konferenzen saßen sechzig oder sogar siebzig Kollegen zusammen und gingen die Berichte und Übertragungen im Detail durch. Sobald jemand einen Kommentar machte wie „Also, das war eine richtig gute Sendung“, schlug ich mit der flachen Hand auf die Tischplatte, stand auf und sagte: „Wenn das so ist, dann können wir ja hier und jetzt Schluss machen und die Sendung einstellen. Sobald wir uns nicht mehr steigern können, macht die Sache nämlich keinen Sinn mehr.“

Ich habe mir auch nur ganz, ganz selten mal einen Kommentar von mir noch einmal angehört. Erstens, weil ich weiß, wie ich reagiere: „Nein, das ist ja schrecklich! Mach das sofort wieder aus!“ Zweitens, weil meine persönliche Überprüfung immer noch am selben Tag stattfand. Und zwar auf der Heimfahrt, im Auto. Sobald der Motor lief, schob ich eine Kassette mit klassischer Musik ein. Dann fuhr ich wie auf Autopilot, oft durch die hereinbrechende Dunkelheit oder gar die Nacht, und ging dabei im Kopf noch einmal durch, was ich zu welcher Szene gesagt hatte. Jeder Augenblick war mir völlig gegenwärtig. Als hätte mein Gehirn wie eine Filmkamera das reale Bild aufgenommen und meinen Kommentar als dazugehörige Tonspur abgespeichert.

Die anderen Autofahrer müssen sich gefragt haben, warum der Mann im Wagen vor ihnen immer den Kopf schüttelte oder sich mit der Hand gegen die Stirn schlug. „Du Hornochse!“, schimpfte ich mit mir selbst. „Warum hast du das gesagt? Es war doch völlig unpassend!“ Erst auf diesen Fahrten fielen mir dann all die eleganten, klugen Sachen ein, die ich hätte sagen sollen. Zu spät. Vorbei.

Manche Leute nehmen an, dass sich Reporter ihre Formulierungen, Scherze oder Wortspiele vor der Übertragung aufschreiben. Aber ich habe das nie getan und kenne auch keinen Radiomann, der so arbeiten könnte. Selbst beim Fernsehen – erst für die *Sportschau* in der ARD und dann bei *ran* auf Sat.1 – habe ich meine Berichte aus dem Bauch heraus gesprochen. Da war sicher viel Blödsinn dabei, aber so hatte ich es nun einmal beim Radio gelernt.

Einige meiner Kollegen beim Fernsehen, die diesen Hörfunkhintergrund nicht hatten, arbeiteten etwas anders. Wenn sie eine Zusammenfassung abliefern mussten, dann machten sie sich während des Spiels Notizen oder schrieben tatsächlich einen Text vor. Wenn ich einen solchen Kommentar verfolgte, dann meinte ich stets, das Papier rascheln zu hören.

Einmal, beim Fernsehen, habe ich diese Methode ausprobiert. Ich schrieb mir vorher auf, was ich sagen und welche Informationen ich unterbringen wollte. Es war eine Katastrophe! Irgendwann merkte ich, dass ich ständig vom Monitor hinüber zu meinem Blatt blickte und versuchte, alles synchron zu halten. Im wahrsten Sinne des Wortes habe ich mich dabei total verzettelt. Man muss nur ein einziges Mal in der Zeile verrutschen, dann laufen einem die Bilder weg, und man fängt sie nicht mehr ein.

Das freie Reden war immer ein zentrales Element meines Stils. Zum Teil erklärt sich das ohne Zweifel aus meiner Biografie heraus, denn auf der Trabrennbahn lernt man vor allem das schnelle Reagieren und Improvisieren; auch im Radio kommt man mit vorgefertigten Formulierungen nicht weit. Ein anderes, nennen wir es einmal Erkennungsmerkmal meines Stils hat sicherlich ebenfalls mit meinem Werdegang zu tun: Wenn es um Fußball ging, war ich nie der große Fachmann, der am Mikrofon mit analytischer Tiefe glänzte und taktische Finessen sezierte. Meine Stärke war stets die Bildhaftigkeit der Sprache. Und wohl auch, dass ich eine gewisse Nähe herstellen konnte, was ausgewiesenen Fachleuten manchmal nicht gelingt, weil sie schnell oberlehrerhaft wirken können.

Manche mochten diesen Stil, manche nicht. So ist das halt. Das Erste, was man lernt, wenn man in der Öffentlichkeit steht, ist dies: Man kann es niemals allen recht machen; einen großen Teil seines Publikums hat man immer gegen sich.

Neben der Tatsache, dass die Geschmäcker verschieden sind, gibt es noch ein anderes Grundproblem eines jeden Reporters, vor allem des Sportreporters: Viele Hörer oder Zuschauer gehen davon aus, dass der Reporter genauso ist wie sie selbst. Und das bedeutet: nicht objektiv. Ich zum Beispiel war in den Augen vieler Leute entweder ein Schalker oder ein Dortmunder. Damit stand ich noch recht gut da; Marcel Reif zum Beispiel ist für die meisten Zuschauer einfach nur ein Bayern-Mann.

Das ist alles völliger Blödsinn. (Wenn Marcel für einen bestimmten Verein eine Schwäche hat, dann ist das selbstredend der 1. FC Kaiserslautern, für den er sogar gespielt hat.) Aber man kann gegen solche Vorurteile nicht anreden. Viele Leute können einfach nicht verstehen, dass ein Reporter seinen Beruf nur ausüben kann, wenn er in der Lage ist, Distanz aufzubauen. Außerdem: Menschen stecken nun einmal andere Menschen gerne in Schubladen, in Klischeekisten.

Beim Fernsehen habe ich mal ein Spiel zwischen Bayern München und Borussia Dortmund live übertragen. Anschließend bekam ich einen Brief von einem Zuschauer, der mir Parteilichkeit vorwarf. Er schrieb: „Schon nach zehn Minuten wurde deutlich, dass Sie sich als Pressesprecher beim FC Bayern München bewerben wollen." In derselben Post war aber noch ein anderer Brief. In dem hieß es: „Es war leider unüberhörbar, dass Sie große Sympathien für Borussia Dortmund hegen." Ich habe den beiden jeweils den Brief des anderen mit der Bitte um einen Kommentar geschickt, es kam aber von keinem eine Antwort.

So ist das Zweite, das man lernt, wenn man sich in die Öffentlichkeit begibt, diese Lektion: Viele Leute hören nicht, was du sagst; sie hören, was sie hören wollen. Der Mensch ist mächtig stolz darauf, dass er Vernunftbegabung besitzt und sich angeblich eine Meinung bilden kann. In Wahrheit hat er schon längst eine und will sie bloß bestätigt wissen.

Natürlich haben Reporter auch Vorlieben. Kurt Brumme zum Beispiel hatte ein Faible für Alemannia Aachen. Wenn man eingeteilt wurde, ein Spiel der Alemannia zu kommentieren, dann musste man höllisch aufpassen. Da durfte man sich keinen Fehler erlauben! Das hieß aber nicht, dass man keine Kritik an diesem Verein oder an der Leistung der Mannschaft üben durfte, ganz im Gegenteil.

Wer sich meinen biografischen Hintergrund anschaut, dem wird schnell klar, dass ich nicht als Fußballfan aufgewachsen bin und damit erst recht nicht als Fan eines bestimmten Vereins. Die prägenden Kindheitsmomente – wie etwa den ersten Stadionbesuch an der Hand des Vaters – habe ich nicht erlebt, daher fehlt mir auch eine wirklich tiefgehende Bindung an einen Klub. Natürlich hatte ich zu bestimmten Vereinsvertretern ein gutes Verhältnis. Zum Beispiel zu Günter Siebert. Während meiner Zeit als Schalker Sprecher habe ich sogar für ihn seine Grußworte im Stadionheft verfasst. Aber mit vielen seiner Nachfolger wurde ich nicht warm, und das färbte natürlich auf meine Beziehung zum Verein ab.

Ich persönlich empfand es immer als beruflichen Vorteil, dass ich mich am Mikrofon auf meine Arbeit konzentrieren konnte und nicht mitfiebern musste. Die Kollegen, die wirklich eine enge Beziehung zu einem bestimmten Verein haben, leiden manchmal ganz schön. Sie können ja ihre Erregung oder Enttäuschung nicht so abreagieren wie die Fans auf der Tribüne, deswegen stehen sie manchmal unter Dauerstrom.

Aber eine Vorliebe habe ich dann natürlich doch – das Ruhrgebiet. Ich bin im Pott geboren und habe, sieht man einmal von meinen zwei Semestern in Berlin und der Studienzeit in Münster ab, mein ganzes Leben dort verbracht. Ich mag diese Region und ihre Menschen, und deswegen lässt es mich nicht völlig kalt, wie es den Vereinen im Ruhrgebiet geht. Zumal es ja so ist, dass in diesem Teil des Landes der Fußball eine ungleich höhere Bedeutung für die Menschen hat als andernorts. Wenn man also sagt, dass man die Menschen im Pott mag, dann muss man auch ihre Fußballvereine mögen. Ich hoffe daher immer, dass diese Klubs in ihren jeweiligen Ligen ein gutes Bild abgeben und nicht in Abstiegsgefahr geraten. Doch ob diese Vereine nun aus Essen oder Oberhausen kommen, aus Bochum oder Dortmund, aus Gelsenkirchen oder Herne, das macht keinen Unterschied für mich.

Es ist allerdings richtig, dass Schalke in meinem Leben eine besondere Rolle gespielt hat. Und deswegen wurde ich in meinem größten Moment als Fußballreporter auch ganz still und ruhig und sah vor meinem inneren Auge die Jahrzehnte vorbeiziehen. Doch damit greife ich vor. Denn nachdem ich zum Radio gekommen war, musste ich ja zunächst einmal Abschied von Schalke nehmen.

Mit dem Beginn meiner Radiotätigkeit legte ich nämlich nach fast sechs Jahren mein Amt als Sprecher im Parkstadion nieder. Es war, wie schon erwähnt, schwierig genug für einen Reporter, als objektiv zu gelten, da konnte ich wohl kaum für einen Verein arbeiten, während ich gleichzeitig über ihn berichtete. Möglich wäre es schon gewesen, denn ich wurde ja nur freier Mitarbeiter des WDR, wie die meisten meiner Kollegen auch. Günther Koch, der im Jahr vor mir beim Bayerischen Rundfunk angefangen hatte, war im Hauptberuf Lehrer.

Als freier Mitarbeiter durfte man damals nur 92 Tage im Jahr für den WDR tätig sein. Der Sender hatte Angst, dass man eine Festanstellung einklagte, wenn man zu oft eingesetzt wurde. Diese Beschränkung galt keineswegs überall. Erich Laaser sagte mal in seiner Eigenschaft als Sportchef beim Hessischen Rundfunk zu mir: „Werner, ich weiß gar nicht, was da beim WDR los ist. Hier bei uns laufen den ganzen Tag nur Freie herum, die machen alles – vom Frühstücksfernsehen bis zum Nachtmagazin – und verdienen sogar mehr als ich." Er hatte recht, aber beim WDR war das anders, weil der Sender schlechte Erfahrungen gemacht hatte. Er war Mitte der 1970er von einer Welle überrollt worden, als sich fast 250 Leute eine Festanstellung vor Gericht erstritten.

Zu Beginn war mir diese Einschränkung herzlich egal. Im Gegenteil, ich war sogar froh, dass man mich nur an 92 Tagen einteilen konnte. Denn wann immer ich einen Einsatz hatte, der nicht an einem Wochenende lag, wie zum Beispiel für ein Europacupspiel, musste ich mir auf der Rennbahn Urlaub nehmen. Später jedoch sollte aus der 92-Tage-Regel ein Problem werden, das indirekt zu meinem Wechsel zu Sat.1 führte.

Obwohl die theoretische Möglichkeit also bestanden hätte, erschien es mir mit einem journalistischen Berufsethos nicht vereinbar, in Schalke am Mikrofon zu bleiben. Und die beiden Jobs hätten vermutlich auch rein zeitlich kaum unter einen Hut gepasst, denn von nun an waren meine Wochenenden sehr streng durchgeplant. Die Aufgabe als Radioreporter begann ja nicht erst um 15.30 Uhr und endete nicht schon um 17.15 Uhr. In der Regel kamen wir etwa zwei Stunden vor Spielbeginn zum Stadion, also ungefähr dreißig Minuten, bevor die Mannschaften eintrafen. Dann suchte ich die Trainer auf, um letzte Informationen zu bekommen – mit welchen Erwartungen geht man ins Spiel, sind alle Mann an Bord, hat sich jemand beim Popeln in der Nase den Finger gebrochen?

Ich hatte zu den meisten Trainern ein gutes Verhältnis und habe mich nach und nach auch mit vielen geduzt. Das heißt natürlich nicht, dass sie mir gegenüber immer völlig offen waren. Beim Fernsehen galt später das ungeschriebene Gesetz, dass der Reporter eines Live-Spiels ein Vier-Augen-Gespräch mit beiden Trainern zugestanden bekommt, in dessen Verlauf sie ihm einige Insiderinformationen geben, die er dann während der Übertragung anbringen kann. Wenn ich mich zu einem solchen Anlass mit dem Bayern-Trainer Ottmar Hitzfeld traf, den ich seit seiner Dortmunder Zeit gut kannte, haben wir uns außerordentlich freundschaftlich unterhalten. Aber gesagt hat er mir nichts.

„Ottmar, wirst du morgen mit einer Viererkette spielen?“

„Du, Werner, darüber muss ich mir noch ganz genau Gedanken machen. Ich glaube, ich schaue mir erst noch ein paar Videos an, bevor ich die Entscheidung treffe.“

„Und was ist mit Ballack? Kann der spielen, Ottmar?“

„Das wissen wir leider nicht, Werner. Er ist angeschlagen und macht morgen vor dem Spiel noch ein paar Tests.“

Natürlich wusste Ottmar genau, wie die Abwehr aussehen sollte und ob Michael Ballack fit war. Aber ich nehme an, er hatte ein gewisses Misstrauen den Medien gegenüber. Vielleicht befürchtete er, dass ich zum anderen Trainer ein noch besseres Verhältnis hatte und jenem dann die Informationen weitergeben würde. Das war selbstverständlich völlig ausgeschlossen, es wäre für einen Reporter der berufliche Selbstmord gewesen.

Geradezu vorbildlich war hingegen Christoph Daum. Es ist üblich, dass die Mannschaften den Spieltag in einem Hotel verbringen; nach dem Mittagessen legen sich die Profis noch mal rund anderthalb Stunden hin. In dieser Zeit kam Christoph runter in die Lobby, wo ich auf ihn wartete. Er hatte immer große Bögen Papier bei sich, die er auf dem Tisch ausbreitete. Im Detail erklärte er mir dann alles, was er sich ausgedacht hatte und wie er sich das Spiel vorstellte, bis hin zu den Zuordnungen bei Standardsituationen. Manchmal habe ich verblüfft zu ihm gesagt: „Ist das dein Ernst, Christoph? Das willst du machen?" Dann versuchte er mich davon zu überzeugen, dass dies genau die richtige Idee war: „Wir gehen ganz früh drauf, Werner, und greifen den Libero an, tief in der gegnerischen Hälfte! Das macht ihren ganzen Spielaufbau kaputt."

Für einen Reporter ist so etwas ein großes Geschenk, weil man seinen Hörern oder Zuschauern dann nicht nur beschreibt, was passiert, sondern auch erklären kann, warum das Spiel so läuft, wie es läuft, welche Pläne aufgegangen sind und welche nicht. Ich habe es Daum immer hoch angerechnet, dass er sich dermaßen kooperativ verhalten hat. Deswegen konnte ich nicht nein sagen, als er mich im Januar 2001 um einen Freundschaftsdienst bat, von dem noch die Rede sein wird.

Der unfreundlichste Trainer war, was niemanden überraschen wird, Ernst Happel. Ich war noch einigermaßen frisch beim Radio, als Brumme mich im März 1982 für die Partie MSV Duisburg gegen den Hamburger SV einteilte. Normalerweise rief Schorsch Alberts die einzelnen Reporter am Montag an, um ihnen zu sagen, welche Spiele sie am folgenden Wochenende übertragen sollten. Diesmal aber war Brumme selbst am Apparat. „Hansch", sagte er, „machen Sie doch am Samstag mal ein schönes Interview mit dem Happel!"

Gut vorbereitet, mit klugen Fragen im Gepäck, stand ich fünf Tage später am Wedaustadion und wartete auf die Mannschaften. Der Hamburger Bus fuhr vor, Happel stieg als Erster aus.

„Guten Tag, Herr Happel", sagte ich höflich. Er zog die Augenbrauen zusammen und musterte mich missmutig. „Darf ich mich vorstellen?", fuhr ich fort. „Meine Name ist Werner Hansch, ich bin für die ARD hier und würde gerne mit Ihnen ein Inter…"

„Gehnsmirausmweg", brummelte er, schlug mir mit der Hand gegen die Brust und schlurfte weiter. Ich stand da wie vom Donner gerührt. Ich wusste, dass man Happel den „Grantler" nannte, aber so etwas – eine Handgreiflichkeit! – hatte ich mir nicht vorstellen können. Ich machte kehrt und folgte Happel bis in den Kabinentrakt, aber er nahm keinerlei Notiz von mir oder dem, was ich sagte, und schlug mir mehr oder minder die Tür vor der Nase zu. Da kam Günter Netzer hinzu, damals der Manager des HSV und der Mann, der Happel aus Österreich nach Deutschland gelotst hatte.

„Haben Sie das gerade gesehen, Herr Netzer?", fragte ich empört.

Netzer blickte zerknirscht drein. „Er ist nun mal leider so", sagte er. „Wenn er nicht in seinem Vertrag stehen hätte, dass er nach den Spielen Pressekonferenzen geben muss, würde er da auch nicht hingehen. Er mag einfach keine Reporter."

Geschäftsführer und Filmstar

Die Arbeit des Geschäftsführers einer Trabrennbahn ist aufregend, anstrengend – und unsicher. Werner Korte, der mich einst auf die Bahn in Recklinghausen geholt hatte, gab diesen Posten zum Beispiel bald wieder auf und ging zurück in seine alte Branche, den Finanzsektor. Er machte sich als Steuerberater selbstständig und fing mit ein paar Klienten an, die er über die Bahn kennengelernt hatte. Es war ein krisensicherer Job.

Im Frühjahr 1981 suchte eine der erfolgreichsten Bahnen des Landes, die in München-Daglfing, einen neuen Geschäftsführer. Sie fand ihn bei uns im Westen. Daglfing machte Karl-Heinz Habers, dem Chef der Bahn in Dinslaken, ein Angebot, das er kaum ablehnen konnte. Habers ging nach München.

Für Dinslaken bedeutete der Wechsel, dass die Bahn einen neuen Geschäftsführer brauchte. Und das führte zum ersten von drei völlig unerwarteten Anrufen, die ich in den ersten Jahren der 1980er bekam. Denn der Vorstand des Vereins bot ausgerechnet mir an, der Nachfolger von Habers zu werden. Ich zögerte lange. Der

Hauptgrund war, dass ich mich in Gelsenkirchen ausgesprochen wohlfühlte und eine tolle menschliche Beziehung zu allen hatte, die dort arbeiteten. Als ich mich dann doch entschloss, nach Dinslaken zu gehen (nicht zuletzt wegen des sehr guten Verdienstes), veranstaltete der Verein in Gelsenkirchen eine Abschiedsfeier für mich, die mir sehr naheging. Ich habe an diesem Abend geheult wie ein Schlosshund.

Am 15. Juli 1981 trat ich meinen Dienst an. Im Vertrag hatte ich mir zusichern lassen, dass ich meine Tätigkeit für den WDR weiter ausüben konnte. Das war kein Gegenstand großer Verhandlungen, denn dem Rennverein war klar, dass meine Bekanntheit durch den Hörfunk durchaus Vorteile für die Bahn hatte, zum Beispiel bei der Suche nach Sponsoren. Was ich aber nicht mehr ausfüllen konnte, schon allein aus zeitlichen Gründen, war mein Job als Sprecher, sowohl auf den anderen Bahnen als auch in Dinslaken, wo ich Heinz Röttger zu meinem Nachfolger machte.

Zwei Monate, nachdem ich angefangen hatte, begannen wir mit dem Bau einer neuen Tribüne, der sich über mehr als zwei Jahre hinziehen sollte. Das waren schwierige Zeiten für Dinslaken, denn wir hielten den Rennbetrieb im Grunde auf einer Baustelle aufrecht, mit allen Konsequenzen, die das für die Besucherzahlen und damit für die Einnahmen hatte. In dieser Phase halfen mir ganz besonders zwei Damen, die auf der Bahn angestellt waren: Frau Lieselotte König von der Buchhaltung und meine großartige Sekretärin, Elisabeth Schulte. Sie nahmen mich nicht nur menschlich gut auf, sondern halfen mir auch sehr dabei, mich in all die Dinge einzuarbeiten, mit denen ich als Pressereferent bisher nicht in Berührung gekommen war.

Die Zeiten waren noch gut für den Trabrennsport, aber wir hatten in Dinslaken ein Problem, das ich bereits kurz angesprochen habe: den Samstag als Renntag. Unsere Umsätze sanken stetig, wir mussten uns etwas einfallen lassen. In dieser Situation half uns ausgerechnet mein Friseur. Ich unterhielt mich mit ihm über diese Problematik, während er mir die Haare schnitt, und plötzlich sagte er: „Hast du mal über den Montag nachgedacht?“ Ich erklärte ihm, dass der Montag traditionell als unpassender Renntag gilt. Da meinte er: „Wenn ich montags geschlossen habe, fahre ich gerne mal zum Spielcasino nach Bad Neuenahr. Da ist dann immer riesig was los."

Ich wollte das nicht glauben; es schien allem althergebrachten Rennbahnwissen zu widersprechen. Die Leute waren schließlich am Wochenende ausgegangen und blieben deswegen montags zu Hause. Aber mein Friseur versicherte mir, dass das Casino zu Wochenbeginn aus allen Nähten platze, also fuhr ich an einem Montag mit ihm nach Bad Neuenahr. Er hatte recht. Es herrschte großer Betrieb. Konnte es sein, dass die Ehefrauen all dieser Leute nach dem Wochenende die Nase so voll von ihren Männern hatten, dass sie froh waren, wenn die montagabends aus dem Haus gingen?

Kurz danach schlug ich unserem Vorstand vor, den Renntag zu verlegen. „Der Montag könnte der rettende Anker für uns sein", sagte ich. Die Vorstandsmitglieder, zehn bis zwölf ältere Herren, hielten das für eine absurde Idee. Einer von ihnen stand sogar auf und sagte: „Das schlägt der Hansch doch nur vor, damit er samstags in Ruhe seine Bundesligaspiele übertragen kann!"

Es kostete mich viel Überredungskunst, um die Meinungsführer im Vorstand davon zu überzeugen, dass ich wirklich allein im Interesse des Vereins handelte. Schließlich willigten sie ein, den Montag auszuprobieren. Nun musste ich nur noch die Erlaubnis der anderen drei Bahnen einholen. Das war kein großes Problem, denn natürlich herrschte auch in Gladbach, Recklinghausen und Gelsenkirchen die Meinung vor, dass der Montag ein toter Tag wäre.

Nach kaum sechs Wochen wussten sie es besser. Unsere Umsätze schossen in die Höhe, manchmal waren sie sogar höher als in Gelsenkirchen, auf der westdeutschen Vorzeigebahn. Den Wechsel auf einen neuen Renntag vorangetrieben zu haben, war vermutlich meine größte Tat als Geschäftsführer in Dinslaken, denn damit begannen für uns die Goldenen Achtziger, das letzte Hurra des Trabrennsports.

Nur wenige Wochen nach dieser wichtigen Entscheidung bekam ich den zweiten überraschenden Anruf jener Jahre. Am anderen Ende der Leitung war ein Mann, der sich als Filmregisseur vorstellte. Er sagte, er heiße Peter F. Bringmann. Der Name war mir dunkel ein Begriff. Bringmann arbeitete immer im Team mit dem

Produzenten Michael Wiedemann und dem Drehbuchautor Matthias Seelig. Sie hatten vor zwei Jahren, 1980, einen großen Kinohit in Deutschland gelandet: *Theo gegen den Rest der Welt*, mit Marius Müller-Westernhagen in der Titelrolle. Ich hatte natürlich von dem Film gehört, ihn allerdings nicht gesehen, weil mir vage schwante, dass das nicht mein Genre war.

„Ja, wie kann ich Ihnen denn helfen?", fragte ich.

„Wir haben ein neues Projekt", sagte Bringmann, „und da gibt es eine kleine Rolle, für die Sie der richtige Typ wären."

„Aber ich bin doch gar kein Schauspieler! Woher kennen Sie mich überhaupt?"

„Aus dem Radio", antwortete Bringmann. „Und das ist es ja gerade. Ich glaube, Ihre Stimme und Ihre ganze Art wären genau richtig für die Rolle."

Damit hatte er zumindest meine Neugier geweckt, und wir trafen uns ein paar Tage später, damit er mir erklären konnte, worum es in dem Film ging. *Die Heartbreakers* sollte er heißen, sagte Bringmann. Es sei der Name einer fiktiven Beatband aus dem Ruhrgebiet, die 1965 bei einem Festival in Recklinghausen gegen andere lokale Gruppen antritt. Ein solches Festival, erklärte mir Bringmann, habe tatsächlich stattgefunden, in der Vestlandhalle. Davon hatte ich in meiner Jugend zwar überhaupt nichts mitbekommen, aber als ich „Recklinghausen" hörte, konnte ich nicht nein sagen. Und so übernahm ich die Rolle eines Brauereidirektors, dessen Firma die ganze Veranstaltung finanziert.

Der Grund, warum Bringmann mich für diese Rolle haben wollte, war, dass dieser Direktor im Film auch die einzelnen Gruppen und ihre Lieder ansagt. Es sind natürlich alles englische Namen und Titel, mit denen der brave Mann in seinem altmodischen Anzug schwer zu kämpfen hat. „Ai kähnt gett noh Satisfaktion!" Im Sommer 1982 war ich eine Woche lang bei den Dreharbeiten dabei, an Originalschauplätzen in Recklinghausen. Dann war alles im Kasten, was meine Rolle betraf.

Das Ganze war ein Riesenspaß, auch wenn der Film an den Kinokassen leider kein Erfolg wurde. Er gewann aber immerhin den Deutschen Filmpreis in Silber und lief seither oft und mit großem

Erfolg in den verschiedenen dritten Programmen der ARD. Nach dem Ende der Dreharbeiten traf ich das ganze Team – Bringmann, Seelig, Wiedemann – noch einmal im Januar 1983, bei der Premiere des Films in der „Lichtburg“ in Recklinghausen. Damit sollte mein Ausflug in die Welt des Kinos eigentlich beendet sein. Doch wieder einmal kamen die seltsamsten Zufälle zusammen.

Um die aufzudröseln, müssen wir nun gemeinsam die Uhr wieder ein wenig zurückdrehen – und zwar bis in das Jahr 1978. Ich war als Pressereferent auf der Trabrennbahn in Gelsenkirchen angestellt und ahnte noch nicht, dass Kurt Brumme uns bald besuchen würde und welche Auswirkungen das auf mein Leben haben sollte. Da klopfte eines Tages Wolfgang Poggenpohl an meine Tür, der Sportchef der *Recklinghäuser Zeitung*.

„Werner, ich muss mal mit dir reden“, sagte er. „Ich habe da ein kleines Problem, und vielleicht kannst du helfen.“ Ich hatte ein sehr gutes persönliches Verhältnis zu Poggenpohl, außerdem profitierte die Rennbahn davon, dass er uns gegenüber sehr wohlwollend eingestellt war und oft über den Pferdesport berichtete. Also sagte ich ihm, dass ich gerne helfen würde, wenn ich könnte.

„Es geht in gewisser Weise um die SpVgg Erkenschwick“, begann er. Der Verein vom nördlichen Rand des Ruhrgebiets war damals kurz davor, sich für die neugeschaffene Oberliga Westfalen zu qualifizieren, also nur eine Stufe unter der zweiten Liga. „Die haben da einen sehr guten jungen Spieler, der gerade Abitur gemacht hat“, fuhr Poggenpohl fort. „Er weiß nicht, ob sein Talent reicht, um Profi zu werden, aber er würde es gerne ausprobieren. Und für diese Zeit braucht er einen Job.“

„Ah, darauf läuft es hinaus“, sagte ich. „Also, ich kann gerne mal mit dem Hans Schneider reden und schauen, ob wir was für den Jungen haben. Ich denke schon, dass ich was mit ihm anfangen kann, wenn er ein bisschen clever ist. Wie heißt er denn?“

„Wortmann“, antwortete Poggenpohl. „Er heißt Sönke Wortmann.“

Wenige Tage später stand ein schüchterner junger Mann mit kurzen blonden Haaren vor Schneiders Tisch. Unser Geschäftsführer unterhielt sich ein wenig mit ihm, dann sagte er schließlich:

„Ich schlage vor, Sie schnuppern mal ein wenig beim *HEAT* rein, Herr Wortmann. Dies hier ist Herr Hansch, der wird Sie einarbeiten."

HEAT war der Name der Zeitschrift, die für jeden Renntag produziert wurde. Man konnte dort lesen, welche Rennen anstanden, welche Pferde liefen und wie ihre Besitzer hießen. Es gab aber auch normale journalistische Inhalte, etwa Rückschauen auf vergangene Renntage, Hintergrundberichte, Artikel über Rennen im Ausland, Interviews oder Porträts.

Ich nahm also den jungen Kerl unter meine Fittiche. „Mach doch mal eine Reportage über die vielen Mädchen und die paar Jungs, die bei uns in den Ställen arbeiten", riet ich ihm. „Sprich mit ihnen über ihren Arbeitsalltag, vielleicht kannst du auch etwas über die Berufschancen herausfinden. Es machen ja nur ganz wenige am Ende eine Fahrerkarriere." Sönke folgte meinem Vorschlag und lieferte uns einen guten Text ab. Nicht den letzten. Er machte beim *HEAT* ein richtiges Volontariat und durfte sich nach zwei Jahren bei uns auf der Rennbahn Redakteur nennen.

Wir hatten ein sehr gutes Verhältnis – ich mochte ihn, er vertraute mir. Allerdings verfolgte ich nicht sehr genau, wie sich derweil seine Laufbahn als Fußballer entwickelte. Heute weiß ich, dass er Erkenschwick im Mai 1980 zum Aufstieg in die Liga schoss, sich dann aber dieses Niveau nicht zutraute und zu Westfalia Herne wechselte. Er muss also zu dieser Zeit schon gewusst haben, dass seine Zukunft nicht im Sport lag. Doch wo konnte sie liegen?

Eine Aktion, die wir beim *HEAT* wegen der Leserbindung machten, war die Wahl zum „Fahrer des Monats". Da konnten die Traberfreunde abstimmen, welcher Fahrer in den zurückliegenden Wochen die beste Leistung gezeigt hatte. Am Ende eines jeden Jahres fand dann eine Party im Maritim-Hotel in Gelsenkirchen statt. Alle zwölf „Fahrer des Monats" erschienen auf der Bühne, im Smoking und mit Fliege. Zu dieser Veranstaltung waren immer gut und gerne 250 bis 300 Gäste geladen. Neben der Ehrung der Fahrer gab es natürlich auch ein reichhaltiges Buffet – und ein Rahmenprogramm zur Unterhaltung.

Es war meine Aufgabe, dieses Programm zusammenzustellen. Für die Party, die wir im Dezember 1980 veranstalteten, hatte ich mir etwas Besonderes ausgedacht: eine Flamenco-Gruppe von der berühmten Folkwang-Hochschule in Essen. Die Gruppe war mir mal irgendwo aufgefallen – hübsche, großgewachsene junge Damen, die Flamenco tanzen, kann man nicht so einfach ignorieren. Die Gruppe kam dann auch bei der Party im Maritim-Hotel sehr gut an und wurde mit lautem Beifall verabschiedet.

Am nächsten Morgen meldete sich der Hotelmanager bei mir. Er bedankte sich für die schöne Feier und lobte den Ablauf. Dann sagte er: „Diese Folkwang-Tänzerinnen, die haben hier einen Hocker vergessen. Was soll ich damit machen?" Ich wusste sofort, was er meinte. Die Gruppe hatte einen kleinen Holzschemel mitgebracht, um ihn als Requisit auf die Bühne zu stellen. „Ich schicke jemanden vorbei, der ihn abholt", sagte ich dem Manager. „Wenn gleich ein junger, blonder Bursche durch die Tür kommt, dann ist er das." Dann gab ich Sönke den Auftrag, den Schemel aus Gelsenkirchen zu holen und nach Essen zu bringen.

Was genau dann dort, in der Folkwang-Hochschule, passiert ist, hat mir Sönke nie im Detail erzählt. In dem Film, den er später über die ganze Geschichte gedreht hat, gerät der Held ungewollt in eine Aufnahmeprüfung und wird angenommen. Ganz so wird es nicht gewesen sein. Aber Sönke hatte in Essen auf jeden Fall eine Art Erweckungserlebnis. Ich glaube, er verlief sich damals in der Schule und geriet in eine Schauspielgruppe, die von einem der Studenten geleitet wurde. Dieser Student forderte Wortmann auf, ein bisschen mitzuspielen. Sein Name war Armin Rohde. Die ganze Episode klingt fast wie einer der Zufälle, die andauernd meine eigene Biografie veränderten. In diesem Fall aber war es der Lebensweg des jungen Sönke Wortmann, der plötzlich und unerwartet umgeleitet wurde.

„Werner, kann ich dich mal sprechen?", sagte Sönke etwa zwei Wochen nach diesem Tag zu mir.

„Was hast du denn auf dem Herzen?", erwiderte ich und winkte ihn in mein Büro.

Er blieb in der Tür stehen. „Es ist was Persönliches", druckste er herum. „Kannst du nicht heute nach Feierabend zu mir nach Hause kommen? Ich besorge auch Kaffee und Kuchen."

Er hatte eine kleine Wohnung im vierten Stock eines Hauses im Gelsenkirchener Stadtteil Feldmark gemietet, unweit des Theaters. Dort saß ich ein paar Stunden später und wartete gespannt darauf, was er mir erzählen wollte.

„Du bist der Erste, dem ich das sage", begann er. „Ich werde meinen Job beim Rennverein kündigen."

„Bravo!", entfuhr es mir. „Ich hatte schon Angst, du wolltest die nächsten vierzig Jahre damit verbringen, Pferdeärsche anzustarren. Was willst du denn machen?"

„Ich gehe nach München."

„Wunderbar", sagte ich. „Das ist eine schöne Stadt. Was wirst du denn da studieren?" Ich nahm wie selbstverständlich an, dass Sönke nach Bayern ging, um eine ordentliche akademische Ausbildung zu machen.

„Ich weiß noch nicht, was ich da mache", gab er zurück. „Ich gehe erst mal einfach nur nach München."

Da ging mir die Hutschnur hoch. „Ja, bist du denn bekloppt, Junge?", sagte ich und benutzte wohl auch noch einige kräftigere Ausdrücke. „Weißt du, wie schnell du in der Großstadt durch den Rost fallen kannst, wenn du nur herumlungerst?"

„Das ist mir egal", gab er trotzig zurück. „Ich gehe nach München, Werner."

Ich quasselte mir den Mund fusselig, aber ich hatte keine Chance. Ich hätte ebenso gut auf eine Wand einreden können. Am nächsten Morgen ging Wortmann ins Büro von Hans Schneider und kündigte sein Arbeitsverhältnis. Und schon wenige Wochen später gab er seinen Ausstand in einem Essener Gasthaus mit dem Namen „Zum Schwan". Er verabschiedete sich von allen seinen Freunden, sagte mir noch mal, wie dankbar er für alles war, was ich in den letzten Jahren für ihn getan hatte – und verschwand nach München.

Lange hörte ich nichts von ihm. Aber ich hatte auch keine Muße, mir um den Jungen Sorgen zu machen, denn plötzlich bekam ich das Angebot, Geschäftsführer der Bahn in Dinslaken zu werden. Es folgten der schon beschriebene Jobwechsel, der Kampf um Dinslakens Wirtschaftlichkeit, die Einführung des neuen Renntages und vieles mehr.

Dann, an einem schönen Morgen des Jahres 1983, rief meine Sekretärin Frau Schulte bei mir durch und sagte, sie habe einen Anrufer mit Namen Furtmann oder Farthmann in der Leitung, der mich ganz dringend sprechen wollte. Die Namen ließen nichts bei mir klingeln, aber ich nahm den Anruf dennoch an. Es folgte die dritte große fernmündliche Überraschung jener Zeit.

„Bist du das, Werner?“, sagte ein Stimme. „Hier ist Sönke.“

„Du Sausack!“, rutschte es mir raus. „Wo steckst du denn? Warum hast du dich in all den Jahren nicht gemeldet?“

Er entschuldigte sich wortreich, sagte, er sei noch in München, habe sich eine Weile mit Taxifahren über Wasser gehalten, dann als Kulissenschieber bei der Filmgesellschaft Bavaria gearbeitet und später Schauspieler vom Flughafen abgeholt und zu den Studios gefahren.

„Aber jetzt will ich etwas Vernünftiges machen, und ich weiß auch schon, was“, sagte er.

„Na, das wurde aber auch langsam Zeit. Was soll es denn sein?“

„Ich möchte an der Film- und Fernsehhochschule studieren.“

„Gratuliere, Sönke, das ist bestimmt eine gute Entscheidung.“

„Aber das ist nicht so einfach, Werner“, sagte er. „Die haben jedes Jahr Hunderte von Bewerbungen und nehmen nur ganz wenige Leute auf. Die Aufnahmeprüfung ist sehr, sehr schwierig.“

„Na, dann setz dich mal auf den Hosenboden und lerne fleißig, damit du das gebacken kriegst“, riet ich ihm leichthin.

Sönke machte eine Pause. Dann sagte er: „Du könntest mir helfen.“

„Was?“, lachte ich. „Wie soll ich dir denn dabei helfen können?“

„Also, da wäre zum Beispiel eine Arbeitsprobe mit Fotocollagen, die ich einreichen muss“, begann er. „Ich habe gedacht, wir könnten vielleicht eine Reihe von Porträtfotos von dir machen.“ An seinem Tonfall merkte ich, dass es nicht wirklich darum ging, dass er noch etwas anderes auf dem Herzen hatte.

„Also, wenn das alles ist, Sönke“, sagte ich, „dann sollten wir das schon hinkriegen.“

„Nein, da ist noch was“, erwiderte er. „Ich habe eine sehr große Bitte, Werner. Aber ich weiß nicht, wie ich das sagen soll.“

„Du kannst ganz offen mit mir reden, Sönke, das weißt du doch."

„Es geht darum, dass du damals in dem Film mitgespielt hast, *Die Heartbreakers*", rückte er langsam mit der Sprache raus. „Da kennst du doch bestimmt den Produzenten, Michael Wiedemann."

„Was ist mit dem?", fragte ich.

„Der sitzt in der Prüfungskommission der Filmhochschule." Rums, da fiel bei mir der Groschen, warum Sönke mich anrief. „Es würde mir schon sehr helfen, wenn ich mal kurz mit ihm sprechen könnte", fuhr er fort. „Damit ich weiß, wie die Anforderungen aussehen und wie so eine Prüfung überhaupt abläuft."

Ich sagte, ich könnte mir nicht vorstellen, dass Wiedemann sich überhaupt an mich erinnern würde. Aber Sönke bat mich inständig um Hilfe und hatte sogar schon Wiedemanns Nummer in München herausgesucht. Also versprach ich ihm, dass ich mein Glück zumindest versuchen würde. Zu meiner Verblüffung wusste Wiedemann augenblicklich, wer ich war.

„Aber natürlich erinnere ich mich an Sie, Herr Hansch", sagte er, „Das war doch ein lustiger Dreh damals in Recklinghausen. Was kann ich für Sie tun?" Ich schilderte ihm die Situation und machte auch ein bisschen Werbung für Wortmann, den blonden Jungen aus dem Pott. „Aber der hat großen Bammel vor der Prüfung", schloss ich. „Könnten Sie sich wohl kurz mit ihm unterhalten und ihm einen Einblick geben, was man von den Prüflingen erwartet?"

„Herr Hansch, wenn Sie meinen Terminkalender kennen würden, hätten Sie das nicht gefragt", sagte Wiedemann. „Aber wenn Ihr Schützling gleich morgen, um genau 11.35 Uhr, vor meiner Tür steht, dann habe ich ein paar Minuten für ihn Zeit."

Wortmann war pünktlich da. Er redete mit Wiedemann und bestand die Prüfung. Ob ihm dieses Gespräch irgendwie dabei geholfen hat, weiß ich nicht. Ich weiß nur, dass er sich schon auf der Hochschule sehr schnell einen Namen machte und der Einzige aus seinem Jahrgang war, der anschließend Regisseur wurde.

Seinen Durchbruch schaffte Sönke schon Anfang der 1990er mit *Kleine Haie*. Im Grunde war es ein autobiografischer Film. Armin Rohde bekam eine Rolle. Und ich auch. Im Großen und Ganzen spielte ich mich selbst. Wir drehten im Maritim-Hotel, das

Bergmannsorchester spielte zur Begrüßung, dann kam ich auf die Bühne und sagte die Flamenco-Tänzerinnen an. Man könnte sagen, ich steckte als Mime schon nach meinem zweiten Film in einer Schublade: der Mann, der immer die Ansager spielt. Ai kähnt gett noh Satisfaktion.

Ein großer Coup – und ein Reinfall

Haben Sie sich auch schon einmal darüber gewundert, dass ein neues Gesicht, das im Fernsehen auftaucht, binnen weniger Monate scheinbar überall ist? Erst sieht man einen Schauspieler nie, dann taucht er plötzlich in jeder zweiten Serie auf. Das gilt auch für Moderatoren. Sobald jemand eine bestimmte Sendung übernimmt, kann man fast darauf wetten, dass er oder sie von jetzt auf gleich scheinbar jede Show, jede Gala, jede Preisverleihung moderiert, die übertragen wird.

Das liegt ganz einfach an den Mechanismen der Medienbranche. Die Programmgestalter sind immer auf der Suche nach Menschen, die sich vor der Kamera oder hinter dem Mikrofon natürlich geben können und etwas besitzen, das einen Wiedererkennungswert hat. Das kann das Aussehen sein, der Wortwitz, eine ansteckende Fröhlichkeit oder vielleicht einfach nur die Stimme. Wenn dieses Merkmal dann auch noch beim Publikum ankommt, dann wächst die Popularität schnell, und es regnet von überallher Angebote.

Natürlich weiß jeder in dieser Branche, dass man Angebote sehr gut prüfen sollte. Aber drei Faktoren erschweren dies und halten damit den Mechanismus am Laufen. Da ist zum einen die Tatsache, dass die meisten Menschen, die in diesem Bereich arbeiten, Freischaffende sind. Viele von ihnen wissen im Januar nicht, ob sie im März eine Arbeit haben werden, die die Miete bezahlt. Deswegen ist es ihr natürlicher Reflex, ein Angebot nicht abzulehnen.

Diese Überlegung spielte in meinem Fall keine besonders große Rolle, denn ich hatte ja einen festen und sehr gut bezahlten Job auf der Rennbahn. Es waren die anderen zwei Faktoren, die mich und viele meiner Radiokollegen sozusagen auf den Medien-D-Zug setzten. Da ist zum einen natürlich eine gewisse Eitelkeit; man freut sich, wenn man gefragt wird, ob man aus Mailand berichten möchte, denn neben dem großen Spaß, den das Ganze ja macht, ist es auch eine schöne Bauchpinselei. Zum anderen ist da das vermeintliche oder echte Wissen um folgende Tatsache: Wenn man in den Medien zu viele Angebote ablehnt, wird man am Ende gar nicht mehr gefragt.

So wurde ich nach meinen ersten Reportagen beim Hörfunk sehr rasch öfter eingeteilt – und nahm auch freudig alles mit. Das wiederum führte zu einer schnell steigenden Popularität, wie man an dem Anruf von Peter F. Bringmann sieht. Durch meine neue Bekanntheit bekam ich dann auch noch regelmäßig Angebote, die verschiedensten Veranstaltungen zu moderieren, zum Beispiel 1983 die Ehrung der Sportler des Jahres der Stadt Herne. An diesem Abend entstand die Idee zu einer der wenigen Reportagen, für die ich nicht eingeteilt wurde, sondern die ich dem WDR selbst vorschlug.

Einer der Sportler, die dort geehrt wurden, war ein junger Mann namens Dietmar Spohn, der in Bochum Maschinenbau studierte. Sein großes Hobby war das Segelfliegen, und er hatte in jenem Jahr in Afrika ein paar internationale Rekorde aufgestellt. Nach dem Ende der Veranstaltung unterhielt ich mich ein wenig mit ihm, und weil ich so großes Interesse an seinem Sport zeigte, lud er mich auf den Flugplatz Borkenberge ein, der zwischen Dülmen und Haltern liegt.

Kurz vor dem vereinbarten Termin fuhr ich nach Köln und holte mir beim WDR eines der Nagra-Tonbandgeräte des Senders. Die konnten wir Sportreporter uns immer ausleihen, um Interviews aufzuzeichnen; wir mussten nur ein Formular ausfüllen und unterschreiben. Es waren klobige, schwere Apparate, nicht so leichte, elegante Aufnahmegeräte, wie man sie heute benutzt.

In Borkenberge kletterten Spohn und ich in einen kleinen Doppelsitzer. Ich saß direkt hinter ihm und klemmte die Nagra zwischen meine Beine. Dann zog uns ein Motorflieger an, bis wir oben waren. Wir wurden ausgeklinkt – und segelten durch die Lüfte. Die ganze Zeit sprach ich ins Mikrofon und schilderte meine Eindrücke. Ich beschrieb, wie unter uns der Stausee in der Sonne glitzerte und was für ein herrliches Gefühl es war, so hoch am Himmel zu kreisen. Da drehte sich Spohn zu mir um.

„Herr Hansch", sagte er, „was wir bislang gemacht haben, das heißt bei uns ‚Tote Hose'. Jetzt zeige ich Ihnen mal was!"

Fast im selben Moment ließ er den Segelflieger nahezu senkrecht nach oben steigen. Mir blieb die Luft weg, und augenblicklich brach mir an allen Teilen meines Körpers der Schweiß aus. Ich hatte das, was man gemeinhin einen Panikanfall nennt. „Aufhören!", stieß ich mit letzter Kraft hervor. Zum Glück merkte Spohn sofort, was los war. Er korrigierte die Fluglage, drehte noch eine letzte Runde, und dann ging es im sanften Gleitflug zurück nach Borkenberge. Als ich ausstieg, war ich leichenblass und mit den Nerven am Ende. Aber ich wusste: Es war alles auf Band.

Aus diesem Material habe ich ein etwa zehn Minuten langes Feature fürs Radio gemacht. Ich referierte in einem ruhigen, sachlichen Tonfall eine Menge Wissenswertes über das Segelfliegen und über Dietmar Spohns Leistungen, dazwischen aber schnitt ich meine emotionalen Ausbrüche während des Fliegens. Die Reportage wurde gesendet, und ich bekam viel Lob aus der Redaktion dafür. „Hervorragende Arbeit, Hansch", sagte Brumme – und so etwas bekam man von ihm wirklich nicht häufig zu hören.

Abgesehen von dieser Episode zeigte ich allerdings eher selten Eigeninitiative, sondern wartete darauf, wohin man mich schicken würde. Was nicht zuletzt auch daran lag, dass ich überhaupt keine Zeit mehr hatte, um so etwas wie eigene Reportagen zu planen und durchzuführen. Die Tätigkeit als Geschäftsführer auf der Rennbahn in Dinslaken war anspruchsvoll und erforderte vollen Einsatz. Wir hatten 25 Festangestellte, an den Renntagen kamen wir sogar auf 150 bis 180 Leute, die für uns arbeiteten, von der Gastronomie bis zum Totalisator. Je besser es lief, desto mehr Arbeit war da. Und in jenen Jahren lief es sehr, sehr gut.

Meine Freizeit wurde immer knapper, denn samstags oder sonntags war ich ja für den WDR unterwegs, nicht selten auch mittwochs, zum Beispiel für Spiele im Europacup oder DFB-Pokal. Schließlich, im Jahr 1984, war mein Renommee beim Sender so groß, dass ich jene Art von Belohnung erhielt, die freie Mitarbeiter anstelle einer

Beförderung bekommen: Ich wurde für mein erstes großes Turnier eingeteilt, die Fußballeuropameisterschaft in Frankreich.

Als ich die Nachricht bekam, war ich stolz und erfreut. Erst später wurde mir klar, dass ich von diesem Zeitpunkt an wahrscheinlich nur noch alle zwei Jahre, also zwischen den großen Fußballereignissen, so etwas wie richtigen Urlaub haben würde. Doch daran dachte ich in diesem Moment noch nicht, auch nicht daran, dass mein Sohn ein Jahr vor seinem Abitur stand und ich seine ganze Schulzeit nur so am Rande mitbekommen hatte. Ich war im Hamsterrad gelandet und musste laufen.

Das soll nicht bedeuten, dass ich nicht begeistert war, zur EM fahren zu dürfen, ganz im Gegenteil! Es war ein großartiges Erlebnis, wenn auch für die deutsche Mannschaft keine so großartige EM. Wir waren mit insgesamt sechs Reportern vor Ort und übertrugen die meisten Spiele live, immer mit zwei Kollegen. Mein erstes Spiel – und damit auch meine erste Reportage von einem bedeutenden Fußballturnier – war Belgien gegen Jugoslawien in Lens, eine Partie, die ich zusammen mit Jochen Sprentzel kommentierte, dem Sportchef vom SFB (Sender Freies Berlin).

Mein letztes Spiel bei diesem Turnier war das Halbfinale zwischen den von Sepp Piontek trainierten Dänen und den Spaniern, die Deutschland hinausgeworfen hatten. Da war mein Partner ein sehr lieber und von mir hochgeschätzter Kollege, Kurt Emmerich vom NDR. Wir fuhren mit dem TGV, dem Hochgeschwindigkeitszug, von unserem Hotel in Paris zum Spielort Lyon. Der Zug raste mit über 300 Stundenkilometern dahin. Ich war ganz fasziniert von diesem Tempo, denn da war ja kein Pilot, der das Ding plötzlich nach oben riss. Aber Kurt, der stets ein bisschen ängstlich war, wurde ganz blass um die Nase. Leider ist er nicht mehr unter uns. Als Kurt Emmerich im Februar 2006 mit 75 Jahren starb, trug der Hamburger SV im nächsten Spiel einen Trauerflor zu seinen Ehren.

Das Finale zwischen Spanien und Frankreich sollte an einem Mittwoch stattfinden. Am Tag zuvor fuhren wir mit dem kompletten Team, also alle sechs Mann, in einem Kleinbus in die Trainingslager der beiden Mannschaften, wo die letzten Pressekonferenzen vor dem Endspiel abgehalten wurden. Nachdem wir unsere O-Töne eingesammelt hatten, steuerte uns Klaus-Peter Doetsch wieder sicher durch den wahnsinnigen Pariser Verkehr. Plötzlich kamen wir am Hilton-Hotel vorbei, und Kurt Brumme fiel etwas ein. „Da tagt heute die UEFA, um ein paar Sachen zu entscheiden", sagte er. „Vielleicht sollten wir jemanden hinschicken. Wer macht es freiwillig?" Nach Lebensjahren war ich zwar nicht der Jüngste (ich glaube sogar, nur die Kurts – Brumme und Emmerich – waren älter als ich), aber ich fühlte mich immer noch als Nachwuchsreporter, also meldete ich mich. Emmerich schloss sich mir an, die anderen fuhren weiter.

Es war früher Nachmittag. Das Foyer des Hilton war fast völlig leer, nur zwei deutsche Kollegen von der schreibenden Zunft standen etwas verloren herum: Bernd Linnhoff von der Deutschen Presse-Agentur (dpa) und Wolfgang Niersbach, heute DFB-Präsident, damals aber Reporter des Sport-Informations-Dienstes (SID). Wir unterhielten uns ein wenig mit ihnen, um Näheres über die Beschlüsse der UEFA zu erfahren. Da sagte Niersbach: „Es gibt Wichtigeres heute. Wir haben gehört, dass der Bundestrainer gefeuert wird." Das waren große Neuigkeiten. Es war zwar eine mittlere Katastrophe, dass Jupp Derwall mit seinem Team schon in der Gruppenphase gescheitert war, aber der DFB hatte noch nie einen Nationaltrainer entlassen.

Da die UEFA irgendwo in diesem Hotel tagte, musste ein Vertreter des DFB vor Ort sein. Wir erfuhren, dass es sogar der Präsident persönlich war, Hermann Neuberger. Ich ging an die Rezeption und fragte den Portier nach der Zimmernummer von Herrn Neuberger. Zu meinem Erstaunen gab er sie mir ohne jede Nachfrage. Ich fuhr in den zweiten Stock und klopfte an die entsprechende Tür. Nichts rührte sich. Ich klopfte ein zweites Mal, etwas lauter. Keine Reaktion. Schon wollte ich umdrehen und zurück zum Aufzug gehen, da öffnete sich langsam die Tür. Hermann Neuberger, der mächtige Präsident des größten nationalen Sportverbandes der Welt, stand vor mir – in einem gestreiften Schlafanzug.

„Entschuldigen Sie vielmals die Störung, Herr Neuberger", sagte ich. „Aber es gibt da Gerüchte, dass …"

„Ja, ja, ja", sagte er ungehalten. „Ich komme gleich runter."

Ich ging zurück zu den anderen und sagte ihnen, dass Neuberger sich bald äußern würde. Er kam dann auch zu uns ins Foyer, inzwischen angezogen, aber bat uns noch um ein wenig Zeit.

Also übten wir uns in Geduld – Neuberger in einem etwas erhöhten, abgelegenen Teil der Hotelbar, wir nahe dem Eingang. Während wir dort standen, kam noch ein fünfter Kollege hinzu, Michael Palme vom ZDF. „Wir warten, aber wir wissen noch nicht genau, worauf", sagten wir ihm, da sah ich auf einmal, wie draußen ein einsamer Fußgänger um die Häuserecke bog und auf das Hotel zukam. Es war Franz Beckenbauer.

„Jetzt kein Kommentar!", sagte er, als er an uns vorbeischritt und hinüber zu Neuberger ging. Die beiden waren keine fünfzig Meter von uns entfernt, und wir konnten sehen, wie sie sich unterhielten. Ihre Diskussion dauerte mindestens eine Stunde. Dann standen sie auf und kamen zu uns herüber, um uns etwas mitzuteilen.

Wenig später betraten Emmerich und ich das Rundfunkzentrum, aus dem der WDR sendete. Wie eine Trophäe hielt ich die Nagra gepackt. „Derwall ist gefeuert, Beckenbauer übernimmt die Nationalelf", sagten wir. „Und hier sind die O-Töne dazu!" Es war ein sensationelles Gefühl für einen zwar schon fast 46 Jahre alten, aber dennoch jungen Reporter. Mein erster großer Coup!

Und um ein Haar hätte ich schon am folgenden Tag den zweiten gelandet. Das Finale fand im Pariser Prinzenparkstadion statt. Ich war natürlich nicht als Kommentator eingesetzt, das machten die Senderchefs wie Sprentzel und Laaser persönlich. Stattdessen sollte ich nach dem Spiel Stimmen einfangen. Ein paar Minuten vor dem Abpfiff nahm ich mein Aufnahmegerät und ging schon mal hinüber zum Aufgang der Ehrentribüne, um ein paar prominente Besucher abzufangen. Das Spiel war noch nicht entschieden. Es stand nur 1:0 für die Franzosen, die gerade einen Verteidiger durch Platzverweis verloren hatten. Doch plötzlich verließ schon jemand seinen Platz und kam mir entgegen. Es war Henry Kissinger, der ehemalige Außenminister der USA.

Mutig trat ich einen Schritt vor und hielt ihm die Nagra unter die Nase. „Mister Kissinger, one question, please", sagte ich. Es wurden dann aber mehrere Fragen. „Did you enjoy the game?" „Who was the best player?" „What do you think about the tournament?" Er gab bereitwillig Antwort. Stolz eilte ich im Laufschritt zum Ü-Wagen. „Ich habe ein Exklusivinterview mit Henry Kissinger!", teilte ich den Kollegen mit. Brumme nickte anerkennend. Dann hörte er sich das Band an.

„Das können wir nicht senden", sagte er. „Das ist ja Englisch!"

Ich stand da wie ein dummer Junge, mit offenem Mund. Brumme hatte recht. Natürlich war keine Zeit, um das Interview zu bearbeiten und eine Übersetzung über die O-Töne zu legen. Aber eigentlich wäre das auch gar nicht nötig gewesen. In der Sekunde, als ich Brummes überraschten Blick sah, fiel es mir plötzlich wieder ein. Kissinger war aus Fürth. Deutsch war seine Muttersprache. Ich hätte gar nicht Englisch mit ihm reden müssen.

Noch Wochen später hörte ich Brummes Stimme in meinem Kopf. „Das können wir nicht senden!"

Mein größter Tag am Mikrofon

Ich sehe was, was du nicht siehst

Der Kissinger-Fauxpas war beileibe nicht meine erste Panne als Radioreporter gewesen. Knapp neun Monate vorher hatte ich einen Bock geschossen, der vielleicht sogar als der peinlichste meiner gesamten Karriere am Mikrofon gelten darf.

Das Malheur passierte am 14. September 1983. An diesem Mittwoch trat der 1. FC Köln zum Hinspiel der ersten Runde im Europapokal der Pokalsieger bei einem österreichischen Verein namens Swarovski Wacker Innsbruck an. (Den Wettbewerb gibt es nicht mehr. Den Verein auch nicht. Es ist vielleicht besser so.) Ich wusste über die Mannschaft so viel wie über einen Sack Reis in Peking, also fuhr ich nach meiner Landung auf dem Flughafen von Innsbruck sofort zum Funkhaus des Österreichischen Rundfunks (ORF). Ich fragte mich durch zum zuständigen Sportredakteur und bat ihn, mir ein paar Informationen über die Spieler der Heimelf zu geben.

Das war (und ist) eine normale Vorgehensweise. Reporter, sei es beim Rundfunk oder beim Fernsehen, erwecken oft den Eindruck, selbst bei ausländischen Mannschaften über jede Formschwankung des Außenverteidigers und jedes Zipperlein des Mittelstürmers bestens Bescheid zu wissen. In Wahrheit holen sie sich natürlich kurz vor dem Spiel all diese Informationen von Leuten, die wirklich Ahnung von der Mannschaft haben, etwa den Lokaljournalisten.

Und so gab der Kollege aus Österreich mir bereitwillig und sehr detailliert Auskunft. Er deklinierte die komplette Elf durch, mit allen Stärken und Schwächen der einzelnen Spieler. So erzählte er mir, dass man Innsbrucks jugoslawischen Torhüter Fuad Djulic in seiner Heimat dreimal zum besten Keeper der Liga gewählt hatte und dass er nur deshalb nicht Nationalspieler war, weil das Land so viele starke Schlussmänner besaß. (Man denke nur an den großen Enver Marić, der auch zwei Jahre für Schalke spielte.) Als mein Kollege mit der ersten Elf fertig war, ging er zu den Ersatzspielern über. Er begann mit dem zweiten Torwart, es müsste Hermann Steinlechner gewesen sein. „Eines kann ich Ihnen sagen“, meinte der Mann vom ORF. „Wenn der in den Kasten muss, hat Wacker ein Problem. Er hat nicht annähernd die Klasse von Djulic.“

Vom ORF-Funkhaus fuhr ich zum Stadion, um mich auf meine Reportage vorzubereiten. Dort traf ich Addi Furler und Wilfried Luchtenberg, beide auch vom WDR, aber an diesem Tag fürs Fernsehen im Einsatz, denn die ARD zeigte von 22.30 Uhr bis 24.00 Uhr Ausschnitte von den Europacupspielen des Abends. Addi war als Redakteur vor Ort, Luchtenberg als Kommentator. Wir inspizierten unsere Plätze auf der Pressetribüne. Das alte Innsbrucker Tivoli-Stadion war klein und beengt, es passten nur etwas mehr als 15.000 Menschen rein, daher waren auch die Vorkehrungen für die Medien sehr spartanisch. Luchtenberg und ich sollten uns eine Kabine teilen und höchstens einen halben Meter auseinander sitzen.

„Das wird so nicht gehen, Addi", wandte ich mich an Furler. „Jedes Mal, wenn ich auf Sendung bin, werde ich euch in die Übertragung reinreden." Das Spiel wurde zwar nicht live im Fernsehen gezeigt, aber Luchtenberg musste dennoch eine Art Live-Übertragung machen. Damals war es nämlich so, dass nicht extra ein neuer Kommentar über die Zusammenfassungen der Europacupspiele gelegt wurde. Man schnitt einfach die besten Szenen raus und behielt den Kommentar, den der Reporter live während des Spiels gesprochen hatte. Da Luchtenberg und ich im selben kleinen Raum saßen, würde man durch sein Mikrofon sicher von Zeit zu Zeit mein kräftiges Organ hören können.

„Du hast recht, Werner", sagte Furler. „Wir brauchen so eine Art Trennwand."

Wir baten den Hausmeister um Hilfe. Irgendwo, tief in den Katakomben des 1922 erbauten Stadions, fand er einen alten, versifften Teppich, der stark nach Moder stank. Aus diesem Teppich, einem ebenso alten Besen und ein paar Stricken bastelte der gute Mann einen Vorhang, der zwischen Luchtenberg und mir als Schallschutz dienen sollte.

Das Spiel begann um 20 Uhr. Die Kölner hatten in jenen Jahren einen tollen Sturm: Pierre Littbarski, Klaus Allofs und Klaus Fischer, mit dem ich schon vorher abgemacht hatte, dass ich ihn nach dem Spiel interviewen würde. Die drei erspielten sich so einige Chancen, aber Djulic hielt sehr gut, ganz wie es mein Informant vom ORF prophezeit hatte. Zur Pause stand es 0:0. In der Halbzeit gingen wir vor die Tür, damit Luchtenberg sich eine Zigarette anstecken konnte. Als die Mannschaften wieder den Rasen betraten, wollten wir zurück in die Kabine. Da fiel mir etwas auf.

„Schau mal“, sagte ich zu Luchtenberg und zeigte auf den Platz. „Die haben den Torwart gewechselt!“ Tatsächlich. Durch den einsetzenden Regen konnten wir deutlich ein sauberes, hellgelbes Torwarttrikot mit der Rückennummer 20 erkennen. Wir überlegten kurz, was der Grund für den Wechsel sein mochte, dann eilten wir zurück an unsere Arbeitsplätze. Als ich das nächste Mal auf Sendung kam, informierte ich meine Hörer darüber, dass Innsbruck einen Spielertausch vorgenommen hatte, von dem ich annehmen musste, dass er verletzungsbedingt war. Warum sonst hätte der Trainer den starken Djulic vom Feld nehmen und durch Steinlechner ersetzen sollen, der doch als Fliegenfänger bekannt war?

Zum Glück für Innsbruck wurde Steinlechner zunächst nicht geprüft. Im Gegenteil, Swarovski Wacker machte Druck und ging schließlich sogar mit 1:0 in Führung. Dann aber drängte Köln auf den Ausgleich. Doch die Nummer 20 war einfach nicht zu überwinden. „Unglaublich!“, rief ich ins Mikrofon. „Auf einmal hält der wie ein Weltmeister!“ Vier Minuten vor dem Ende kam Kölns Verteidiger Paul Steiner nach einer Ecke völlig frei zum Kopfball. Ich hatte im wahrsten Sinne des Wortes den Torschrei schon auf den Lippen – da segelte Innsbrucks Fliegenfänger durch die Luft und fischte den Ball aus dem Winkel. „Ausgerechnet heute“, berichtete ich in die Heimat, „ausgerechnet heute wächst Steinlechner über sich hinaus.“

Nach dem Spiel machte ich das verabredete Interview mit Fischer, dann fuhr ich ins Hotel. Am nächsten Morgen schlenderte ich gut gelaunt durch den Innsbrucker Flughafen, als mir plötzlich Furler und Luchtenberg entgegenkamen. Besser wäre: entgegenschlichen. Sie sahen aus, als hätten sie beide gerade einen engen Verwandten verloren.

„Was ist los?“, fragte ich. „Habt ihr nicht gut geschlafen?“

„Hast du noch nichts gehört?“, gab Luchtenberg zurück.

„Was soll ich denn gehört haben?“

„Na, das mit dem Ersatztorwart.“

„Was ist denn mit dem?“, fragte ich.

„Es war gar nicht der Ersatztorwart!“, rief Luchtenberg. „Djulic hat 90 Minuten durchgespielt. Er hat in der Pause nur das Trikot gewechselt.“

Ich wollte Luchtenberg einfach nicht glauben, auch als er mir versicherte, dass – während er ständig etwas von einem neuen Torwart erzählte – seine Fernsehzuschauer deutlich sehen konnten, dass immer noch derselbe Mann zwischen den Pfosten stand.

„Na, dann frag doch ihn“, sagte Luchtenberg schließlich und deutete auf einen Herrn im Anzug, der im Warteraum saß. Es war der Schiedsrichter der Partie, Dusan Krchnak aus Bratislava. Ich eilte zu ihm hinüber und bat um Aufklärung. Er erzählte mir, dass er in der Pause das Trikot von Djulic bemängelt hatte, weil es sich nicht deutlich genug von der Kluft der Feldspieler abhob. Daraufhin habe der Keeper das gelbe Trikot des Ersatztorwarts angezogen.

Bedröppelt flog ich nach Hause. Am nächste Tag gestand ich dem Chef vom Dienst, dass mir ein schlimmer Fehler unterlaufen war. „Schorsch“, sagte ich zu Alberts, „ich hatte gestern 45 Minuten lang einen Spieler drin, der gar nicht auf dem Platz war! Es tut mir schrecklich leid. Aber auf die Entfernung konnte ich das Gesicht des Mannes nicht erkennen, ich musste mich auf sein Trikot verlassen.“ Alberts war natürlich nicht begeistert, aber immerhin hatte keiner unserer Hörer den Fehler bemerkt, im Gegensatz zu Luchtenbergs Zuschauern. Der arme Kerl bekam in der Presse so richtig sein Fett weg.

Köln zog übrigens trotz der Niederlage in die nächste Runde ein. Auch dank Fuad Djulic. Denn im Rückspiel unterlief dem sonst so sicheren jugoslawischen Keeper der Innsbrucker ein Patzer nach dem anderen. Innsbruck verlor 1:7. Ja, 1:7. Fast hätte man glauben können, dass Steinlechner im Tor stand.

Ich erzähle vom Pferd

Wilfried Luchtenberg war damals ein aufstrebender Reporter und Moderator, den ich damals noch nicht näher persönlich kannte. Ganz anders sah das natürlich bei Addi Furler aus. Er gehörte zum

Gründungsteam der *Sportschau* und war vor allem als Experte für den Pferderennsport bekannt und anerkannt (die Auszeichnung „Galopper des Jahres“ war seine Erfindung).

In jenen Jahren war der Pferdesport noch eine große Nummer und bekam reichlich Übertragungszeit im Fernsehen und im Rundfunk. Es herrschte auch kein Mangel an landesweit bekannten Reportern, die ausgewiesene Kenner auf diesem Gebiet waren. Neben Addi gab es bei der ARD Hans-Heinrich Isenbart und Hartmann von der Tann. Beim ZDF hießen die Experten Arnim Basche und Volker Tietze. Und zu Brummes WDR-Team gehörte ja Dietmar Schott, der selbst Traber züchtete und als Amateur Rennen fuhr.

Eine andere große Legende des Pferdesports, vor allem im Hörfunk, war Fritz „Knips“ Knippenberg. Der 1921 in Stuttgart geborene Knippenberg war ausgebildeter Reitlehrer und festangestellter Redakteur beim Süddeutschen Rundfunk (SDR). Wo immer ein Pferd über einen Zaun hüpfte, Knippenberg stand für die ARD daneben. Er berichtete von Weltmeisterschaften und Olympischen Spielen, aber auch fast 30 Jahre lang von den traditionsreichen Springturnieren bei uns im Westen, dem CHIO in Aachen und dem Internationalen Reit- und Springturnier in der Dortmunder Westfalenhalle.

Diese beiden Turniere waren feste Bestandteile des WDR-Kalenders. Und so spielte sich am 3. März 1986 im Kölner Funkhaus eine Szene ab, die ich hier wiedergeben kann, weil Schorsch Alberts sie mir später beschrieben hat.

Brumme und seine Redakteure saßen über dem Veranstaltungsplan des Sport-Informations-Dienstes (SID) für die kommende Woche, um zu beschließen, was übertragen wurde und wer als Reporter eingesetzt werden sollte.

„In Dortmund findet von Mittwoch bis Sonntag das Internationale Reit- und Springturnier statt“, sagte jemand.

„Machen wir“, beschied Brumme kurz und knapp.

„Aber Kurt“, warf Eddie Körper ein, „wer soll das übernehmen?“

„Na, wer wohl?“, erwiderte Brumme. „Der Knippenberg vom SDR, wie immer.“

„Das geht nicht“, erklärten ihm die Redakteure. „Der ist in Pension gegangen. Er ist 65.“

„Warum sagt mir das denn keiner?“, schimpfte Brumme. „Was machen wir denn jetzt?“ Der WDR war ein traditionsbewusster Sender. Er hatte immer aus Dortmund berichtet, also würde er es auch im März 1986 tun.

Stille breitete sich aus. Schließlich sagte Schott: „Wir haben da einen, der wenigstens weiß, wie ein Pferd aussieht. Das ist der Hansch. Der kommt doch von der Trabrennbahn.“

„Alles klar“, bestimmte Brumme. „Hansch macht das!“

Ich saß währenddessen daheim und wartete, wie an jedem Montag, auf einen Anruf aus Köln, damit man mir sagte, für welches Bundesligaspiel ich eingeteilt war. Normalerweise klingelte der Apparat gegen 14 Uhr. Doch an diesem Tag wurde es später und später. Nach einer Weile war ich richtig unruhig und fragte mich, ob ich diesmal keinen Einsatz bekommen würde. Vielleicht hatte ich Brumme irgendwie verärgert, ohne dass ich es wusste? Da, endlich, schellte das Telefon. Am anderen Ende war, wie immer, Alberts.

„Hallo Werner“, sagte er. „Sitzt du gut?“

Im ersten Moment dachte ich, Brumme hätte mich rausgeworfen. Ich hatte mir nichts zuschulden kommen lassen, aber in Köln wurden manchmal Entscheidungen getroffen, ohne dass wir Reporter angehört wurden oder eine Erklärung bekamen.

„Was ist passiert, Schorsch?“, fragte ich.

„Die Bundesliga kannst du an diesem Wochenende vergessen. Du musst zum Springreiten nach Dortmund.“

Im ersten Moment dachte ich, er hätte sich einen Scherz erlaubt. Als mir dämmerte, dass es ihm ernst war, bekam ich einen Schreck.

„Aber ich habe doch keinen blassen Schimmer von der Sache!“, sagte ich.

„Ich weiß, aber darauf kommt es nicht an“, entgegnete Alberts. „Du kennst doch den Kurt. Du hast jetzt zwei Möglichkeiten: Entweder du machst das, egal wie, oder du landest auf der Strafbank. Dann kriegst du sechs Wochen lang keine Bundesliga mehr.“

Alberts hatte recht. Mit Brumme war nicht gut Kirschen essen, wenn man sich seinen Anweisungen widersetzte. Beim Hörfunk-Sport des WDR war das, was man Streit- oder Diskussionskultur nennt, ohnehin weitgehend unbekannt. Also nahm ich mein

Täschchen und fuhr zwei Tage später, am Mittwoch, nach Dortmund.

So gegen 12 Uhr mittags betrat ich den Presseraum. Wie das immer bei solchen Anlässen der Fall ist, wenn es um etwas kleinere Sportarten geht, die nicht die Medienpräsenz des Fußballs haben, war dort eine überschaubare Gruppe von Fachjournalisten versammelt. Sie kannten sich alle seit vielen Jahren, weil sie sich bei jedem Reitturnier trafen. Da standen zum Beispiel Karl Morgenstern von der dpa und Dieter Ludwig vom SID. Später hatte ich ein wunderbares Verhältnis zu den beiden, aber an diesem Tag war es fast so, wie man das aus Westernfilmen kennt, wenn der Bösewicht plötzlich den Saloon betritt: Mit einem Mal verstummten alle Gespräche, und man starrte mich an.

Später erfuhr ich, dass Morgenstern in diesem Moment zu Ludwig flüsterte: „Wer ist das denn?“ Ludwig erwiderte leise: „Das ist der Hansch.“ Und Morgenstern sagte: „Macht der nicht Fußball? Was will der denn hier? Der hat doch überhaupt keine Ahnung vom Springreiten!“ Das stimmte natürlich. Genau das war ja mein Problem. Man darf auch nicht glauben, dass einer der lieben Kollegen auf mich zugekommen wäre, um mich zu begrüßen oder mir gar Hilfe anzubieten. Ich stand – ganz wie im Western – alleine mitten im Raum, und alle anderen musterten mich skeptisch.

Da kam mir die rettende Idee. Ich machte auf dem Absatz kehrt und ging hinunter in die Arena, wo zwei, drei Hindernisse aufgebaut worden waren, damit die Reiter sich mit ihren Pferden einspringen konnten. Ich sprach den erstbesten Ordner an, den ich sah.

„Entschuldigen Sie bitte“, sagte ich. „Ich muss dringend den Bundestrainer sprechen. Der ist doch bestimmt hier irgendwo, oder?“

Der Ordner wies auf einen kleinen Mann, kaum größer als 1,60 Meter, der ein paar Schritte entfernt stand und sich mit einigen Leuten unterhielt. Es war Herbert Meyer, genannt „der laufende Meter“. Im Jahr zuvor war er unter leider tragischen Umständen Bundestrainer geworden, als sein Vorgänger Hermann Schridde bei einem Flugzeugabsturz ums Leben kam.

So, wie ich mich dreizehn Jahre vorher Günter Siebert genähert hatte, so machte ich nun Meyer auf mich aufmerksam: Ich zupfte ihn schüchtern am Ärmel. „Entschuldigen Sie bitte", sagte ich. „Mein Name ist Werner Hansch. Ich bin vom ARD-Hörfunk. Könnte ich Sie mal einen Moment sprechen? Unter vier Augen?" Der überraschte Bundestrainer nickte, und wir traten ein paar Meter von den anderen weg.

„Es geht um Folgendes", begann ich. „Schon heute Abend soll ich im Radio über das Turnier berichten. Der Haken an der Sache ist, dass ich nichts übers Springreiten weiß."

Meyer runzelte die Stirn. „Das kann ja wohl nicht wahr sein", erwiderte er.

„Doch, leider ist es so", sagte ich. „Ich habe in meinem ganzen Leben noch kein einziges Springen gesehen. Ich weiß nicht mal, wie man diese Dinger nennt." Dabei wies ich auf eines der Hindernisse.

„Sie meinen den Oxer?", fragte Meyer ungläubig. „Sie wissen nicht mal, was ein Oxer ist? Wie um Himmels willen wollen Sie denn dann ein Springen kommentieren?"

„Es gibt nur eine Möglichkeit: Sie müssen mir helfen", sagte ich. „Sie müssen mir hier und jetzt so viel über das Springreiten erklären, dass ich heute Abend am Mikrofon wenigstens ein bisschen was rüberbringen kann."

Und das tat Meyer. Wir gingen die verschiedenen Techniken und die Arten der Sprünge durch. Als er sich beim besten Willen nicht mehr länger mit mir unterhalten konnte, weil er an diesem Tag noch andere wichtige Termine hatte, hockte ich mich mit dem Programmheft in eine Ecke. Das war ein Wälzer, in dem alle Pferde mit ihren Abstammungen und bisherigen Erfolgen aufgeführt waren. Dazu nahm ich mir die Starterliste des Abends und kritzelte hinter die Namen der Pferde die paar Informationen, die ich dem Heft entnehmen konnte. Wenige Stunden später war ich live auf Sendung.

Der Leser mag nun denken: „Na, was soll da schon groß passieren? Wenn der Hansch dort drei Stunden lang rumsitzt und in dieser Zeit vielleicht fünf, sechs Minuten was erzählen muss, das wird er schon hinkriegen." So stellen sich viele Leute ja den Job eines Radioreporters vor. Das liegt daran, dass sie selbst in der Regel nur einen Sender hören. Wer an jenem Mittwochabend den WDR einschaltete und die Sportsendung verfolgte, hörte meine Stimme in der Tat nur ein paar Mal. Aber die ARD hat ja viele Sender. Damals gab es sieben Landesrundfunkanstalten (Bayern, Hessen, Norddeutschland, Radio Bremen, das Saarland, der Südwesten und natürlich mein Heimatsender), dazu noch die Deutsche Welle. Von einem bedeutenden Turnier wie dem in Dortmund wollten sie im Laufe des Abends alle einen Happen haben.

Der Ablauf war genau wie beim Fußball. An einem normalen Samstag bekamen die Reporter in den Bundesligastadien einen präzisen Ablaufplan, auf dem die Einblendungen jeder einzelnen Anstalt notiert waren, die der ARD angehörten. Auf meinem DIN-A4-Blatt stand dann zum Beispiel:

15.40 - 15.42 Uhr: WDR
15.44 - 15.47 Uhr: BR

Das hieß übersetzt, dass mich der Moderator der samstäglichen WDR-Sendung – in der Regel Kurt Brumme für „Sport und Musik" – um haargenau 15.40 Uhr rufen würde. Der WDR-Moderator war der einzige, dessen Stimme ich auf meinem Kopfhörer vernehmen konnte. Brumme durfte mich also etwas fragen oder mich anderweitig direkt ansprechen, etwa: „Wie ist das Wetter in Bochum, Werner Hansch?" Die anderen Moderatoren hörte ich nicht, deswegen beendeten sie ihre Anmoderation auch nie mit einer Frage oder einer Aufforderung.

Um 15.42 Uhr war ich runter vom WDR und konnte vielleicht eine Minute lang durchatmen. Dann aber musste ich schon durchgeben: „Achtung für den BR! Schneidekommando 60 Sekunden." Neben mir stand eine Stoppuhr, die ich betätigte, sobald ich diese Ansage gemacht hatte. Von diesem Moment an konnte mich nämlich der Kollege hören, der an diesem Tag „Heute im Stadion" moderierte, die Bundesligasendung des Bayerischen Rundfunks. Ich hörte ihn allerdings nicht. Ich musste mich also darauf verlassen, dass er nach genau 60 Sekunden sagen würde: „Nun blenden wir uns in die laufende WDR-Reportage von Werner Hansch ein." Und er musste sich darauf verlassen, dass meine Stoppuhr richtig ging und ich nach exakt 60 Sekunden zu sprechen begann. Erst bei der berühmten Schlusskonferenz war es so, dass alle untereinander verbunden waren und sich hören konnten.

Wenn man nicht völlig exakt arbeitete, wenn also die Einblendung ein paar Sekunden zu spät kam oder man selbst zwei Sätze zu viel redete, dann konnte schnell Hektik ausbrechen. Man arbeitete also nicht für sich alleine, sondern in einem großen Team. Nicht alle Kollegen waren sich dessen immer völlig bewusst, es gab schon welche, die den Ruf hatten, keine guten Mannschaftsspieler zu sein. Wenn sie während der Schlusskonferenz zu lange sprachen, dann war das einfach nur ärgerlich. Passierte ihnen das aber schon vor 17 Uhr, dann geriet der ganze Ablauf durcheinander, und ein Kollege musste die verlorene Zeit wieder herausholen. Man kann sich vorstellen, dass das Arbeiten unter erhöhtem Zeitdruck dann schnell in Stress ausartete.

Natürlich gab es auch ruhigere Samstage. Zum Beispiel, wenn man für eine Partie eingeteilt war, die die anderen Funkhäuser nur am Rande interessierte. Ging es aber um ein wichtiges Spiel, über das jeder Sender für seine Hörer berichten wollte, dann konnte es sehr anstrengend werden. An jenem Abend in Dortmund war das nicht der Fall, denn das Springreiten genoss nicht überall höchste Priorität. Trotzdem ging meine Stimme recht häufig für diesen oder jenen Sender über den Äther. Und irgendwie brachte ich die Sache unfallfrei über die Bühne.

Als das Turnier vier Tage später, am Sonntag, mit dem Grand Prix zu Ende ging, hatte ich Knippenbergs Erbe angetreten. Von nun an war ich, ohne es zu wollen, der neue Experte des WDR fürs Springreiten. Ich fuhr zu Weltcupspringen nach Paris, Göteborg oder London und durfte die große Zeit von Paul Schockemöhle und seinem Hannoveraner Wallach Deister begleiten. (Deister gewann so oft, dass er den Spitznamen „der springende Geldschrank“ hatte.) Ich fand schnell großen Gefallen an der neuen Aufgabe. Es war alles familiärer und weniger hektisch als beim Fußball. Auch der Zugang zu den Sportlern war erheblich problemloser. Mit Reitern jener Zeit wie Ludger Beerbaum, Franke Sloothaak oder Wolfgang Brinkmann bin ich bis heute gut bekannt.

Als Goldjunge bei Olympia

Herbert Meyer sollte nicht der einzige Trainer der Deutschen Reiterlichen Vereinigung bleiben, der einem komplett ahnungslosen Werner Hansch in größter Not aus der Patsche half. Denn so unglaublich es auch klingen mag, diese ganze Geschichte vom Sprung ins eiskalte Wasser vor einem großen Publikum wiederholte sich knapp zwei Jahre später. Es änderten sich nur die Namen einiger Hauptpersonen sowie der Körperbau der beteiligten Pferde, sonst war der Ablauf mehr oder weniger der gleiche.

Zwei Jahre nach meiner Feuertaufe in der Westfalenhalle, im Januar 1988, saßen die Hörfunkchefs der ARD-Anstalten zusammen und planten das Team für die Olympischen Sommerspiele in Seoul. Als die Sprache auf die Pferde kam, war die Sache klar. „Das macht der Hansch", hieß es. Als Fußballreporter hätte ich es wohl kaum in die ARD-Olympiamannschaft geschafft, aber als Reitsportexperte saß ich plötzlich fest im Sattel. Olympische Spiele! Der Traum eines jeden Sportlers und auch aller Sportreporter. Als ich die Nachricht bekam, wusste ich nicht genau, was mich erwarten würde, daher hielt sich meine Freude ein wenig in Grenzen. Heute kann ich sagen, dass die Wochen in Südkorea einer der Höhepunkte meines Berufslebens waren und sicher das Highlight jenes Jahrzehnts.

Das lag zum Teil daran, dass ich der Goldjunge des Teams wurde. Vier Goldmedaillen und eine Bronzemedaille gewannen die deutschen Athleten im Reitsport – mehr als in jeder anderen Disziplin. Und ich war jedes Mal auf dem Sender und durfte die gute Botschaft in die Heimat schicken. Das brachte mir schließlich meine erste bedeutende Auszeichnung ein. Die Geschichte dahinter ist aber etwas abenteuerlich und hat – wen wird es inzwischen wundern? – viel mit Improvisation zu tun.

Fünf deutsche Reporter wurden nach Südkorea geschickt, um über die olympischen Reitwettbewerbe zu berichten. Ich war der einzige Hörfunkmann. Die ARD wurde natürlich durch die Herren Isenbart und von der Tann vertreten, fürs ZDF waren Basche und Tietze vor Ort. Ich war also umgeben von geballter Fachkompetenz. Zwar hatte ich in den beiden Jahren, die seit Brummes Kommando

„Hansch macht das!“ vergangen waren, gelernt, was ein Oxer war, aber bei Olympia gab es ja nicht nur Springreiten.

Da war zum Beispiel auch die Dressur. Ich hatte eine grobe Idee, was eine Piaffe von einer Traversale unterschied, weil ich auch schon die eine oder andere Dressurveranstaltung im Sendegebiet des WDR kommentiert hatte. Doch für eine lange Reportage vom größten Sportereignis der Welt reichte das nicht aus. So fuhr ich drei Wochen vor den Spielen nach Voerde, nur einen Steilsprung entfernt von Dinslaken. Dort hatte Johann Hinnemann seinen Hof. Er war ein sehr guter Reiter, ein Schüler von Dr. Reiner Klimke. In den zwei Jahren vor den Olympischen Spielen hatte Hinnemann auf dem Hengst Ideaal sowohl bei den Weltmeisterschaften als auch bei den Europameisterschaften Bronze geholt. Dennoch war er nicht in der Equipe für Seoul. Ich glaube, es lag daran, dass er ein Querdenker war, den nicht alle im Nationalen Olympischen Komitee mochten.

Hinnemann war unglaublich zuvorkommend. Er ließ mich beim Training zuschauen und erklärte mir die verschiedenen Lektionen und Bewegungen – erst theoretisch auf einem Notizblock, dann setzte er sich selbst in den Sattel und führte es mir in der Praxis vor. Als ich aus Voerde wegfuhr, war ich mir sicher, dass ich die Dressur hinbekommen würde. Doch es blieb ein großes Problem, für das ich einfach keine Lösung fand: die Military (heute heißt sie Vielseitigkeitsprüfung).

Der WDR hatte in seinem Sendegebiet keine Military-Veranstaltung. Solche Wettbewerbe finden in Luhmühlen statt, was bei Lüneburg liegt, oder von mir aus im bayerischen Achselschwang. Aber bei uns im Westen war diese Disziplin des Pferdesports nicht verbreitet, deswegen hatte ich keine Ahnung von ihr. Ich würde mir in Südkorea etwas einfallen lassen müssen.

Wir reisten etwa eine Woche vor dem Beginn der Spiele nach Seoul. Alle deutschen Reporter, vom Fernsehen und vom Hörfunk, waren im selben Hotel untergebracht, einem riesigen Bau, der erst kurz vorher eröffnet worden war. Am ersten Abend gaben ARD und ZDF einen Begrüßungsempfang in einem großen Saal im zweiten Stock. Am Eingang standen die beiden Delegationsleiter und begrüßten jeden der fast 250 Reporter mit Handschlag. Danach gab es eine Stehparty mit einem üppigen asiatischen Buffet.

Wie damals im Presseraum der Westfalenhalle fühlte ich mich als Neuling in diesem Umfeld. Ich wusste natürlich, wer Isenbart war und kannte ihn auch vom Sehen, er kannte mich aber ganz sicher nicht. So hielt ich mich etwas im Hintergrund und beobachtete die ganze Szenerie aus der Distanz. Da sah ich, wie unser Produktionsleiter für die Spiele auf Isenbart zuging. Ich konnte hören, wie er fröhlich rief: „Hans-Heinrich, schau mal, was ich hier habe!" Dabei hielt er einen Autoschlüssel in die Luft. Isenbart strahlte.

Die ARD hatte fünf Autos der Marke Mercedes-Benz zur Verfügung – für die ganze große Delegation. Einen dieser Wagen bekam nun gerade Isenbart zum persönlichen Gebrauch. Nicht wegen seiner Rolle als Grandseigneur, vermute ich mal, sondern weil das Pferdesportzentrum etwa 30 Kilometer außerhalb von Seoul lag. Ich witterte eine Mitfahrgelegenheit, nahm mein Herz in beide Hände und trat vor.

„Herr Isenbart, darf ich mich vorstellen? Ich heiße Werner Hansch."

„Ah, den Namen habe ich schon mal gehört."

„Ich soll die Reitwettbewerbe fürs Radio übertragen. Wir werden also immer an denselben Schauplätzen sein. Nun habe ich gerade gesehen, dass Sie Ihren eigenen Mercedes haben. Wäre es wohl möglich, dass Sie mich mitnehmen?"

„Wie wäre es denn, wenn Sie das Auto fahren?", fragte er zurück. Isenbart war nicht mehr der Jüngste. Man hatte ihn im Jahr zuvor schon offiziell pensioniert, er kommentierte aber freiberuflich weiter. Offenbar verspürte er wenig Lust, den Mercedes durch den berüchtigten Straßenverkehr von Seoul zu steuern. Für mich galt das allerdings auch.

„Sollen wir nicht lieber den Herrn von der Tann fragen?", sagte ich. „Der war doch bis vor Kurzem ARD-Korrespondent in Mittelamerika. Und wer in Mexiko-Stadt Auto gefahren ist, der macht das auch in Seoul."

„Das ist eine gute Idee", sagte Isenbart. „Holen Sie den doch mal her."

Ich suchte also von der Tann, sagte ihm, dass Isenbart ihn sprechen wollte, und hastete dann hinterdrein, als er schnellen Schrittes mit aufrechtem Gang durch den Saal eilte. Isenbart erklärte von der Tann, dass er zwar ein Auto habe, jedoch den südkoreanischen Verkehr scheue. Wie ich es mir gedacht hatte, war das kein Hindernis für von der Tann. „Überhaupt kein Problem", sagte er und griff nach dem Schlüssel. „Geben Sie mal her, das mache ich."

Von diesem Tag an waren wir fast immer zu dritt unterwegs: von der Tann am Steuer, Isenbart mit einer Straßenkarte auf dem Schoß neben ihm, ich auf dem Rücksitz. Gleich am nächsten Morgen machten wir so einen Ausflug zum Reitsportzentrum, um uns die Ställe anzusehen. Seoul hatte damals fast zehn Millionen Einwohner, der Verkehr war entsprechend chaotisch. Doch von der Tann steuerte uns durch das Gewimmel, als wäre er in seinem Heimatdorf unterwegs.

Als wir bei den Stallungen ankamen, machten die beiden sich gleich auf den Weg, um alte Bekannte zu begrüßen. Sie kannten ja so gut wie jeden dort und wussten sogar die Namen der einzelnen Stallkräfte. Wovon sie nichts wussten, das war mein Military-Problem. Doch inzwischen hatte ich ja etwas Erfahrung damit, wie man ein solches Problem löst. Also zog ich die Nummer ab, die mir schon in Dortmund den Hals gerettet hatte. Und diesmal hatte ich mich sogar richtig vorbereitet und mir den Namen des Bundestrainers der Vielseitigkeitsreiter geben lassen.

„Entschuldigen Sie bitte", sprach ich verschiedene Stallmänner an. „Ich suche Herrn Martin Plewa." Man schickte mich von einem Stall zum nächsten, und da das Gelände recht weitläufig war, dauerte die Suche eine Weile. Doch schließlich fand ich meinen Mann. Ein Stallbursche deutete auf zwei Herren, die sich unterhielten. Einer von ihnen war großgewachsen. Obwohl er erst Ende dreißig sein mochte, glänzten seine Haare schon silbrig-grau. „Das da ist der Bundestrainer", sagte der Tierpfleger. Ich ging hinüber und begann das Gespräch genau so wie meine Unterhaltung mit Herbert Meyer zwei Jahre zuvor.

„Entschuldigen Sie bitte, Herr Plewa", sagte ich. „Mein Name ist Werner Hansch. Ich bin vom ARD-Hörfunk. Könnte ich Sie mal einen Moment sprechen? Unter vier Augen?"

„Ja, natürlich", sagte Plewa freundlich. Er beendete sein Gespräch, und als der andere Mann gegangen war, fragte er mich: „Was kann ich für Sie tun?"

„Es geht um Folgendes", begann ich. „Ich bin der einzige Radiomann der ARD, der von allen Reitsportdisziplinen berichtet. Seit zwei Jahren kommentiere ich Springreiten und manchmal auch Dressur. Aber ich habe null Ahnung von der Military. Ich habe in meinem Leben noch nie eine Vielseitigkeitsprüfung auch nur gesehen."

Plewa runzelte die Stirn. „Oh. Was machen wir denn da?"

„Es gibt nur eine Möglichkeit", sagte ich. „Sie müssen mir helfen. Sie müssen mir so viel über Military-Reiten erklären, dass ich meinen Job machen kann. Wenn Sie wollen, komme ich dafür nachts in Ihr Hotel. Aber ich brauche Ihre Hilfe."

Plewa war ein Mann der Tat. Er ließ in einem Stalltrakt eine Box räumen, trug zwei Hocker rein und drehte dann eine Futterkiste um, sodass wir so etwas wie einen Tisch hatten. Dann besorgte er sich Blätter und ein paar Stifte und wies mich in die Geheimnisse des Vielseitigkeitsreitens ein.

Er begann damit, dass es sich um eine Art Dreikampf handelte. Erst die Dressur. Nicht ganz auf dem Niveau, wie ich das gewohnt war, weil die Military-Pferde etwas kantiger und hagerer sind als die wohlgeformten Dressurpferde, aber immerhin doch mit Prüfungen, die ich kannte. Dann, am zweiten Tag, folgt die Geländeprüfung. Es ist der Teil der Military, den man manchmal im Fernsehen sieht – wenn die Pferde über Stock und Stein und durchs Wasser jagen. Bis zu jenen Stunden in Seoul, als Plewa mir den Sport erklärte, hatte ich angenommen, dass Military nur aus diesem Geländereiten besteht. Das sagte ich ihm natürlich nicht. Ich musste die Hosen ja nicht weiter als nötig herunterlassen. Den Abschluss bildet dann am dritten Tag das Springen. Ganz korrekt müsste es heißen: das Jagdspringen. (Es gibt auch noch andere, weniger bekannte Formen des Springreitens, etwa das Mächtigkeitsspringen, bei dem es nur auf die Höhe ankommt.)

Als er mit den Grundlagen fertig war, erklärte Plewa mir mit großer Geduld die Wertung: wie die Zeiten in Punkte umgerechnet wurden, wie die Ergebnisse der drei Einzelprüfungen zu einem Gesamtresultat führten und so weiter. Dann wies er mich noch auf diverse Einzelheiten und Details hin. Zum Schluss sprachen wir über die Medaillenfavoriten und die Chancen des deutschen Teams. „Eines kann ich Ihnen jetzt schon sagen, Herr Hansch", meinte Plewa. „Gegen Neuseeland, Australien, die Briten und die USA haben wir keine Chance. Wenn wir also mit der Mannschaft Fünfter oder Sechster werden, sind wir zufrieden und haben hervorragend abgeschnitten."

Was zeigt, dass sich selbst die größten Experten irren können. Schon der Dressurtag, der Mittwoch, lief nahezu perfekt für die vier deutschen Reiter. Am Abend des Tages kam Arnim Basche zu mir und sagte: „Werner, du kannst morgen mit mir fahren, wenn du willst." Sein Angebot kam mir sehr gelegen. Am folgenden Tag, als es für die Military-Reiter ins Gelände ging, war nämlich das ZDF für die Übertragung im Fernsehen zuständig. Das hieß also, dass meine beiden ARD-Kollegen, von der Tann und Isenbart, dienstfrei hatten. Ich wusste nicht, ob sie trotzdem zum Pferdesportzentrum fahren würden, und auf den Shuttle-Service für die Journalisten wollte ich mich lieber nicht verlassen.

Jeden Morgen standen dreißig bis vierzig südkoreanische Studenten unten in der Lobby des Hotels. Sie waren als Fahrer engagiert worden und warteten darauf, ob jemand zur Schwimmhalle musste oder zum Leichtathletikstadion. Wenn man sich verspätete, konnte es passieren, dass kein Fahrer mehr in der Lobby bereitstand, und dann war Holland in Not.

Also nahm ich Basches Angebot dankend an, und wir fuhren frühmorgens, etwa gegen sechs Uhr, raus vor die Tore der Stadt, zum Military-Gelände. Auf dem Weg dorthin rollten wir durch eine schöne Landschaft, der Morgennebel lichtete sich langsam, und wir konnten entlang der Straße Reisbauern mit ihren Strohhüten sehen. Es war sehr malerisch, exotisch und stimmungsvoll.

Am Gelände angekommen, nahmen wir auf der neu errichteten großen Pressetribüne unsere Plätze ein. Jede Reportereinheit bestand aus drei Klappsitzen. Zu dem mittleren gehörten die Kopfhörer, das Mikrofon und ein Monitor. Die beiden anderen Sitze waren für Assistenten vorgesehen. Basche und ich hatten keine, also blieben neben uns die Plätze frei.

Arnim stellte zwei Aktentaschen vor sich auf den Boden. Er öffnete die erste und holte einen dicken Stoß Papier heraus, den er fein säuberlich vor sich auf den Tisch legte. Dann noch einen. Und noch einen. Als er fertig war, schloss er die erste Aktentasche und öffnete die zweite. Wieder kam ein Stapel Blätter zutage, den Arnim ordentlich neben die anderen legte.

„Um Gottes willen, was hast du denn da alles?", fragte ich.

„Unterlagen und Notizen", sagte er. „Ich brauche das."

„Du?", gab ich verblüfft zurück. „Du schreibst doch sogar Bücher über das Reiten! Du weißt doch alles, was man über Pferde nur wissen kann."

„Trotzdem", erwiderte er. „Ich brauche das zu meiner Sicherheit. Ich muss wissen, dass es da ist." Da ging sein Blick plötzlich an mir vorbei. „Guck mal, Werner", sagte er. „Guck mal, wer da kommt." Ich blickte auf und sah meine beiden Kollegen. Von der Tann und Isenbart. Letzterer trug eine Art Khaki-Uniform und hatte einen dieser Westernhüte auf dem Kopf, bei denen man vorne die Krempe hochklappen kann. Er sah aus wie der Hilfssheriff aus *Rauchende Colts*. Sie kamen schnurstracks auf uns zu. Dass sie sich die Geländeprüfung live ansehen wollten, war eigentlich normal. Was mich überraschte, war hingegen, wo sie das tun wollten. Sie stiegen die Pressetribüne hoch, gingen die Reihe entlang, bis sie bei Basche und mir angekommen waren – und ließen sich ungefragt links und rechts von mir auf den Klappsitzen nieder.

Da saß ich nun, eingekeilt zwischen zwei Reitsportexperten sondergleichen. Isenbart, da war ich mir sicher, hatte das Pferd überhaupt erst erfunden, und von der Tann hatte ihm dabei assistiert. Mir trat der kalte Schweiß auf die Stirn bei dem Gedanken, dass die beiden es sich gemütlich machten und in aller Ruhe dem Kollegen lauschten, der erst seit ein paar Tagen wusste, wie Military überhaupt funktionierte. Ich empfand ihr Verhalten als nicht gerade hilfreich. Innerlich kochte ich, doch ich sagte nichts.

Ich will den beiden zugutehalten, dass ihnen nicht ganz klar gewesen sein kann, welch blutiger Laie zwischen ihnen saß. Doch dass ich keine Koryphäe auf dem Military-Gebiet war, das wussten sie auf jeden Fall, schließlich hatten sie mich noch nie in Luhmühlen oder Achselschwang gesehen. In meiner ganzen Karriere als Fußballreporter habe ich mich nur in ganz seltenen Fällen mal neben jemanden gesetzt, der arbeiten musste. Das passierte eigentlich nur, wenn kein anderer Platz frei war, und selbst dann habe ich den Kollegen immer um Erlaubnis gefragt. Es mag Leute geben, die eine solche Situation nicht stört, aber die meisten Menschen empfinden es als unangenehm, wenn man ihnen sozusagen auf die Finger starrt, während sie ihren Beruf ausüben.

Ob es mir der Leser glaubt oder nicht: Mein erster Gedanke war, einen Herzanfall vorzutäuschen. „Herr Isenbart, könnten Sie wohl kurz übernehmen? Ich habe da so einen komischen Druck auf der Brust und kriege keine Luft mehr!" Doch mein zweiter Gedanke war: Na gut, dann ist das jetzt eben so, und du musst da durch. Und es war mein großes Glück, dass ich nicht dem ersten Impuls folgte, sondern dem zweiten.

Von der Pressetribüne konnte man nur einen kleinen Teil der sieben Kilometer langen Geländestrecke einsehen, nämlich das Ziel. Zwar flackerte über den Monitor das Fernsehbild, aber darauf waren immer andere Reiter zu sehen. Wo die Deutschen gerade waren und wie sie sich schlugen, dass wusste ich erst, als sie aufs Ziel zuritten.

Durch das gute Abschneiden bei der Dressur war das Interesse an den deutschen Military-Reitern stark gestiegen. Als ich der Meinung war, dass sich der beste von ihnen – Claus Erhorn aus Elmshorn – langsam dem Ziel nähern könnte, gab ich dem zentralen Studio in Seoul ein Signal. Und wenig später hörte ich die Stimme des Moderators. Er sagte: „Jetzt gehen wir hinaus auf die Naturstrecke, wo seit heute Morgen die Military-Reiter unterwegs sind. Die deutsche Equipe liegt ja nach der Dressur völlig überraschend in Führung. Für uns vor Ort ist unser Reporter Werner Hansch. Hallo, Werner! Wie sieht's denn aus?"

In diesem Moment sah ich Claus Erhorn auf seinem wunderbaren Wallach Justyn Thyme aus dem Wald kommen. Er ritt auf einen mächtigen Haselnussbaum zu, den er umkurven musste. Dahinter ging es leicht bergauf, und dort wartete das letzte von 32

Hindernissen. Es hieß „Koreanische Küche“ und war ein breiter Tisch, über den sich eine Pergola spannte. Da mussten die zwei hindurch, dann waren es noch ein paar Hundert Meter bis zum Ziel. Erhorn lag gut in der Zeit, aber Pferd und Reiter waren nach dem langen Ritt erschöpft.

Also trug ich die beiden ins Ziel. Mit Worten. Ich weiß nicht mehr genau, was ich gesagt habe, aber mit jeder Faser meiner Stimmbänder schob ich die beiden über die letzten Meter der Strecke, bis mir die Stoppuhr sagte, dass Erhorn ohne Strafpunkte geblieben war und unsere Mannschaft damit immer noch auf dem ersten Platz lag. „Deutschland weiterhin auf Goldkurs. Und damit zurück ins Studio.“

Als ich vom Sender war, atmete ich tief durch. Von rechts schaute mich Isenbart an, von links von der Tann. Beide sagten nichts, aber beide waren beeindruckt, das spürte ich. Sie haben sich, ich will es mal so formulieren, anerkennend gewundert.

Am nächsten Tag – Donnerstag, den 22. September 1988 – fiel die Entscheidung. Ich weiß nicht, wie viele Leute daheim die Übertragung verfolgten (das Jagdspringen begann wegen der Zeitverschiebung um 5.30 Uhr deutscher Zeit), aber ich war völlig entspannt. Beim Springen kannte ich mich ja aus. Auch die Schützlinge von Bundestrainer Martin Plewa waren nun völlig ruhig, behielten die Nerven und holten sensationell Gold.

In den Tagen danach gewannen unsere Reiter drei weitere Goldmedaillen, in der Dressur (Einzel und Team) und im Mannschaftsspringen, sowie eine Bronzemedaille im Einzelspringen. Es hätten am Ende sogar fünf Goldmedaillen sein können. Damals war der letzte Tag der Spiele noch den Reitern vorbehalten. Das Einzelspringen fand daher im großen Olympiastadion statt, und nach dem ersten Durchgang war wieder ein Deutscher auf Goldkurs, Karsten Huck auf Nepomuk.

Ich saß auf der Pressetribüne und war live auf dem Sender, als Huck im zweiten Umlauf durch den Parcours ritt. Auf der letzten Diagonale kam er direkt auf mich zu. Bis hoch auf meinen Platz konnte ich spüren, wie Huck vor den letzten beiden Hindernissen plötzlich Eisenarme bekam. Er verkrampfte, den Sieg vor Augen.

Ich tat alles, um ihn und Nepomuk über diese letzten zwei Hindernisse zu heben. Umsonst. Platsch, platsch. Immerhin noch Bronze.

Übrigens startete Huck bei diesem Einzelspringen nur wegen einer großen Geste von Wolfgang Brinkmann. Wolfgang war der einzige echte Amateur im Team. Die anderen – Beerbaum, Sloothaak und Dirk Hafemeister – waren bei Schockemöhle angestellt und im Grunde Berufsreiter. Aber Brinkmann hatte ein unglaubliches Pferd, Pedro. Der sprang über Häuser. Durch zwei Null-Fehler-Ritte im Mannschaftsspringen war Brinkmann automatisch als Einzelstarter qualifiziert. Doch er verzichtete zugunsten von Huck, weil er wusste, dass der die besseren Chancen auf eine Einzelmedaille hatte.

Für diese Geste bekam Brinkmann in jenem Jahr den Fairnesspreis des Verbandes Deutscher Sportjournalisten (VDS). Er war nicht der einzige, der geehrt wurde. Für meine Military-Reportage verlieh mir der VDS den Deutschen Hörfunkpreis des Jahres 1988. Was, so denke ich, wieder einmal bewies, dass nicht unbedingt der intimste Sachkenner auch der beste Reporter sein muss. Manchmal ist es vielleicht wichtiger, wer die Dramatik eines Moments besser in die Köpfe der Hörer und Zuschauer bringt.

Leider blieben die Tage von Seoul meine einzigen bei Olympischen Spielen. Vier Jahre später war ich zwar schon im Team für Barcelona 1992, aber dann machte Michael Nowak, der Pressesprecher von Sat.1, einen blöden Fehler. Doch wir wollen der Geschichte nicht vorgreifen.

Rundfunkkollegen

Ich werde von Zeit zu Zeit gefragt, ob ich eine Stimmausbildung oder eine andere Art von Unterweisung bekam, als ich Reporter beim Radio wurde. Die Antwort lautet: nein. Ich hatte in meinem Leben nicht eine Minute lang so etwas wie Stimmtraining. Meine Ausbildung waren die langen Jahre am Mikrofon auf den Trabrennbahnen. Bei mehr als einem Dutzend Rennen pro Abend konnte ich mich stimmlich langsam selbst finden. Es gab keine Vorgaben, keine Regeln, niemand sagte mir, was ich zu tun hätte. So konnte ich Formulierungen und Sprachbilder testen und lernen, wie ich die mir gegebene Stimme benutzen musste.

Das Wichtigste für einen Kommentator im Hörfunk – neben ohnehin nicht trainierbaren Qualitäten wie Wortwitz und Phantasie – ist das Stimmprofil. Es ergibt sich aus Tonlage, Timbre, Tempo, Betonung. Ein Stimmprofil, das in Erinnerung bleibt: Das ist es, was Brumme damals auf der Trabrennbahn in mir gehört hatte. Er selbst besaß ja die vielleicht markanteste Stimme, die je im deutschen Radio-Sport zu hören war.

Ich war weiß Gott nicht der einzige Sprecher, den Brumme entdeckt und gefördert hat. Vermutlich gibt es keinen zweiten Sportchef, der so viele Talente aufgespürt hat, die sich dann auch wirklich bewährten. Erstaunlicherweise landeten viele von ihnen später beim Fernsehen, denken wir nur an Wim Thoelke, der bei Brumme begann und dann fast zwanzig Jahre lang im ZDF die Quizshow *Der Große Preis* moderierte.

Die erste Generation von Reportern, die Brumme entdeckte, bestand aus Heribert Faßbender, Armin Hauffe, Jochen Hageleit und Manfred Breuckmann. Sie deckten die 1960er und 1970er Jahre ab. Ihnen folgte die nächste Gruppe: Tom Bayer, Wilfried Mohren und ich. Dazu kamen noch einige andere Reporter, die nicht so präsent waren, die aber später Bekanntheit erlangen sollten, etwa Ulli Potofski und Rudolph Brückner. Vom Lebensalter her gehörte ich natürlich zur ersten Gruppe – ich bin ja drei Jahre älter als Faßbender. Aber als Spät- und Seiteneinsteiger begann ich meine Laufbahn beim WDR kurz vor Potofski und nur ein paar Jahre vor Mohren, also bildeten sie meine Mikrofongeneration.

Ich weiß nicht, ob Brumme vielleicht selbst ein klein bisschen stolz war, als ich den Hörfunkpreis bekam. Immerhin war das ja eine Art Bestätigung für sein Gehör, sein Gespür, sein Vertrauen in meine Qualitäten. Er hat mir aber nie etwas dazu gesagt. Ich kann ihm das nicht verübeln, denn 1988 war kein gutes Jahr für ihn. Am 4. Februar feierte er seinen 65. Geburtstag und erreichte damit das Rentenalter. Er ging in den Ruhestand, Dietmar Schott wurde sein Nachfolger als Abteilungsleiter Sport im WDR-Hörfunk. Noch viele Jahre danach half Brumme bei der Ausbildung junger Journalisten, seine Stimme jedoch verschwand mit dem Zeitpunkt seiner Pensionierung vom Äther.

Das hätte nicht sein müssen. Es gab ja viele, viele Reporter – denken wir nur an Isenbart –, die auch nach dem Eintritt ins Rentenalter noch weiter auf Sendung waren. Ich glaube, so hatte sich auch Kurt das vorgestellt. Er glaubte, man würde ihn bitten, dem Sender als Sprecher erhalten zu bleiben. Aber das tat der WDR nicht. Ich weiß nicht, was die Hintergründe waren, kann mir aber vorstellen, dass Brumme nicht wenige Leute beim Sender einmal zu oft vor den Kopf gestoßen hatte.

Kurt war als Fachmann unübertroffen, als Mensch aber oft schwierig. Wen er nicht mochte, dem zeigte er die kalte Schulter. Selbst Leute wie ich, die er augenscheinlich sympathisch fand, konnten nur ganz langsam ein persönliches Verhältnis zu ihm aufbauen. Es dauerte Jahre, bis er mir das Du anbot und mich zum ersten Mal als Privatperson in seine berühmte Kellerbar einlud.

Im Grunde war dieser Raum ein Museum. Er hing voll mit Bildern, Plakaten, Trikots, Medaillen – Erinnerungsstücke, die Brumme in seinen 41 Dienstjahren zusammengetragen hatte. Unter anderem hingen dort von Muhammad Ali signierte Boxhandschuhe. „To the voice of Germany: Kurt Brumme", hatte Ali geschrieben. Viele Preziosen kamen auch von uns, den Reportern. Wann immer wir auf Auslandseinsatz waren, mussten wir etwas mitbringen, das war Pflicht. „Werner", erinnerte mich Schorsch Alberts am Tag vor einem Spiel in Madrid, Marseille oder Mailand, „denk daran, dass du dem Kurt einen Wimpel oder was auch immer mitbringst."

So eine Stimme wie Brumme fehlt dem Sender noch heute. Und es war nicht die einzige, die der WDR im Zuge von Brummes Abschied 1988 verlieren sollte. Aus mir völlig unverständlichen Gründen nahm Schott in seiner neuen Position als Chef einen unserer profiliertesten Reporter einfach vom Sender: Jochen Hageleit. Es hieß damals, er sei nicht mehr zeitgemäß. Natürlich war Jochen ein Urgestein und entwickelte sich sprachlich nicht mehr weiter. Aber er war beim Publikum sehr beliebt. Übrigens auch bei den Bundesligaspielern, die ihn noch 1987 zum besten Hörfunkreporter des ganzen Landes wählten.

Jochen hatte seinen ganz eigenen Stil, stand gerne bei seinen Reportagen auf und machte dann Schritte zur Seite oder nach vorne. Er lebte das, was er da tat, von den Füßen bis zum Kehlkopf. Noch viele Jahre, nachdem er abserviert worden war, kamen Leute auf mich zu und fragten: „Sagen Sie mal, Herr Hansch, wie geht es denn eigentlich dem Jochen Hageleit?“ Es ging ihm gut. Er lebte bei bester Gesundheit in Köln, verdiente ganz normal seine Brötchen (Jochen war im Hauptberuf Ingenieur beim Elektronikunternehmen Philips) und wartete auf Radioeinsätze, die er nicht mehr bekam.

Als Jochen völlig überraschend 2010 an einem Herzinfarkt starb, mit erst 71 Jahren, schrieb Manni Breuckmann in seinem Nachruf: „Hageleits dynamische Stimme zog die Zuhörer sofort in ihren Bann. Er war unverwechselbar, nach ein paar Sekunden wusste jeder: Jetzt reportiert der Hageleit. Und das ist auch die Botschaft an seine Nachfolger, jenseits aller nostalgischen Anwandlungen und Idealisierungen: Nur wer nicht beliebig austauschbar ist und Duftmarken setzt, wird dauerhaft in Erinnerung bleiben.“

Es waren wahre Worte. Ich kann nicht sagen, was die Ursachen sind – vielleicht fehlt ein Talentspäher wie Brumme, vielleicht gibt man den jungen Leuten einfach nicht mehr genug Zeit, ein eigenes Profil zu entwickeln –, aber es fehlt heute an Wiedererkennbarkeit. Wer vor einem Vierteljahrhundert samstags das Radio einschaltete, der erkannte die Sprecher augenblicklich. Günther Koch aus Nürnberg war ebenso unverwechselbar wie Gerd Rubenbauer in München oder Manni Breuckmann aus dem Westen. Heute ist das nicht mehr so. Wenn ich heute aus dem Auto steige und mich jemand fragt, welche Stimmen ich gerade bei der Bundesliga-Schlusskonferenz gehört habe, dann muss ich nachdenken. Und dann schüttele ich etwas traurig den Kopf und sage: „Tut mir leid, ich kann mich nicht an sie erinnern.“

Vom Radio ins Fernsehen

Als Reporter bei einer heißen Weltmeisterschaft

Das für den deutschen Fußball bedeutendste Turnier, von dem ich im Hörfunk berichten durfte, war natürlich die Weltmeisterschaft 1990. Es war eine schöne Auszeichnung für mich, dass ich in das sechsköpfige Team berufen wurde, das unter der Federführung des Bayerischen Rundfunks die Spiele übertrug. Aber trotz dieses persönlichen Erfolges und obwohl die deutsche Mannschaft den Titel gewann, denke ich immer mit gemischten Gefühlen an „Italia novanta" zurück, an Italien '90. Und zwar wegen drei Wörtern, die Franz Muxeneder, der Sportchef des BR und damit auch unser Delegationsleiter in Italien, zu uns sagte.

Unter den sechs Reportern, die zur WM fahren durften, war zu meiner Freude auch Armin Hauffe. Er vertrat den NDR, denn seit 1980 lebte er in Kiel. Man kann durchaus sagen, dass Armin ein Vorbild für mich war. Zum einen natürlich in beruflicher Hinsicht, denn er war ein großer Sprachstilist am Mikrofon. Aber auch auf menschlicher Ebene konnte man viel von ihm lernen. Dass Armin mich damals, vor meiner ersten Probereportage, bereitwillig in seine Wohnung eingeladen hatte, um mir Tipps zu geben, war typisch für ihn. Er war für mich ein angenehmer, umgänglicher Kollege.

Umso überraschter waren wir an einem Tag in der letzten Turnierwoche, als wir morgens in den Frühstücksraum unseres Hotels kamen und feststellten, dass sein Platz leer war.

„Wo ist denn der Armin?", fragten wir.

Muxeneder antwortete: „Armin ist abgereist."

Niemand schien zu wissen, was vorgefallen war. Einige meinten, er hätte sich mit Muxeneder überworfen, weil man ihn nicht fürs Finale eingeteilt hatte, und wäre wutentbrannt nach Hause gefahren. Ganz von der Hand zu weisen war diese Theorie nicht. Armin konnte durchaus eitel sein (was vermutlich für alle Medienleute gilt, mich eingeschlossen) und brauchte von Zeit zu Zeit Bestätigung. Aber deswegen gleich abreisen? Das sah ihm nicht ähnlich. Nach meiner Rückkehr rief ich ihn sofort in Kiel an, um zu hören, was in Italien passiert war.

Da erfuhr ich, dass Armin an multipler Sklerose erkrankt war. Körperlich merkte man ihm das zu diesem Zeitpunkt noch nicht an, aber psychisch belastete ihn die Situation bereits sehr. Er war immer mit Haut und Haaren Reporter gewesen, aber obwohl er in den folgenden Jahren noch für einige Großereignisse eingeteilt wurde, etwa die Olympischen Spiele 1992 in Barcelona, wurde es immer schwieriger für ihn, seinen so geliebten Beruf auszuüben. Er zog schließlich zurück nach Gelsenkirchen, um den Menschen näher zu sein, die ihn kannten und liebten, und wir blieben auch nach meinem Weggang von der ARD in Kontakt. Ich erinnere mich gerne an einen Abend in seiner Wohnung, als er alte Reportagen von uns beiden über die Stereoanlage abspielte. Es war das letzte Mal, dass ich ihn sah. Er starb wenig später, im Frühjahr 1997. Kurz nach seinem 49. Geburtstag.

So denke ich zuerst an das plötzliche Verschwinden von Armin, wenn ich mich an die WM 1990 erinnere. Dabei hatte ich immer eine gute und besondere Beziehung zu Italien, nicht nur wegen meiner Reise im Plastikbomber von Jochens Vater. In den 1980ern kam es nämlich nicht selten vor, dass Kurt Brumme einen seiner Reporter nach Italien schickte, um sonntags von der Serie A zu berichten. Mindestens drei- oder viermal fuhr ich daher im Auftrag des WDR über den Brenner und kommentierte zum Beispiel live aus Mailand, weil damals Karl-Heinz Rummenigge und Hansi Müller bei Inter unter Vertrag standen. Einmal blieb ich sogar mehrere Tage in Turin, um ein längeres Feature über Torino Calcio zu recherchieren. Dieser Verein war als Aktiengesellschaft organisiert, damals etwas sehr Ungewöhnliches.

Unsere Unterkunft während der Weltmeisterschaft 1990 war das Hotel Cicerone in Rom, nur einen kurzen Fußweg entfernt vom Vatikan. Es wurde während der knapp vier Wochen, die das Turnier dauerte, so etwas wie ein Zuhause für uns. Denn von dort aus fuhren wir zu unseren Einsätzen in den verschiedenen Spielorten, und dorthin kehrten wir auch nach den Partien wieder zurück, manchmal noch am selben Tag, manchmal erst am folgenden.

Bis zum Achtelfinale, also bis zum Beginn der K.-o.-Runden, waren wir immer zu zweit im Einsatz. Dann, als es ernst wurde, teilte „Muxi" Muxeneder nur noch einen Reporter pro Spiel ein. Ich bekam gleich das erste Achtelfinale: Kamerun gegen Kolumbien in Neapel. Die Partie ist mir unvergessen. Aber nicht wegen des Fußballs, sondern wegen der äußeren Umstände. Es herrschte an diesem Tag eine unglaubliche Hitze in Süditalien. Die ARD hatte mir ein Hotelzimmer gebucht, damit ich in Neapel übernachten konnte, und auf dem Zimmer wechselte ich vor dem Spiel erst einmal die Kleidung. In kurzen Hosen und in einem kurzärmeligen Hemd fuhr ich zum Stadio San Paolo. Es half alles nichts – bei 45 Grad schwitzte ich aus allen Poren und bis unter die Kopfhaut.

Dazu kam noch, dass ich lange Strecken übertragen musste, denn das Spiel war das einzige, das an diesem Nachmittag stattfand. Die Spieler von Kamerun hießen Ndip oder Mbouh, Mfédé oder Ebwellé. Die Namen der Kolumbianer waren etwas leichter auszusprechen, dafür kannte ich so gut wie keinen von ihnen. Die Rückennummern konnte man auch nicht ohne Weiteres erkennen, denn in dem weiten, offenen Stadio San Paolo war die Entfernung von der Tribüne zum Spielfeld beachtlich. Ich war jedes Mal heilfroh, wenn Carlos Valderrama an den Ball kam. Den hätte ich wegen seiner spektakulären blonden Mähne sogar in dichtestem Nebel erkannt.

Es kam, wie es kommen musste. Nach 90 Minuten stand es 0:0, und in dem süditalienischen Backofen ging das Spiel auch noch in die Verlängerung. Nach den ersten fünfzehn Minuten war immer noch kein Treffer gefallen, und ich stellte mir die Frage, ob ich ein mögliches Elfmeterschießen überhaupt durchhalten würde. Ich glaubte mich einem Hitzschlag nahe; vom stundenlangen Reden war mein Mund staubtrocken, und ich fühlte mich wie ausgedörrt. Da entwischte Roger Milla, der 38-jährige Star der Kameruner, der gegnerischen Abwehr und traf zum 1:0. Meine Hörer müssen geglaubt haben, ich wäre völlig begeistert gewesen von diesem tollen Tor, dabei sprudelte eher die Erleichterung aus mir heraus. Vielleicht nahm dieses Spiel doch noch ein Ende, vielleicht kam ich doch noch lebend aus diesem Stadion heraus!

Nur zwei Minuten später fiel das 2:0, der berühmte Treffer, bei dem Kolumbiens Torwart René Higuita bewies, warum sie ihn „El

Loco“ nannten, den Verrückten. Etwa 30 Meter vor dem eigenen Tor versuchte er, Milla auszuspielen, doch der Kameruner stibitzte ihm den Ball und schob ihn ins Netz. Es war einer der berühmtesten Momente der WM-Geschichte, aber das war mir alles egal. Als der Schlusspfiff endlich kam, riss ich mir sofort den Kopfhörer herunter und drehte mich um. Hinter mir saß ZDF-Reporter Günter-Peter Ploog.

„Günter“, krächzte ich, „übernachtet ihr in Neapel oder fahrt ihr noch zurück?“

„Wir fahren gleich wieder nach Rom“, sagte er.

„Könnt ihr mich wohl bitte mitnehmen?“, fragte ich. „Und wenn es im Kofferraum ist: Ich muss hier weg, ich muss nach Hause.“ Ploog tat mir den Gefallen, und im Hotel Cicerone stellte ich mich unter die Dusche, bis langsam meine Lebensgeister zurückkehrten.

Bis zu diesem Tag war ich überzeugt gewesen, dass Schnee und Kälte ein größeres Problem für Reporter darstellen als Hitze. Ich hatte nämlich mal mitten im Winter am Aachener Tivoli ein Spiel der Alemannia übertragen – und zwar nicht aus einer Kabine heraus, sondern unten vom Spielfeldrand. Die Temperaturen waren eisig. Ich trug eine Fellmütze und eine dicke Jacke, doch einen ganz entscheidenden Teil meines Körpers konnte ich nicht vor der Witterung schützen: meinen Schnurrbart. Zu allem Überfluss wächst er auch noch sehr schnell, und da ich einige Wochen nicht beim Friseur gewesen war, hing er mir über die Oberlippe.

Jedes Mal, wenn ich in mein Mikrofon sprechen musste, setzte sich durch den warmen Atem Feuchtigkeit im Schnurrbart ab. Sobald ich wieder vom Sender war und die Klappe hielt, wurden diese kleinen Tropfen nach und nach zu Eis. Schließlich vernahm ich über den Kopfhörer Kurt Brumme, der im Studio saß und die nächste Schaltung nach Aachen ankündigte. Da merkte ich, dass mein Schnurrbart an der Oberlippe festgefroren war! „Jetzt gehen wir noch mal nach Aachen!“, sagte Brumme. Hastig versuchte ich, das Eis aus meinem Bart zu kratzen. „Wir rufen Werner Hansch!“ Im letzten Moment gelang es mir, den Schnäuzer zu enteisen. Zum Glück. Brumme hätte es mir wahrscheinlich wochenlang nicht verziehen, wenn ich ausgerechnet auf seinem geliebten Tivoli eine Schalte vermasselt hätte, weil mir der Bart eingefroren war.

Bei der WM 1990 war ich auch im Einsatz, als Deutschland das Halbfinale gegen England gewann. Und wir waren zu dritt vor Ort, als die Mannschaft von Franz Beckenbauer das Finale gewann und der „Kaiser“ anschließend nachdenklich über den Rasen schritt. Große Momente, ja. Aber meine Erinnerungen daran sind seltsam emotionslos. Nicht allein, weil das Schicksal von Armin Hauffe sozusagen als mein persönlicher Schatten über diesem Turnier liegt. Erst viel später ist mir klargeworden, dass ich in jener Zeit – und speziell im Jahr 1990 – im Grunde hoffnungslos überarbeitet war. Heute würde man meinen Zustand vielleicht als Burn-out-Syndrom bezeichnen. Damals war es so, dass mir einige Menschen, die mich näher kannten, gesagt haben, ich müsse kürzertreten, sonst würde ich nicht mehr lange leben.

Das Ganze war 1990 besonders schlimm, weil im Juli – kaum vierzehn Tage nach dem Finale der WM – in Stockholm die zweiwöchigen Weltreiterspiele begannen. Es war das erste Mal, dass in allen sechs Pferdedisziplinen (Springen, Dressur, Military, Fahren, Voltigieren und Distanzreiten) Weltmeisterschaften an einem Ort und im Rahmen eines einzigen Turniers ausgetragen wurden. Es war eine tolle Sache, eine wichtige Veranstaltung. Drei Hörfunkleute wurden nach Schweden geschickt: Gerhard Delling, damals Südwestfunk, Matthias Sprackties vom SFB, und natürlich sollte – und wollte! – auch der WDR-Reitexperte Hansch den Leuten daheim was von den Pferden vorsingen.

Im Grunde aber war es Wahnsinn, dass ich nach Stockholm fuhr. Mein kompletter Jahresurlaub als Geschäftsführer der Trabrennbahn in Dinslaken war für die WM in Italien draufgegangen. Um also in Schweden den Pferden zuzusehen, musste ich unbezahlten Sonderurlaub nehmen. Das hieß ja nicht nur, dass ich auf Geld verzichtete, es bedeutete auch, dass ich das, was man gemeinhin unter Urlaub versteht, vergessen konnte. Mal ausspannen. Mal etwas Ruhe. Mal einfach nur faul in der Sonne liegen. Wann hatte ich das eigentlich zuletzt gemacht?

Und da war ja nicht nur ich. Fünf Jahre zuvor, 1985, hatte mein Sohn Abitur gemacht. Er begann ein Studium in Karlsruhe, legte dort sein Examen ab und ging anschließend nach London, wo er promovierte. Ich unterstützte ihn, wo es nur ging, und konnte mich dabei auch auf seine Mutter verlassen, denn obwohl wir geschieden waren, pflegten wir ja ein sehr gutes Verhältnis. Aber man muss auch sagen, dass ich meinen Sohn seltener sah, als es mir lieb war. Ich stand gleichzeitig in zwei Hamsterrädern – als Geschäftsführer eines Unternehmens und Hörfunkreporter im Dauereinsatz – und hatte das Gefühl, ich müsste rennen, um nicht hinzufallen. Dazu kamen noch unregelmäßige Nebentätigkeiten, von denen später noch die Rede sein soll, vom Pferdeauktionator bis zum Moderator des Sportpressefestes vor 10.000 Leuten.

Wie das in solchen Situationen häufig der Fall ist, schaffte ich es einfach nicht, die beiden Räder mal einen Moment anzuhalten, um nachzudenken. Ganz im Gegenteil: Ehe ich mich versah, landete ich sogar noch in einem dritten Hamsterrad: dem Fernsehen. Schuld war wieder mal mein alter Freund und Wegbegleiter, der Zufall.

Heribert Faßbender holt mich zum Fernsehen

Nur wenige Tage nach dem Ende der Weltreiterspiele begann die neue Saison der Fußball-Bundesliga, und natürlich verbrachte ich meine Wochenenden wieder in den Stadien bei uns im Westen. An einem Freitag im Oktober, es war der 11. Spieltag, war ich für ein Flutlichtspiel zwischen Bayer Leverkusen und Werder Bremen eingeteilt. Wie üblich traf ich knapp zwei Stunden vor dem Anpfiff am Spielort ein, der damals noch Ulrich-Haberland-Stadion hieß. Ich ging in den Presseraum, um eine Kleinigkeit zu essen, bevor ich mich mit den Trainern unterhalten wollte. Da trat ein junger Mann an mich heran, der an diesem Tag für die *Sportschau* der ARD vor Ort war. Ich kannte ihn nur sehr lose. Ich wusste, dass er zum Team von Heribert Faßbender gehörte und dort eher eine mittlere Nummer war. Ich wusste auch seinen Namen: Reinhold Beckmann.

„Du, Werner“, sagte er, „ich würde dich gerne mal sprechen.“

„Klar, was gibt es denn?“

„Lass uns mal an die Seite gehen.“

Nun war meine Neugier geweckt. Warum wollte Reinhold, der mich doch so gut wie gar nicht kannte, ein vertrauliches Gespräch fern der Kollegen?

„Du hast mehr Lebenserfahrung, Werner, deswegen hätte ich gerne einen Rat von dir", begann er. „Ich habe ein Angebot von Premiere bekommen. Die möchten, dass ich Sportchef werde. Was ist deine Meinung dazu?"

Premiere, das heutige Sky Deutschland, war damals im Aufbau begriffen und noch rund vier Monate von seinem Sendestart entfernt. Niemand konnte vorhersagen, ob sich in Deutschland das Konzept eines Bezahlsenders durchsetzen würde. Dass Live-Sport ein wichtiges Element sein würde, um Premiere zu etablieren, war klar. Aber in welchem Umfang das geschehen konnte, wusste niemand. Selbst Rupert Murdochs britischer Sender Sky, der bald durch Fußball ein riesiger Erfolg werden sollte, hatte zu diesem Zeitpunkt noch keine Rechte an der englischen Liga. Kein Wunder also, dass Reinhold nicht wusste, welche Entscheidung er treffen sollte. Und auch kein Wunder, dass er darüber mit einem Kollegen sprechen wollte, der fast zwanzig Jahre älter war als er.

Ich antwortete: „Ich kann dir beim besten Willen keinen Rat geben, Reinhold. Ich kann dir nur sagen, zwischen was du dich entscheiden musst. Bei der *Sportschau* bist du ein Reporter mit einem relativ kleinen Einkommen, dafür hast du bis zu zehn Millionen Zuschauer. Bei Premiere wirst du Chef und hast ein beachtliches Gehalt, dafür aber mit hoher Wahrscheinlichkeit nur 150.000 Zuschauer. Das sind die beiden Entscheidungspole. Wie du die gegeneinander abwägst, musst du selbst wissen."

Eine Weile später erfuhren wir, dass Reinhold sich für das Gehalt und die Chefrolle entschieden hatte. Ein paar Wochen danach klingelte mein Telefon. Ich nahm ab und vernahm eine den meisten Deutschen sehr vertraute Stimme.

„Herr Hansch, guten Tag! Hier spricht Heribert Faßbender. Ich nehme an, Sie wissen bereits, dass uns Reinhold Beckmann verlassen wird." Ich erwiderte, dass ich von dieser überraschenden Entwicklung in der Tat schon gehört hätte. „Ich brauche einen Ersatz in meinem Team", fuhr Faßbender fort. „Ich verfolge ja nun schon seit vielen Jahren, wie Sie das im Radio machen, Hansch. Meinen Sie, dass Sie das auch im Fernsehen könnten?"

Ich sagte: „Herr Faßbender, das weiß ich nicht. Wir können es einfach nur ausprobieren. Wenn es nicht funktioniert, dann lege ich den Puster wieder in die Ecke." (Puster nannten wir das Mikrofon.)

„Das ist die richtige Einstellung!", freute sich Faßbender. „Fahren Sie doch gleich am nächsten Samstag nach Düsseldorf. Die spielen gegen Gladbach, und Sie machen dann den Bericht für unsere *Sportschau*."

Es waren fünf Tage bis zum Spiel. Ich nahm an, dass sich in dieser Zeit jemand bei mir melden würde, um mir den Ablauf zu erklären und mir zu sagen, wie man überhaupt einen sechs- oder siebenminütigen Filmbeitrag für die *Sportschau* plante, anlegte und ausführte. Dabei war ich doch inzwischen schon so lange beim WDR und für die ARD tätig, dass ich es besser hätte wissen müssen. Genau wie damals bei Kurt Brumme lautete das Motto: Wirf ihn mal ins Wasser und schau, ob er schwimmt; wenn nicht, dann nehmen wir den Nächsten. Niemand rief an, niemand bereitete mich vor.

Als Dietmar Schott mitbekam, dass ich am 15. Dezember 1990 für die *Sportschau* über das Spiel zwischen Fortuna Düsseldorf und Borussia Mönchengladbach berichten sollte, teilte er mich kaltlächelnd auch noch für die Radioreportage von dieser Partie ein. Und so hockte ich an dem besagten Samstag zwischen 15.30 und 17.15 Uhr in der Hörfunkkabine des alten Rheinstadions, die kaum breiter als ein Karnickelstall war. Schon nach fünf Minuten ging Gladbach in Führung, aber die Fortuna drehte das Spiel noch vor der Pause und gewann am Ende mit 4:1. Dementsprechend oft war ich fürs Radio auf Sendung.

Ich hatte gerade den letzten Ton ins Mikrofon getutet und die Kopfhörer abgenommen, da klopfte es hinter mir an die Tür. Ich drehte mich im Stuhl halb herum und rief: „Herein!" Zwei Männer, die ich in meinem ganzen Leben noch nie gesehen hatte, traten ein.

„Herr Hansch, wir sind heute Ihre MAZ-Redakteure", sagte einer der beiden. „Welche Bilder brauchen Sie gleich für Ihren Bericht?"

„Was?" Ich konnte geradezu spüren, wie alle Farbe aus meinem Gesicht wich. „Macht ihr das denn nicht?"

„Nein", antwortete der Mann völlig verblüfft. „Das macht der Reporter. Der schreibt die Szenen auf, die er haben will."

„Aber das wusste ich nicht, das hat mir niemand gesagt!"

„Dann", erwiderte er mit einem leicht panischen Unterton, „sollten wir uns jetzt wirklich beeilen."

Die *Sportschau* begann damals um 18 Uhr. Ab 18.15 Uhr wurden Ausschnitte von vier Begegnungen aus der Bundesliga gezeigt. Die Zeit drängte also gehörig. Im Laufschritt eilten wir die Tribüne hinab, dann über die kleine Straße vor dem Stadion und auf den großen Parkplatz, wo die Ü-Wagen standen. Mit der heißen Nadel strickten die beiden einen Bericht von sieben Minuten Länge zusammen, mit Szenen, von denen sie glaubten, dass ich damit was anfangen könnte. Ich stand währenddessen draußen vor der Tür, einerseits noch völlig aufgekratzt von meiner Hörfunkreportage, andererseits mit gehörigem Muffensausen vor dem, was nun kam.

Schließlich holte mich einer der beiden Redakteure rein und zeigte mir meinen Platz im hinteren, engen Teil des Wagens. Da war ein Monitor, davor ein Stuhl, daneben ein kleinerer Bildschirm. Auf dem sah ich Heribert Faßbender im *Sportschau*-Studio in Köln. Er machte gerade die Anmoderation für das Spiel aus Düsseldorf. Er schloss, fast so wie Brumme damals, mit den Worten: „Heute war für uns übrigens zum ersten Mal ein neuer Kollege vor Ort: Werner Hansch." Kaum war das letzte Wort verhallt, liefen die ersten Bilder aus dem Rheinstadion über den Schirm. Ich musste reden, also redete ich. Ohne zu wissen, welche Ausschnitte meine beiden Redakteure für mich zusammengeschnitten hatten.

Es war, wie meine anderen Premieren auch, ein Reinfall. Weil ich es nicht besser wusste, beging ich den schlimmsten Fehler überhaupt: Ich machte Radio im Fernsehen. Ich beschrieb den Leuten daheim in aller Ausführlichkeit, was sie gerade mit ihren eigenen Augen sahen. Das war auch das Erste, was Faßbender bemängelte, als er mich am Montag nach dem Spiel anrief. Ich hätte zu viel geredet, sagte er, ich hätte dies und das sein lassen und stattdessen jenes machen sollen. Und als ich schon dachte, er würde das Experiment für gescheitert erklären, meinte er: „Beim nächsten Mal wird das sicher viel besser."

Es ging also weiter. Und wie es weiterging! In den folgenden anderthalb Jahren, bis zum Sommer 1992, bediente ich nahezu an jedem Samstag beide Medien – erst den Hörfunk, dann das Fernsehen. Es war eine gnadenlose, harte Schule. Aber nach einer Weile bekam ich eine gewisse Routine. Die Radioarbeit kam mir sogar zugute. Da ich das Spiel schon einmal kommentiert hatte, für den WDR, wusste ich, welchen Spannungsbogen die 90 Minuten hatten und was in der ARD funktionieren würde. Außerdem lernt man beim Hörfunk, selbst unter größtem Stress die Sätze mehr oder weniger unfallfrei über die Zunge zu bringen. Also war ich nicht nervös, wenn ich in dem engen Ü-Wagen hockte und die MAZ zu laufen begann. Mir würde schon etwas einfallen. Wie immer.

Ganz entscheidend war, dass ich schon sehr bald mit den zwei MAZ-Redakteuren Christoph Pauly und Siggi Bembennek ein großartiges Team bildete. Bei mir oben saß Pauly, der mehr der Fußballsachverständige war. Mit ihm konnte ich mich während des Spiels über fachliche Dinge unterhalten. Seine Hauptaufgabe war aber, dass er die sogenannten Timecodes notierte. Die liefen unter dem Bild durch, das wir auf dem Monitor vor uns sahen. Mit ihnen konnte man genau bestimmen, wo eine Szene, die wir später für die Zusammenfassung haben wollten, beginnen und enden sollte.

Diese Timecodes brauchte Siggi, denn er saß unten im Ü-Wagen, wo der Schnitt gemacht wurde. Er musste die Bilder so zusammenstellen, wie ich das für meinen Sprachstil brauchte. Es hat wunderbar funktioniert. Wir waren ein so eingespieltes, verschworenes Team, dass ich nach meinem Wechsel zu Sat.1 die beiden mitnahm und elf Jahre lang mit ihnen zusammen bei *ran* gearbeitet habe.

Aber nicht jede Zusammenarbeit in jener Zeit lief so reibungslos. Auf der Trabrennbahn in Dinslaken mehrten sich nämlich die Probleme. Dabei ging es nicht um wirtschaftliche Dinge – der Niedergang des Trabrennsports setzte erst Ende der 1990er Jahre ein. (Zum Teil, weil der Markt für Sportwetten geradezu explodierte und fast alles übers Internet abgewickelt wurde; zum Teil, weil der Sport in jenem Jahrzehnt einen fatalen Fehler machte: Er gab sein Alleinstellungsmerkmal und ureigenstes Produkt einfach her, nämlich die Rennen. Wer heute ein Pferderennen verfolgen will, muss dafür nicht mehr zu einer Rennbahn fahren, sondern kann es sich auf zig Bildschirmen in irgendwelchen ominösen Wettbüros ansehen.) Nein, die Probleme in Dinslaken waren ganz anderer Natur.

In den ersten Jahren nach meiner Anstellung als Geschäftsführer war alles wunderbar auf der Bahn. Ich habe ja schon erwähnt, welch tolles Verhältnis ich zu Frau König und Frau Schulte hatte. Aber auch mit den Mitgliedern des Vorstandes und den anderen Angestellten kam ich gut aus. Schließlich konnte ich sogar Volker Kullmann, einen alten Kumpel von mir, dazu bewegen, die Gastronomie in Dinslaken zu übernehmen.

Ich kannte Volker seit meiner Zeit als Pressereferent der Rennbahn in Recklinghausen. Er war damals Chefkoch im Hotel Europa, und wir verkehrten dort häufig, zum Beispiel wenn wir Geschäftspartner zum Essen einluden. Irgendwann verließ Volker das Ruhrgebiet und übernahm in Rees am Niederrhein ein großes Sportzentrum (das er noch heute führt). Doch wir blieben in Verbindung; er war neben Peter Büttel wohl mein bester Freund. Mitte der 1980er Jahre hatten wir dann auf der Rennbahn Ärger mit der in Eigenregie geführten Gastronomie. Dort entstanden plötzlich große Verluste, sodass wir Gefahr liefen, die Gemeinnützigkeit des Gesamtvereins zu verlieren. Ich schlug dem Vorstand vor, Volker die Leitung der Gastronomie anzubieten, und den Job hat er dann auch zehn Jahre lang tadellos gemacht. Kurz: Die Stimmung in Dinslaken war prima. Aber wie ich bald erfahren sollte, war das nur oberflächlich.

Es begann damit, dass man bei der turnusmäßigen Betriebsprüfung einige Unregelmäßigkeiten fand. Dabei ging es nicht um große Dinge oder große Summen, aber einige kleine Sachen waren in der Verantwortung der Vereinsspitze buchhalterisch offenbar nicht immer korrekt abgelaufen. Daraus entwickelten sich unappetitliche Querelen auf der Vorstandsebene, die mir die Freude an meinem Beruf nachhaltig raubten. Um es in einem Satz zu sagen: Der Job machte keinen Spaß mehr. Man könnte auch sagen, dass die letzten, anstrengenden Monate der Doppelbelastung mich weichgeklopft hatten. Unterschwellig wusste ich, etwas musste sich ändern. Mit anderen Worten: Ich war bereit für 1992, das Jahr der Überraschungen und Veränderungen.

Bedrohlicher Rosenmontag

Es gehört zu den großen Eigentümlichkeiten in meinem Leben, dass ich immer scheiterte, wenn ich Eigeninitiative entwickelte, etwas anstrebte oder mich für einen Posten bewarb. Denken wir nur an das erste Studium, an den Lehrerberuf oder an meine Versuche, nach dem dritten Studium im Journalismus Fuß zu fassen. Stattdessen hatte ich immer dann Erfolg, wenn ich etwas ganz Bestimmtes tat: nichts. Alle meine Karrieresprünge, wenn wir denn den wechselhaften Verlauf meines Berufslebens mal so nennen wollen, kamen zustande, weil irgendjemand auf mich zukam und mir etwas anbot, an das ich bis dahin nicht im Entferntesten gedacht hatte. Oft geschah das durch einen unerwarteten Anruf. Und so begannen die Turbulenzen des Jahres 1992 für mich persönlich ein paar Wochen früher, mit einem Anruf im November 1991.

„Guten Tag, spreche ich mit Herrn Hansch?"

„Ja, das tun Sie. Mit wem habe ich denn die Ehre?"

„Hier ist Georg Habertheuer von der Kulturredaktion des WDR-Fernsehens."

„Sehr erfreut, Herr Habertheuer. Was kann ich für Sie tun?"

„Nun, wir sind unter anderem zuständig für die alljährliche Übertragung des Rosenmontagszuges aus Köln. Wir finden, Sie haben eine tolle Stimme. Und deswegen möchten wir Sie gerne für die nächste Übertragung engagieren."

Fast hätte ich laut aufgelacht, aber ich beherrschte mich und sagte ganz ruhig: „Herr Habertheuer, ich fürchte, daraus wird nichts."

„Warum denn nicht? Sie haben doch unser Angebot noch gar nicht gehört."

„Ich bin ein absoluter Karnevalsmuffel", erwiderte ich. „Ich laufe weg, sobald ich auch nur das Wort ‚Karneval' höre."

Zu meiner Verblüffung war Habertheuer von diesem Geständnis weder überrascht noch entmutigt.

„Nun, solange Sie das während der Sendung nicht so deutlich sagen", meinte er, „würde uns das nicht weiter stören." Und dann fügte er an: „Das Honorar beträgt fünftausend Mark."

Ich schluckte und setzte mich. Plötzlich rutschte mir irgendwie der Satz „Gut, unter diesen Umständen mache ich das“ über die Lippen.

„Wunderbar“, sagte Habertheuer schnell. „Sie kriegen in den nächsten Tagen den Vertrag zugeschickt. Und machen Sie sich keine Sorgen: Sie werden nicht alleine sein, sondern haben einen Fachmann neben sich sitzen, der jeden Furz aus 250 Jahren Kölner Karneval kennt.“

Keine Sorgen machen, hatte er gesagt. Das war gar nicht so einfach. Der Rosenmontagszug 1992 würde am 2. März stattfinden. Mit jedem Tag, nahezu mit jeder Stunde, die dieser Termin näherrückte, machte ich mir kräftiger in die Hose. Eben habe ich geschrieben, dass man beim Radio lernt, wie man auch unter Stress spricht, und deswegen am Mikrofon nicht nervös ist. Nun muss ich das einschränken. Während meiner ganzen Laufbahn habe ich vor keiner Nummer so große Angst gehabt wie vor dieser Karnevalsgeschichte. Die Live-Übertragung in der ARD sollte von 13 bis 15 Uhr dauern. Zwei volle Stunden! Schon bei dem Gedanken daran lief es mir eiskalt den Rücken herunter.

Zwei Monate nach dem ersten Gespräch mit Habertheuer, im Januar 1992, saß ich wieder in meinem Büro in Dinslaken, als erneut das Telefon klingelte.

„Guten Tag, spreche ich mit Werner Hansch?“

„Ja, das tun Sie. Mit wem habe ich denn die Ehre?“

„Hier ist Fritz Klein. Erinnern Sie sich an mich?“

Natürlich tat ich das. Klein war lange Sportchef des NDR gewesen, danach Sportkoordinator der ARD. Nach einem Herzanfall hatte er diesen Posten aufgegeben und sich selbstständig gemacht, als eine Art Medienberater.

„Herr Hansch“, sagte Klein, „können Sie sich vorstellen, den Sender zu wechseln?“

Die Frage traf mich in etwa so unerwartet wie das Angebot, vom Kölner Karneval zu berichten. Da ich nicht wusste, was ich darauf sagen sollte, und da ich einem so profilierten Mann wie Klein gegenüber nicht unhöflich sein wollte, antwortete ich ausweichend: „Ich kann mir alles Mögliche vorstellen.“

„Gut, reden Sie jetzt nicht weiter", sagte Klein. „Ich rufe Sie wieder an." Und damit legte er auf.

Worum es ging, das konnte ich mir denken. Ein halbes Jahr zuvor, im Juni 1991, hatte die Münchner Agentur ISPR (Internationale Sportrechte-Verwertungsgesellschaft) für 610 Millionen Mark die TV-Rechte an der ersten und zweiten Bundesliga von 1992 bis 1997 erworben. Die ISPR gehörte dem Springer-Verlag und dem Münchner Filmhändler Leo Kirch. Beide hielten auch Anteile an dem Privatsender Sat.1, und damit war klar, was passieren würde: Ab Sommer 1992 lief die Bundesliga bei einem neuen Sender, der nun rasch eine Redaktion aufbauen und ein Format entwickeln musste.

Zwei Tage später rief Klein wieder an. Diesmal wurde er präziser. Ob ich im Sommer zu Sat.1 kommen wolle? Ich bat um ein wenig Bedenkzeit. Klein sagte, er würde sich wieder melden. Das tat er dann auch einige Tage danach. Ich bat um mehr Bedenkzeit. Klein sagte, er würde wieder anrufen. So ging das wochenlang. Jeden dritten Tag sprach ich mit Fritz Klein und wollte ihm weder absagen noch zusagen. Die Sache zog sich hin bis Ende Februar, wenige Tage vor dem von mir mit Schrecken erwarteten Höhepunkt des Kölner Karnevals.

Ich wollte nicht absagen, weil Kleins Angebot im Grunde perfekt für mich war, vielleicht sogar gesundheitsrettend. Eine Festanstellung bei Sat.1 bedeutete, dass ich den mir inzwischen verleideten Job in Dinslaken aufgeben konnte. Es bedeutete, dass ich samstags nicht mehr für den Hörfunk und das Fernsehen gleichzeitig arbeiten musste, sondern mich auf eine Aufgabe konzentrieren konnte. Es bedeutete, dass ich endlich wieder freie Tage und zum ersten Mal seit Jahren sogar Urlaub haben würde. Und all das ohne finanzielle Einbußen, denn Springer und Kirch hatten so viel Geld für die Rechte bezahlt, dass sie nun nicht am falschen Ende sparten, sondern auch ein tolles Produkt auf den Bildschirm bringen wollten. Und dazu gehörten nun einmal gute und gut bezahlte Leute.

Ich wollte nicht zusagen, weil ich wusste, was ich verlieren würde. Da war die Arbeit im Radio, die ich heiß und innig liebte. Da war der WDR, der mir inzwischen wie eine zweite Heimat vorkam. Da waren die ganz großen Ereignisse abseits des Fußballs, allen voran die Olympischen Spiele, aber auch Weltmeisterschaften im Reitsport. Und dann kam noch dazu, dass ich ein bestimmtes Bild von Sat.1 hatte. Jobst Plog, der Intendant des NDR, hatte das Privatfernsehen mal so beschrieben: „Von Brüllshows betäubt, von Glücksrädern überrollt und von Titten geblendet." Das war damals in der Tat das Image dieser Sender. Außerdem las man ständig davon, dass Springer und Kirch sich in den Haaren lagen. Andauernd wurde bei Sat.1 ein Geschäftsführer gekündigt, und die Gesellschafter stritten vor irgendwelchen Gerichten.

In meinen Augen überwogen die Nachteile des Angebots. Aber Klein war enorm hartnäckig. Schließlich, Ende Februar, hatte er mich so weit, dass ich zumindest nach Hamburg fuhr, um mich persönlich mit ihm zu unterhalten. Er hatte ein sehr schönes, repräsentatives Büro an der Alster. Dort legte Klein mir zunächst das Konzept dar. Der Sender plante eine große Zentralredaktion in Hamburg, darum einen Gürtel von Außenredaktionen – München, Dortmund, Berlin, Dresden, Köln, Mainz. Klein bot mir den Posten als Redaktionsleiter in Dortmund an und sagte, ich könnte mir vier, fünf fähige Mitarbeiter aussuchen.

Je länger er redete, je mehr er ins Detail ging, desto mehr schwand meine Skepsis. Sicher schmeichelte es mir auch, dass Klein mir eine solch wichtige Rolle zutraute. Vor allem aber klang es nach einer gut durchdachten Sache, die interessant und spannend zu werden versprach. Als wir uns zum Abschied die Hand gaben, sagte er: „In wenigen Tagen bekommen Sie einen Vertragsentwurf."

Doch selbst in diesem Moment hatte mich die Sache immer noch nicht im Innersten erreicht. Mir war nicht wirklich bewusst, dass ich an einem entscheidenden Punkt in meinem Leben angekommen war und bald eine weitreichende Entscheidung treffen musste. Vielleicht war das so, weil mir sozusagen die Kamelle schwer im Magen lagen – da war ja dieser unvermeidliche Rosenmontag, den ich mir selbst eingebrockt hatte.

Schon zwei Tage vorher fuhr ich nach Köln und nahm mir ein Hotelzimmer. Ich verbrachte praktisch die ganze Zeit in der heißen Badewanne liegend, um mich zu entspannen. Ich hatte furchtbarstes Lampenfieber, und alles in mir rebellierte gegen diesen schrecklichen, idiotischen Karneval. Wenn ich allein schon diese Pappnasen sah!

Am Sonntag rief mich mein Co-Kommentator an, der Mann, der jeden Karnevalsfurz kannte. Sein Name war Reinold Louis. Er hatte eine leitende Funktion bei der Kreissparkasse in Köln und war selbst Präsident einer Vereinigung.

„Ja, Herr Hansch", sagte er leutselig. „Jetzt ist es ja bald so weit. Da müssen wir uns vielleicht mal kurz zusammensetzen und ein paar Sachen besprechen."

Ich bat Louis, zu mir ins Hotel zu kommen, und ein paar Stunden später saßen wir uns in der Lobby gegenüber. Er hatte eine große Aktentasche dabei, aus der er ein dickes Buch herausholte. Es war eine Art Ablaufplan des Tages, ein Regiebuch. Es waren dort alle am Rosenmontagszug beteiligten Gruppen aufgeführt, von den Wagen über die Fußgänger bis hin zu den Musikkapellen. Zu jeder Gruppe gab es haufenweise Informationen – das Gründungsjahr der Vereinigung, die Namen der Vorstände, die Zahl der Mitglieder und was weiß ich noch alles. Louis hatte gerade erst die dritte oder vierte Seite umgeblättert, da warf ich die Arme in die Luft.

„Hören Sie auf!", sagte ich. „Legen Sie das Buch weg. Wie soll ich denn das alles bis morgen lernen und verinnerlichen? Das kriege ich doch nicht alles in die Birne!"

„Ja", erwiderte er zögernd, „was wäre denn dann Ihr Vorschlag?"

„Ich sehe nur einen Weg", antwortete ich. „Sie sind der Fachmann, ich bin ein Ahnungsloser. Ich werde harmlose Fragen zu allem stellen, was mir auffällt. Und Sie können wie ein Goldfasan über den Teppich laufen und den Leuten erklären, worum es geht."

„Gut, wenn Sie meinen", sagte Louis und klappte das Buch zu.

Was soll ich sagen? Es lief fantastisch. Ich weiß nicht, ob ich schon mal zwei Stunden verbracht habe, die so im Flug vergingen wie die Übertragung vom Rosenmontagszug 1992. Louis und ich saßen für die ARD in einer Kabine in der Nähe des Doms. Mit wachsender Begeisterung schaute ich mir die Wagen an und fragte Louis alle möglichen Sachen, über die Hüte der Funkenmariechen oder kölsche Ausdrücke, die ich nicht kannte.

Es war mir, als hätten wir gerade erst angefangen, da lief schon der Nachspann im Fernsehen. Er war unterlegt mit einem Lied von Willi Ostermann – „Heimweh nach Köln". Louis zog einen Zettel mit dem Text aus seiner Tasche und wir fingen an, leise mitzusingen: „Ich mööch zo Foß noh Kölle gon." Im Ü-Wagen schoss Habertheuer vor Begeisterung fast durch die Decke. Er rief immer nur: „Weitermachen! Weitermachen!" Und als wir nach der Sendung die Kabine verließen, kam er uns schon entgegen. Er sagte: „Wunderbar, Hansch, wunderbar! Sie sind für das nächste Jahr schon wieder engagiert." Ich lachte und meinte: „Abwarten, Herr Habertheuer, abwarten."

Mit *ran* zu neuen Ufern

Erst als ich den Brief von Fritz Klein in den Händen hielt und dann langsam den Vertrag aus dem Umschlag zog, wurde mir endlich klar, dass ich nun ernstlich an einem Scheideweg stand. Es waren nur vier Blätter, ein Standardvertrag. Aber mein Blick suchte ohnehin nur die Zeile mit dem Gehalt. Ich verdiente damals ganz ordentlich als Geschäftsführer auf der Rennbahn. Dazu kamen die Prämien für meine Einsätze als Reporter. Für ein Bundesligaspiel im Radio erhielt ich rund 600 Mark, für ein Spiel im Fernsehen ungefähr 1.000 Mark. (Die genaue Summe richtete sich nach Kriterien, die ich nie ganz durchschaut habe. Für ein Spitzenspiel mit großer Reichweite bekam man mehr als für ein bedeutungsloses Duell im Mittelfeld der Tabelle.)

Wenn ich beide Jobs zusammennahm, konnte ich zwar keine Reichtümer anhäufen, kam aber auf ein wirklich gutes Einkommen. Das wusste Klein natürlich. Und so war sein Angebot tatsächlich so hoch, dass ich mich bei Sat.1 zumindest nicht verschlechtern würde. Wenn man jetzt noch bedenkt, welchen Gewinn an Lebensqualität mir der neue Posten in Aussicht stellte, machte Klein mir ein Angebot, dass ich eigentlich nicht ablehnen konnte.

Eigentlich. Denn gleich am nächsten Tag ging ich zuerst zu Heribert Faßbender, dann zu Dietmar Schott. Beiden sagte ich mehr oder weniger dasselbe: „Ich muss Ihnen etwas mitteilen. Mir liegt ein Angebot von Sat.1 vor. Es ist ein gutes Angebot, sogar ein sehr gutes. Aber ich sage Ihnen in aller Offenheit: Am liebsten würde ich bei Ihnen bleiben." Beide waren bestürzt, und vor allem Faßbender machte sehr deutlich, dass er alles versuchen würde, um mich bei der ARD zu halten. Im Grunde gab es für ihn nur einen Weg, das zu tun. Er musste versuchen, meine Position beim Sender so zu verbessern, dass ich den Job in Dinslaken aufgeben konnte.

Da gab es zum Beispiel die Möglichkeit einer Festanstellung. Es war beim WDR nicht selten, dass freie Mitarbeiter irgendwann einen ordentlichen Vertrag bekamen. Selbst Faßbender hatte als Freier angefangen, während seines Jurastudiums. Auch Hauffe oder Breuckmann waren zunächst freie Mitarbeiter und wurden dann später fest angestellt. In meinem Fall schien diese Lösung allerdings schon allein deswegen unwahrscheinlich, weil ich ja schon fast 54 Jahre alt war. Faßbender konnte auch versuchen, mir eine größere oder lukrativere Anzahl von Aufträgen zu verschaffen. Das war schwierig, denn es gab ja beim WDR die schon erwähnte 92-Tage-Grenze. Ich hoffte aber, dass man mich vielleicht davon befreien würde; schließlich war diese Regel bei anderen ARD-Anstalten unbekannt.

In jedem Fall versprach Faßbender, dass er Himmel und Erde in Bewegung setzen würde, um mir den Verbleib beim Sender zu ermöglichen. Er stellte sofort einen Antrag bei Friedrich Nowottny, dem Intendanten des WDR. Wie ich später erfuhr, lag der Brief erst mal sechs Wochen unbearbeitet auf Nowottnys Schreibtisch. Ob Werner Hansch beim WDR blieb oder nicht, das war ihm völlig wurscht. Ein paar Jahre später, unter seinem Nachfolger Fritz Pleitgen, wäre das vielleicht anders gewesen, doch Nowottny hatte mit Sport nichts am Hut.

Am 23. Mai kommentierte ich zusammen mit Kurt Emmerich das Pokalfinale zwischen Gladbach und dem Zweitligisten Hannover 96. Der Außenseiter, die Mannschaft aus Kurts Sendegebiet, gewann im Elfmeterschießen. Noch immer hatte ich den Vertrag bei Sat.1 nicht unterschrieben, also wusste ich nicht, dass diese Partie die letzte in Deutschland sein sollte, über die ich im Radio berichtete. Heute bin ich froh, dass Kurt mein Partner an jenem

Tag war, denn er ist einer meiner Lieblingskollegen bei der ARD gewesen.

Weniger als drei Wochen nach diesem Spiel begann die EM in Schweden. Es war das Turnier von „Danish Dynamite", der irren Mannschaft aus Dänemark, die erst gar nicht teilnehmen sollte, dann für das vom Krieg zerrissene Jugoslawien nachrückte und völlig überraschend das Endspiel gegen Deutschland gewann.

Am Tag vor dieser Begegnung traf ich Faßbender bei der Pressekonferenz der deutschen Mannschaft. „Haben Sie schon unterschrieben?", fragte er. „Nein", sagte ich. „Immer noch nicht." Er blickte mich ernst an. „Tun Sie mir bitte einen Gefallen, Hansch", sagte er. „Kommen Sie am Montag in mein Büro. Wir finden eine Lösung!"

Am folgenden Tag berichtete ich zusammen mit Hans-Reinhard Scheu vom SWR über das Finale zwischen Dänemark und Deutschland. Es war nach vierzehn Jahren als Radioreporter mein letzter Einsatz im Hörfunk. Aber das wusste ich in diesem Moment nicht. Noch hoffte ich, dass Faßbender einen Weg finden würde. Ich hoffte es, bis ich am Montag sein Büro betrat und sein Gesicht sah.

„Ob Sie es glauben oder nicht, Hansch", seufzte er. „Ich bin noch keinen Schritt weiter." Selbst einem Mann wie ihm war es nicht gelungen, beim schwerfälligen öffentlich-rechtlichen WDR jemanden zu finden, der eine Entscheidung treffen konnte, die nicht erst ein halbes Dutzend Gremien durchlaufen musste. „Damit Sie sehen, dass ich Ihnen nichts vormache, rufe ich jetzt den Klamroth an", sagte Faßbender. Jörn Klamroth war der neue Programmdirektor des WDR. Faßbender wählte eine Nummer und machte den Lautsprecher an.

„Büro Klamroth", meldete sich die Stimme der Sekretärin.

„Hier ist Heribert Faßbender, könnte ich wohl Herrn Klamroth sprechen?"

„Das geht leider nicht", flötete die Dame. „Er ist in einer Sitzung."

„Dann holen Sie ihn da raus", sagte Faßbender. „Es geht um eine wichtige Sache, ich muss ihn sofort sprechen."

Etwas später kam Klamroth an den Apparat. „Bei mir sitzt gerade der Herr Hansch", sagte Faßbender. „Ich muss ihm ein

Angebot machen, und zwar sofort. Sie haben doch meinen Antrag, oder?"

„Ja, den habe ich", sagte Klamroth. „Aber erst seit ein paar Tagen. Ich kann hier nicht einfach etwas anbieten. Das muss erst durch den Verwaltungsrat, dann muss der Justiziar das prüfen."

„Ist das Ihr letztes Wort, Herr Klamroth?", fragte Faßbender. „Muss ich den Herrn Hansch jetzt unverrichteter Dinge nach Hause schicken?"

„Ja, er muss da noch ein bisschen Geduld haben", antwortete Klamroth.

Faßbender bedankte sich und legte auf. Dann tat er etwas, was ich ihm bis heute hoch anrechne und was vielleicht erklärt, warum ich so große Stücke auf ihn halte.

„Herr Hansch", sagte er, „ich habe Sie damals zur *Sportschau* geholt. Und ich kenne ja das Angebot, das Ihnen Sat.1 gemacht hat. Deswegen gebe ich Ihnen nun einen guten Rat: Nehmen Sie dieses Angebot an. Etwas Besseres werden Sie hier niemals bekommen." Er deutete auf das Telefon. „Sie haben ja selbst gehört, dass ich hier nichts bewegen kann." Ich nickte. Daraufhin rief Faßbender die Sekretärin herein, eine gute Seele, die schon für Ernst Huberty gearbeitet hatte.

„Herr Hansch wird uns verlassen", sagte er zu ihr. „Doch er soll eines wissen: Wenn er bei seinem neuen Arbeitgeber nicht zurechtkommt, dann kann er durch diese Tür immer zurückkommen." Und damit zeigte er auf die Tür zu seinem Büro. Ich bedankte mich bei ihm für die gute Zusammenarbeit und ging schnell hinaus, damit er nicht sah, wie mir die Tränen in die Augen geschossen waren.

Als ich über den Parkplatz zu meinem Auto ging, wusste ich, dass ich mit Beginn der neuen Bundesligasaison ein neues Leben anfangen würde. Ohne Trabrennen, ohne Hörfunk, ohne den WDR. Aber noch ging ich davon aus, dass ich in einigen Wochen, Mitte Juli, zu den Olympischen Spielen nach Barcelona fliegen würde. Denn schließlich war ich im Hörfunkteam der ARD, und die Bundesliga startete erst Mitte August. Doch dann kam mir Michael Nowak in die Quere, der Pressesprecher von Sat.1. Ende Juni, nach der Vertragsunterzeichnung, verkündete er: „Hansch verstärkt das Team von *ran*!"

Daraufhin setzten sich die Programmdirektoren der ARD zusammen und bestimmten – ich glaube, mit 8:3 Stimmen –, dass ich aus der Olympiamannschaft gestrichen werden sollte. Ich weiß, dass die Entscheidung nicht einstimmig war, weil ich einen Brief von Gernot Roman bekam, dem Programmdirektor Hörfunk des NDR, in dem er sich bei mir für die Abstimmung entschuldigte. Er versicherte mir, dass mein Fall der letzte wäre, in dem so entschieden wurde. Künftig, schrieb er, würden die Reporter bis zum letzten Tag ihres Vertrages nur nach ihren Fähigkeiten ausgewählt, egal, was sie danach täten. Das tat gut. Es änderte aber nichts daran, dass ich nicht nach Barcelona fahren konnte, was eine große Enttäuschung für mich war.

Und der Karneval? Der wurde erst einige Jahre später noch mal ganz kurz ein Thema, und zwar am 10. November 1997 im Kölner Hotel Maritim. Dort wurde der deutsche Telestar verliehen, damals die höchste Auszeichnung im Fernsehen. Unter den Preisträgern war ein Sat.1-Reporter namens Werner Hansch. Irgendwann an diesem Abend bahnte sich ein Mann durch die Menge den Weg zu mir.

„Herr Hansch", sagte er, „ich möchte Ihnen gerne zu diesem tollen Preis gratulieren!"

„Ach!", rief ich. „Herr Habertheuer! Was ist denn mit dem Rosenmontagszug? Sie hatten mich doch schon wieder engagiert. Ich habe aber nichts mehr von Ihnen gehört."

„Tja, Herr Hansch", antwortete er mit einem zerknirschten Gesichtsausdruck. „Sie sind ja dann zu Sat.1 gegangen." Er machte eine Pause. Dann sagte er: „Und so viel Humor haben die Kölner Karnevalisten beim WDR dann auch nicht."

Meine größte Nacht am Mikrofon

Ein geiles Tor

Es waren noch sieben Minuten zu spielen. Angefeuert von ihren Fans, griffen die Nürnberger an, um den 1:3-Rückstand vielleicht doch noch aufzuholen. Schalke verteidigte mit Mann und Maus, sogar mit dem Russen Alexander Borodjuk, einem offensiven Mittelfeldspieler. Im eigenen Strafraum fing dieser Borodjuk nun einen Ball der Nürnberger ab. Er war ein sehr sensibler Spieler, aber ein guter Techniker. Er schlug einen weiten Pass auf die linke Außenbahn. Dort kam Mike Büskens im Sturmschritt heran. Es war alleine schon sehenswert, wie er den Ball an- und mitnahm. Büskens lief noch 20, 25 Meter, dann zog er ein bisschen nach innen und schoss mit dem linken Fuß.

Der Ball hatte enorm viel Schnitt und beschrieb eine Kurve, als er auf das rechte obere Toreck zuflog. Für Nürnberg stand Andreas Köpke zwischen den Pfosten, der Ersatztorwart der deutschen Nationalelf. Verzweifelt streckte er sich nach dem Ball und erwischte ihn auch tatsächlich noch mit der Hand. Doch der Schuss von Büskens hatte so viel Wucht, dass Köpkes Finger nach hinten gebogen wurden. Der Ball flog genau in den Winkel.

Ich schlug meinem Redakteur Christoph Pauly, der neben mir saß, auf die Schulter und rief: „Hast du das gesehen? Wahnsinn! Mann, was für ein Tor!“ Noch nach dem Abpfiff, auf dem Weg hinunter in den Ü-Wagen, unterhielten wir uns über diesen Treffer. Büskens schoss alle Jubeljahre mal ein Tor – und dann so ein Ding!

Während die Kollegen den Spielbericht zusammenschnitten, sagte der Regisseur zu mir: „Hör mal, Werner, ich zeig dir das Tor noch mal, denn ich habe da noch ein Bild von der Sechzehner flach.“ Gemeint war eine Kamera auf der Höhe des Strafraums. Wieder sah ich Köpke vergebens fliegen und den Ball im Netz zappeln. Da rief der Regisseur mich schon wieder: „Werner, und jetzt schau dir das mal an! Die Hintertorkamera von der anderen Seite.“ Die hatte das Tor auch eingefangen. Da konnte man besonders schön sehen, welche wahnsinnige Flugkurve der Ball hatte.

Es war der 3. April 1993. Seit acht Monaten waren wir mit unserer neuen Fußballshow auf Sat.1 zu sehen. An diesem Tag war ich an dritter oder vierter Stelle. Das heißt, dass vor meinem Bericht vom Spiel zwischen Nürnberg und Schalke noch Ausschnitte von einigen anderen Partien über den Sender gingen. Ich saß also dort im Ü-Wagen und schaute mir immer wieder das Tor von Büskens an, aus allen möglichen Perspektiven. Zur selben Zeit hörte ich auch mit einem Ohr auf die Berichte meiner Kollegen aus den anderen Stadien. Während ich da so saß und auf meinen Einsatz wartete, vernahm ich zweimal, dass ein Kommentator so etwas sagte wie: „Welch ein Tor!" Ich schaute dann kurz auf den Monitor, um die Wiederholung des Treffers zu sehen, und schüttelte den Kopf. Nein, so schön wie der Hammer von Büskens war keines dieser Tore gewesen.

Dann sah ich den Moderator im Studio. Auch er war aus Faßbenders *Sportschau*-Team zu Sat.1 gekommen: Jörg Wontorra, der ehemalige Sportchef von Radio Bremen. Wir zwei waren bei Weitem nicht die Einzigen, die Fritz Klein von den Öffentlich-Rechtlichen weggelockt hatte. Da waren zum Beispiel Thomas Herrmann, zuvor Wintersportexperte im ZDF, und Michael Lion, der bei der WM 1990 ARD-Programmchef gewesen war und nun bei Sat.1 den Titel Programmdirektor trug.

Lion brachte vom SFB Johannes B. Kerner mit, der ebenfalls als Moderator eingeplant war. Und da war natürlich der neue Sportchef von Sat.1, ein Mann, den Klein von Premiere geholt hatte, damit er die neue Bundesliga-Show namens *ran* konzipieren sollte. Es war kein anderer als Reinhold Beckmann. Formal war Beckmann unser Chef; praktisch war es eher Lion. Letzterer trat nie selbst auf dem Schirm in Erscheinung, war aber ein genialer Stratege. Lion war der entscheidende Mann.

Im Studio kündigte Wontorra nun den Bericht aus Nürnberg an. Ich war an der Reihe. Wie immer hatte ich nichts geplant und erst recht nichts aufgeschrieben. Als die MAZ zu laufen begann, redete ich drauflos und wusste noch nicht, was ich sagen würde, wenn wir zum Büskens-Tor kamen. Dann sahen die Fernsehzuschauer den Pass von Borodjuk und den herrlichen Schuss. Ich weiß nicht mehr genau, welche Worte ich fand, aber als sie mir über die Lippen gekommen waren, erschienen sie mir der Sache nicht angemessen, nicht ausreichend. Dann kam die zweite Zeitlupe und es rutschte mir halt so raus. „Ein geiles Tor!“

Um es mit einer Untertreibung zu sagen, das hat damals großen Wirbel ausgelöst. Selbst Kollegen, vornehmlich von den Öffentlich-Rechtlichen, haben sich aufgeregt. Von diesem Moment an hatte ich mein Image weg als der Mann, dem entweder die Kodderschnauze durchgeht oder der übertrieben blumige Bilder malt. Dabei war es nun wirklich nicht das erste Mal, dass ich mich ein wenig salopp ausgedrückt hatte. Jetzt aber saß ich unter einem Brennglas – nämlich im Fernsehen –, und aus Mücken wurden Elefanten.

In der Rückschau glaube ich, dass ich in meinen 33 Jahren am Mikrofon die Genialität eines Tores nie kürzer eingefangen habe als mit diesem Ausruf. Der ja, das darf man nicht vergessen, damals völlig geläufig war, wenn auch eher als Teil der Jugendsprache. Ich war auch nicht der Erste, der das Wort im Fernsehen in den Mund nahm, daher konnte ich das ganze Bohei nicht nachvollziehen.

An diesem Tag im April begann die Sammelwut der Sprachwächter – oder vielleicht auch der Sprachliebhaber. Heute findet man im Internet, so habe ich mir sagen lassen, überall lange Listen mit Sätzen und Sprüchen von mir. Das aber war auch schon Mitte der 1990er so, da wurden sie nur in Magazinen wie *Sport Bild* abgedruckt, damit die Leser ihre Meinung dazu kundtun konnten. Aber ich habe mich davon so wenig beeindrucken lassen wie von der Hysterie um das „geile Tor“. Denn ich bekam ja auch sehr viele herausragende Kritiken. Im Januar 1994 wurde ich sogar für meine Kommentierung eines Spiels zwischen Borussia Dortmund und Bayern München für den Grimme-Preis nominiert.

Man muss seinem Stil treu bleiben, er ist ja der einzige, den man hat. Und so sah ich Schalke an einem Freitag im März 1994 in Bremen durch ein Tor gewinnen, bei dem Werders Torwart Oliver Reck keine gute Figur machte, und sagte: „Es gibt Momente, da muss man alles sehen, aber trotzdem beide Augen zudrücken.“ Am folgenden Tag nannte ich das Spiel zwischen Dortmund und Wattenscheid 09 „ein gnadenloses Gegurke“ (was es auch eindeutig war) und stellte an anderer Stelle fest: „Es ist schon über so viele Dinge Gras gewachsen, dass man bald keiner Wiese mehr trauen kann." All dies fand ich nur Tage später in den Zeitungen der Republik wieder, als hätte es nichts Wichtigeres gegeben als die Worte, die ein Singvogel im Fernsehen fand, um Fußball zu beschreiben. Dabei waren Ausdrücke wie „geil" doch längst ihrer geschlechtlichen Bedeutung enthoben und eher abstrahiert zu verstehen.

Seltsam nur, dass sich niemand aufregte, als ich im Mai 1994 aus Rom kommentierte und wirklich in den Genitalbereich abglitt. Es lag vermutlich daran, dass ich vom Tennis berichtete. Der Sender hatte Rechte an dieser Sportart und wusste, dass ich nicht nur ein großer Tennisfan war, sondern mit Leidenschaft selbst spielte. (Ein Thema, auf das wir noch zurückkommen müssen.) Und so gehörte ich zum Team, das nach Rom geschickt wurde, um von den Offenen Italienischen Tennismeisterschaften zu berichten. Unser Experte war Günther Bosch, der langjährige Bundestrainer und auch Coach von Boris Becker.

In der zweiten Runde traf Michael Stich auf Alberto Berasategui, einen Spanier mit einer furchterregenden Vorhand. Plötzlich kam es zu Unstimmigkeiten über einen Ball von Berasategui, den Stich im Aus gesehen hatte. Die Spieler diskutierten mit dem Schiedsrichter, aber Bosch und ich hatten ja die Hilfe der Zeitlupe. Ich schaute mir also die verlangsamte Wiederholung des Schlages von Berasategui an.

„Klare Sache, der Ball war im Aus", sprach ich in den Puster. „Und zwar um Schamhaaresbreite."

Neben mir zuckte Bosch zusammen. Kaum waren wir nicht mehr auf Sendung, da sagte er: „Herr Hansch, wie konnten Sie denn … na, dieses Wort in den Mund nehmen?"

„Nun, Herr Bosch", erklärte ich ihm, „die Sache hatte durchaus einen Hintersinn. Schamhaare sind dicker als normale Haare. Ich wollte also nur zum Ausdruck bringen, dass der Ball recht deutlich im Aus war."

Zum Glück gab es diesmal nicht so einen Skandal wie um das Büskens-Tor. Niemandem war der Ausdruck aufgefallen. So dachte ich jedenfalls. Doch viele Jahre später sah ich in der Wartehalle des Hamburger Flughafens zufällig Michael Stich, der seine Karriere zu diesem Zeitpunkt schon längst beendet hatte. Ich ging zu ihm hinüber und stellte mich vor.

„Guten Tag, Herr Stich! Ich weiß nicht, ob Sie sich an mich erinnern, mein Name ist Werner Hansch."

„Und ob ich mich erinnere", sagte Stich. „Sie sind doch der, der damals in Rom gesagt hat: Der Ball ist aus – um Schamhaaresbreite."

Ein unterschlagenes Tor

Wie Fritz Klein es mir in Aussicht gestellt hatte, war ich Leiter der *ran*-Redaktion in Dortmund geworden. Unser erstes Büro lag im Norden der Stadt, an der Bornstraße. Der Bezirk war damals noch nicht ganz so berüchtigt wie heute, aber ein angenehmes Arbeiten sah anders aus. Wir hatten das Souterrain eines stillgelegten Spaßbades namens Tropa Mare angemietet, aber schon nach der ersten Arbeitswoche rief ich Beckmann an.

„Reinhold, hier bleibe ich keine drei Monate", sagte ich.

„Du kennst dich doch aus in Dortmund", erwiderte er. „Dann such dir was anderes!" Geld spielte ja keine Rolle, jedenfalls in den ersten Jahren noch nicht.

Ich fand schließlich eine ehemalige Jugendherberge am südlichen Rand Dortmunds. Das Gelände war inzwischen von Ernst Claußmeyer erworben worden, dem Gründer des Radrennstalls RC Olympia. Er plante, dort ein großes Radsport-Leistungszentrum zu errichten. Claußmeyer vermietete uns Büroräume, und im Dezember 1992 zogen wir vom Norden in den Süden.

Das Team hatte ich selbst zusammengestellt und mit Leuten besetzt, die mir in den Jahren zuvor positiv aufgefallen waren, zum Beispiel Jörg Seveneick. Als Reporter für Radio Emscher Lippe hatte er gute Kontakte zu Schalke 04 (heute arbeitet er unter anderem bei Schalke TV), und er lernte schnell, wie man Fernsehberichte macht. Von RTL West, das damals auch eine kleine Sportsendung hatte, kam Uwe Bornemeier in unsere Mannschaft, um über den BVB zu berichten. Für den VfL Bochum holte ich einen jungen Mann namens Daniel Günther, den ich vom SWF kannte. Dazu stießen Dirk Froberg, der leider schon verstorbene Rolf Salgert und zwischendurch auch mal, als Duisburg-Experte, Claudio Luciani. In der Blütezeit hatte ich mehr als ein halbes Dutzend Redakteure und Filmemacher, die ich für Berichte einteilen konnte. Und natürlich eine Sekretärin.

Ich hatte von Anfang an eine bestimmte im Auge. Ich wollte unbedingt Astrid Keppmann haben, zu jener Zeit die Sekretärin des Dortmunder Managers Michael Meier. Sie war perfekt, weil sie im Fußball bestens Bescheid wusste und alle Protagonisten kannte. Ich hatte mich schon mit ihr geeinigt. (Nicht zuletzt, weil sie bei mir ein deutlich besseres Gehalt bekommen hätte als beim BVB.) Doch da sagte Meier zu mir: „Wenn Sie mir die Frau Keppmann wegnehmen, Herr Hansch, dann lasse ich die Jalousien runter. Dann können Sie auf eine Zusammenarbeit mit Borussia Dortmund nicht mehr hoffen!"

Da musste ich meinen Plan ändern. Wir schrieben die Stelle aus. Aus den vierzig Einsendungen haben wir zehn Bewerberinnen ausgewählt und zu einem Vorstellungsgespräch eingeladen. Da saß ich nun und befragte die Damen zu ihrer beruflichen Vergangenheit oder nach ihrem Verhältnis zum Sport. Es war eine seltsame Situation für mich, da ich so etwas noch nie gemacht hatte. Aber ich war ja nun Chef, also musste ich auch Personalentscheidungen treffen. Die schließlich gefundene Sekretärin erwies sich dann als Glücksfall – Spaß gemacht hat mir dieser Aspekt meiner neuen Position dennoch nicht.

Weil immer ein Redakteur zuständig für einen bestimmten Verein war, dort fast jede Trainingseinheit sah und ein gutes Verhältnis zu den Spielern pflegte, waren wir bestens informiert. Das war auch nötig, denn wir hatten ein sehr aufwendiges Sendeschema zu bewältigen. Es gab ja nicht nur am Wochenende die beiden *ran*-Shows (eine am Freitag und dann das Flaggschiff am Samstag). Zusätzlich kam sonntags die Sendung *ranissimo,* die in den ersten Jahren ausführlich von der Serie A berichtete, weil dort viele deutsche Spieler aktiv waren. Außerdem mussten wir an jedem Wochentag Material für das Frühstücksfernsehen sowie für *täglich ran* liefern, eine Sportsendung, die in ihrer Hochphase fünfzehn Minuten dauerte.

Deswegen gab es morgens um 11 Uhr immer eine Schaltkonferenz, an der alle Redaktionen beteiligt waren. Zuerst wurde die

Sendung des vergangenen Abends kritisiert. Da konnte es schon richtig zur Sache gehen. Danach wurden die Themen für die bevorstehende Sendung diskutiert und verabschiedet. Sobald sie feststanden, wurden die Kollegen ausgewählt, die diese Beiträge machen sollten. Meistens waren es die, die dank ihrer Kenntnisse über einen bestimmten Verein das Thema auch vorgeschlagen hatten. Dann besorgten sich diese Redakteure ein Kamerateam, um aktuelle Bilder zu bekommen. (Es waren stets freie Teams, keine festangestellten.) Der Abgabeschluss war in der Regel um 17.30 Uhr, dann mussten alle Beiträge der Hauptredaktion in Hamburg-Jenfeld vorliegen.

Damit das überhaupt so klappen konnte, hatten wir bei uns im Westen allein drei verschiedene Produktionsstätten, in denen die Kollegen ihre Beiträge schneiden und vertonen konnten, bevor sie nach Hamburg geschickt wurden. Es war also ein sehr großer und kostenintensiver Apparat, aber er funktionierte lange Zeit gut.

Neben unserer täglichen Telefonkonferenz gab es auch an jedem Montag in Hamburg eine große Runde mit Vertretern aller Außenredaktionen. Das mussten nicht notwendigerweise die Leiter der Redaktionen sein, denn der Termin war natürlich mit einigem Reisestress verbunden. Also habe ich schon mal Daniel Günther oder Dirk Froberg nach Hamburg geschickt, doch ziemlich häufig nahm ich die Aufgabe selbst wahr.

An diesen ganzen Konferenzen kann man schon sehen, dass beim Privatfernsehen eine mir bis dahin völlig unbekannte und intensive Diskussionskultur herrschte. Alles wurde besprochen, kritisiert und hinterfragt. Meistens sehr emotional. Montags wurde jeder einzelne Spielbericht, der zwei Tage vorher bei *ran* gelaufen war, detailliert auseinandergepflückt. Manchmal kam Ernst Huberty zu diesen Runden dazu. Er bildete Reporter für uns aus und war so etwas wie der Chefkritiker. Huberty war und ist ein toller Typ, von dem man viel lernen kann, ein brillanter Analytiker.

Aber nicht nur hinter den Kulissen war vieles anders, als ich – und nicht nur ich – das bisher kannte. Die Samstagsshow *ran* fand vor Studiopublikum und in seltsamen, bunten Kulissen statt. Vor der Sendung brachte ein sogenannter Anheizer das Publikum in

Wallung. Dann stolzierte der Moderator eine Treppe herunter und wurde mit mindestens so viel Beifall begrüßt wie Thomas Gottschalk zu Beginn von *Wetten, dass ...?*. Mir persönlich gefiel das Star-Gehabe um die Moderatoren gar nicht, und ich habe das bei den Konferenzen wieder und wieder kritisiert. Ich hatte das Gefühl, dass dieses Tamtam und Trara zu Beginn der Show Erwartungen weckte, die man nicht erfüllen konnte, denn die Sendung bestand nun einmal aus normaler Sportberichterstattung.

Die öffentliche Meinung – oder eher die veröffentlichte – sah das allerdings anders. Man warf uns vor, dass wir die Spiele besser machten, als sie waren. Diese Kritik war unzutreffend, denken wir nur an meinen Satz vom „gnadenlosen Gegurke". Es gab nie eine Anweisung, nach der wir den Fußball hochjazzen sollten, und wir taten es auch nicht. Niemand hatte eine Schere im Kopf. Was den Kritikern buchstäblich ins Auge stach, das war die knallbunte Aufmachung, der Killefit am Anfang. Von dem schlossen sie auf den Rest, und deswegen war die Kritik so undifferenziert. Wir Reporter berichteten sozusagen von der Stadionfront, wurden aber in die bunte Tüte eingepackt, die man im Studio aufgemacht hatte.

Zum festen Stamm unserer Bundesligareporter – also der Leute, die die Spielberichte kommentierten – gehörten die Leiter der einzelnen Redaktionen, zum Beispiel Thomas Herrmann (München), Uli Voigt (Köln), Jörg Dahlmann (Mainz) und ich. Von Zeit zu Zeit konnte auch mal einer aus meinem Dortmunder Team ein Spiel kommentieren, etwa Daniel Günther oder Jörg Seveneick, aber in der Regel rekrutierte sich ein Sprecher aus diesem kleinen Kreis. Das war gewollt und sinnvoll, denn auch im Fernsehen ist es ganz wichtig, Wiedererkennbarkeit zu schaffen. Die *Sportschau* arbeitete ja auch so.

Was aber ganz anders funktionierte als bei der *Sportschau*, das war die Einteilung der Spielberichte. Man sollte meinen, dass ich, als Leiter der Redaktion in Dortmund, die Spiele im Westen übernahm, so wie das in der ARD ablief. Doch bei Sat.1 wurde darauf geachtet, dass man möglichst häufig wechselte. Montags teilte Axel Balkausky, unser Chef vom Dienst, die Reporter ein, und meistens war nur eines sicher, nämlich dass man eine Mannschaft bekam, die man schon länger nicht mehr kommentiert hatte.

Natürlich war das sehr teuer für den Sender, denn es passierte nicht selten, dass ich am Samstag in Berlin arbeitete und am Sonntag in Freiburg, bevor ich dann am Montag entweder zurück nach Dortmund reiste oder gar zur großen Runde nach Hamburg. Doch das System sorgte auch dafür, dass niemand in einen Trott verfiel, alles war immer frisch und neu und aufregend. Manchmal zu aufregend. Ich kann mich an ein Spiel in Rostock erinnern, für das ich mit meinen beiden MAZ-Redakteuren nach Berlin fliegen musste. Dort stand ein Mietwagen, der uns nach Rostock bringen sollte. Doch auf der Autobahn gerieten wir in einen Stau, der einfach kein Ende nehmen wollte.

Ich telefonierte verzweifelt mit Hamburg, und wir versuchten sogar, einen Hubschrauber anzufordern. Das Problem war nur, dass er entlang der Strecke nirgends landen konnte. So ergaben wir uns in unser Schicksal. Anstatt wie üblich zwei Stunden vor Spielbeginn am Stadion zu sein, um noch eine Regiebesprechung zu machen und mit den beiden Trainern zu reden, lief das Spiel bereits, als wir eintrafen – und das erste Tor war auch schon gefallen. Erst als wir den Schnitt machten, habe ich es zu Gesicht bekommen, aber meinem Kommentar konnte man das nicht anmerken. Das hoffe ich jedenfalls.

Ein Tor auf diese Weise zu verpassen, ist also ärgerlich, aber noch zu verschmerzen, denn der Zuschauer merkt ja von der Panne nichts. Wir haben aber auch mal einen Treffer komplett vergessen! Es passierte, das will ich zu unserer Entschuldigung sagen, bei einem Abendspiel. Diese Partien – am Freitag oder am Sonntag – waren knifflige Angelegenheiten, weil wir kaum Zeit bis zum Beginn der Sendung hatten. In jenen Jahren wurden zwei Spiele freitags um 20 Uhr angepfiffen. Die *ran*-Sendung fing um 22 Uhr an, also nur eine Viertelstunde nach dem Schlusspfiff. Noch abenteuerlicher war das sonntags. Da gab es zwar nur ein Spiel, doch es begann um 18 Uhr – und *ranissimo* startete um 19 Uhr.

Natürlich war es unser Bestreben, den Bericht vom Sonntagsspiel möglichst kurz nach dem Abpfiff in die schon laufende Sendung zu bekommen. Deswegen wurde bei solchen Spielen „fortlaufend geschnitten“, das heißt, dass die einzelnen Szenen für den

Spielbericht schon zum Ü-Wagen geschickt wurden, während die Begegnung noch im Gange war. Ich bekam dann den fertigen Bericht hoch in meine Kabine und sprach dort den Kommentar. Wenn Spiele in der Schlussphase plötzlich kippten und noch viele Szenen eingefügt werden mussten, dann kamen wir ganz schön ins Rotieren.

Der 25. August 1996 war ein solcher Sonntag, an dem wir unter großem Zeitdruck standen. Der MSV Duisburg empfing am 3. Spieltag der neuen Saison Bayern München. Die Sache war recht früh entschieden, denn nach einer Stunde führten die Bayern schon mit 3:0. Irgendwann fing die Kamera ein, wie der Münchener Stürmer Alexander Zickler den Ball bei einer Spielunterbrechung wie einen Kreisel auf seinem Zeigefinger rotieren ließ. Ich gab meinen MAZ-Redakteuren durch, dass ich diese Szene haben wollte – und zwar als Schlussbild. So wusste ich, mit welchem Motiv der Zusammenschnitt enden würde, und konnte auch noch ein schönes Fazit darübersprechen.

Kurz vor dem Abpfiff bekamen die Bayern einen Eckstoß von der linken Seite. Marcel Witeczek brachte den Ball herein, Christian Ziege schoss aufs Tor, und Duisburgs Torwart Holger Gehrke hielt glänzend. Da kam mein Aufnahmeleiter herein und verhängte das Fenster zur Sprecherkabine mit einem schwarzen Tuch, damit ich in Ruhe den Zusammenschnitt vertonen konnte. In einigen Stadien, und das Duisburger gehörte dazu, konnten die Zuschauer nach dem Schlusspfiff problemlos auf die Pressetribüne gelangen. Einige machten sich dann einen Spaß daraus, vor meiner Kabine Grimassen zu schneiden, um mich aus dem Konzept zu bringen. Daher der Vorhang.

Auf dem Monitor sah ich noch mal den Schuss von Ziege, weil die Chance für den Bericht ausgewählt worden war. Ich kommentierte die Szene und lobte die Parade des Torwarts. Dann sah ich Zicklers Finger mit dem kreiselnden Ball und wusste, dass dies das Ende der Zusammenfassung war. Ich sprach das abschließende Fazit und der Bericht war fertig.

Der Moderator im *ranissimo*-Studio war Reinhold Beckmann. Sein Studiogast an dem Tag hieß Christoph Daum. Als der Bericht gelaufen war, sagte Beckmann sinngemäß so etwas wie: „Na, das war ja eine klare Sache für die Bayern. Jetzt wollen wir noch eine Stimme hören. In Duisburg steht Uli Hoeneß für uns bereit." Ich werde nie vergessen, wie Hoeneß ins Bild kam. Er fläzte sich in einem Sessel und hatte ein breites Grinsen auf dem Gesicht. „Guten Abend, Herr Beckmann", meinte er. „Zuerst mal muss ich sagen, das Spiel endete nicht 3:0, sondern 4:0."

In meiner Kabine im Duisburger Wedaustadion schlug ich die Hände vors Gesicht. Uns war ein Tor entgangen! Das absolut Schlimmste, was einem Reporterteam passieren kann. Geschehen war dies: Gehrke hatte den Schuss von Ziege ins Toraus gelenkt. Während die Scheibe meiner Kabine verhängt wurde, gab es noch einen weiteren Eckball für die Bayern. Wieder flankte Witeczek, wieder schoss Ziege – aber diesmal segelte der Ball ins Netz.

Da ich dieses Tor überhaupt nicht gesehen hatte, wäre es die Aufgabe des Ablaufredakteurs im Ü-Wagen gewesen, meinem MAZ-Redakteur zu sagen, dass noch eine weitere Szene in den Bericht gehörte. Das tat er aber nicht. Vermutlich sah er unten im Wagen auf seinem Monitor die zweite Ecke von Witeczek und den zweiten Schuss von Ziege und hielt es für eine Wiederholung. Aber wie der Fehler passiert war, das war am Ende ebenso unerheblich wie die Tatsache, dass mich keine Schuld traf. Ich wollte trotzdem am liebsten im Boden versinken.

Draußen traf ich Hoeneß. „Machen Sie sich keinen Kummer, Hansch", sagte er zu mir. „Nehmen Sie es mir aber bitte nicht übel, dass ich den Fehler korrigiert habe, das musste ich tun." Ich antwortete, dass ich selbstverständlich nicht wütend auf ihn war. Er konnte ja schlecht darüber hinwegsehen, dass wir seiner Mannschaft ein Tor geklaut hatten. „Das kann mal passieren", sagte Hoeneß. „Ich weiß ja, unter welchen Bedingungen ihr vom Fernsehen arbeiten müsst."

Late-Night-Gäste

Wie schon die Aufregung um das Büskens-Tor gezeigt hatte, bekam ich durch das Fernsehen eine völlig neue Aufmerksamkeit. Mit einem Mal war ich in die Liga der Prominenten aufgestiegen und wurde in alle möglichen Talkshows eingeladen. Es fing an mit *3 nach 9* bei Radio Bremen. Die Moderatoren waren Giovanni di Lorenzo und die ganz wunderbare Kollegin Juliane Bartel, die leider schon ein paar Jahre später verstarb. Da saß ich auf einmal zwischen Politikern wie Christian Wulff und schillernden Figuren wie dem Modedesigner Rudolph Moshammer.

Danach kamen Sendungen wie *Riverboat* vom MDR, wo ich Stefan Raab zum ersten Mal traf, oder *Willemsens Woche* im ZDF. Der Moderator Roger Willemsen hat mich durch seine ruhige und kluge Art, Fragen zu stellen, stark beeindruckt. Und dann, zehn Tage vor Weihnachten 1994, folgte der berühmte Abend mit Gottschalk.

Bei RTL hatte Thomas Gottschalk damals eine einstündige Late-Night-Show. Es war eine Live-Sendung aus den Bavaria-Studios in München, die werktags um 23.15 Uhr lief. Nachdem ich geschminkt worden war, setzte ich mich in den Aufenthaltsraum und wartete mit den anderen Gästen auf den Beginn der Sendung. Da saß Christian Schwarz-Schilling, der ehemalige Postminister. Daneben Katarina Witt, die ein Buch über ihr Leben als Eiskunstläuferin veröffentlicht hatte. Und der Fußballer Maurizio Gaudino von Eintracht Frankfurt. Er war in die Sendung eingeladen worden, weil es einen Riesenärger bei der Eintracht gab. Gaudino und zwei andere Spieler (Anthony Yeboah und Jay-Jay Okocha) hatten die Teilnahme an einem Spiel verweigert und waren von Trainer Jupp Heynckes suspendiert worden.

Zwischendurch kam ein Redakteur herein und ging noch einmal die Gesprächsthemen mit mir durch. Er hatte große Zettel bei sich, auf denen in dicker Blockschrift Stichwörter standen. Die würden während der Sendung hinter der Kamera hochgehalten, damit Gottschalk im Interview von einem Punkt zum nächsten kam. Am Ende sagte der Redakteur: „Herr Hansch, ich muss Sie noch darauf hinweisen, dass es durchaus sein kann, dass Tommy alles über den Haufen wirft und was ganz anderes macht.“ So war es dann auch; Gottschalk hielt sich an nichts und fragte kreuz und quer.

Trotzdem war es eine sehr schöne Sendung, und die Atmosphäre war wunderbar. Das Konzept der Show sah vor, dass die Gäste einzeln hereinkamen und interviewt wurden, nach dem Gespräch aber sitzenblieben, sodass sich eine immer größere Runde ergab. Katarina Witt war die Erste. Nach ihr kam Gaudino. Er fuhr auf diesen modernen Rollschuhen – Rollerblades – ins Studio, um dem Eislaufstar Witt seine Reverenz zu erweisen. Später legten die beiden sogar ein kleines Rollschuhtänzchen aufs Parkett, das ich aus meinem Sessel kommentieren sollte.

„Die Prinzessin auf der Erbse versucht, einem kanadischen Baumfäller das Walzertanzen beizubringen", begann ich. „Auf Stollen lief es in letzter Zeit nicht so gut bei Maurizio. Ich glaube, in Frankfurt drücken jetzt manche die Daumen, dass er richtig auf die Schnauze fällt. Dann haben sie einen schönen Versicherungsfall."

Als die Sendung vorbei war, standen wir auf und machten uns durch die Kulissen zurück auf den Weg in den Aufenthaltsraum. Witt ging zuerst, dann kam Gaudino, dann ich. Unterwegs blieb ich stehen, um auf einer großen Tafel, auf der sich alle Gäste verewigten, mein Autogramm zu hinterlassen. Dann ging ich weiter in den Aufenthaltsraum. Ich schaute mich um. „Wo ist denn Maurizio?", fragte ich Gottschalk. Da liefen schon die ersten Leute vom Produktionsteam aufgeregt den Gang entlang und redeten durcheinander. „Tommy!", sagte einer, „die haben den Gaudino verhaftet!"

Wir erfuhren, dass fünf oder sechs Beamte ihn noch in den Kulissen in Empfang genommen und abgeführt hatten. Gottschalk war sehr betroffen. Zusammen mit Witt organisierte er sofort einen Anwalt, der noch in der Nacht zum Polizeipräsidium fuhr. Die Polizisten hatten ja niemandem etwas gesagt, daher wusste wir nicht, was vorgefallen war und was man Gaudino vorwarf. Erst später hörten wir, dass er im Zusammenhang mit Versicherungsbetrug und Autoschieberei festgenommen worden war.

Es war nach zwei Uhr in der Nacht, als ich zurück ins Hotel kam. Ich wollte schon ins Bett gehen, doch meine Reporterehre war stärker als meine Müdigkeit. Ein Nationalspieler, der im Sommer noch für Deutschland bei der WM in den USA gewesen war, jetzt verhaftet im Fernsehstudio! Und ein Sat.1-Mann war sozusagen live dabei gewesen!

Ich rief die Redaktion unseres Frühstücksfernsehens an und berichtete kurz, was passiert war. „Wunderbar, Hansch!", sagte der Redakteur. „Bleiben Sie am Apparat, wir zeichnen gleich ein Telefoninterview mit Ihnen auf!" Es war inzwischen fast drei Uhr morgens, aber ich gab das Interview, und wir hatten bei Sat.1 eine tolle Story. RTL hingegen – der Sender, bei dem das alles passiert war – verschlief die Sache komplett.

Als ich am nächsten Morgen hinunter zum Frühstück ging, hatten schon fünf Zeitungen an der Rezeption Nachrichten für mich hinterlegt. Alle wollten meine Augenzeugengeschichte hören. Der Fall Gaudino beherrschte landesweit die Schlagzeilen, aber wir von Sat.1 hatten als Erste ausführlich darüber berichten können. Dafür bekam ich später ein Dankschreiben von der Redaktion des Frühstücksfernsehens.

Zwei Hände am Pott

Allerdings muss man auch sagen, dass die Zusammenarbeit bei Sat.1 nicht immer so kollegial und reibungslos funktionierte. Es gab, wie man sich nur allzu gut vorstellen kann, natürlich auch Spannungen hinter den Kulissen, von kleinen Eifersüchteleien bis hin zu großen Profilneurosen. Eine unserer internen Streitigkeiten blieb leider nicht hinter den Kulissen, sondern schaffte es sogar in die *Bild am Sonntag*.

„Riesenärger mit Beckmann! Schmeißt Wontorra hin?", lautete die Überschrift am 11. Mai 1997. Im Text war dann die Rede von einem Krach, der „schon seit Wochen schwelt", sowie von einer „Dauerfehde" zwischen den beiden *ran*-Moderatoren. Dabei war der Auslöser des „Riesenärgers" gar kein offener Konflikt zwischen Wontorra und Beckmann. Sondern ich. Zu tun hatte das Ganze mit meinem größten Tag als Fernsehkommentator.

Die Sache passierte am Mittwoch vor dem BamS-Bericht. Wir hielten in Hamburg sozusagen unsere Saison-Abschlusskonferenz ab, es waren mindestens 70 Kollegen da. Zwar standen noch einige große Spiele an, aber die meisten Rechte lagen nicht bei uns. Marcel Reif würde am Abend dieses Tages für RTL das erste Finale im UEFA-Cup zwischen Schalke und Inter Mailand kommentieren und auch das Endspiel der Champions League zwischen Dortmund und Juventus Turin. Die ARD hatte das Finale im Europacup der Pokalsieger (das Wilfried Mohren übernehmen sollte) und das Endspiel des DFB-Pokals (was Gerd Rubenbauer bekam). Es blieb also nur noch eine wichtige Live-Partie, die bei uns laufen sollte: das Rückspiel zwischen Schalke und Inter in Mailand.

Wir hatten drei Reporter für Live-Spiele: Beckmann, Wontorra und mich. Normalerweise wechselten wir uns ab und hielten dabei eine feste Reihenfolge ein. Nach ihr wäre Wontorra dran gewesen, und da Beckmann für die Partie sowieso nicht infrage kam, weil er als Moderator gebraucht wurde, ging ich davon aus, dass Reinhold für das Schalke-Spiel Wontorra einteilen würde.

Beckmann kam mit Balkausky und Albrecht Schmitt-Fleckenstein, den beiden CvDs, runter in den Konferenzraum, in dem wir saßen. Er begrüßte uns, dann blickte er auf die Saison zurück. Er dankte allen Mitarbeitern für ihren Einsatz und erklärte, wir könnten zufrieden mit dem Jahr sein. „Wir haben ja nur noch eine große Nummer vor uns“, schloss er. „Das ist das UEFA-Cup-Rückspiel in Mailand. Da sind wir alle noch einmal gefordert und müssen unser Bestes geben.“ Er machte eine kurze Pause. „Ich nehme an, ihr wollt alle wissen, wie unsere Mannschaft für Mailand aussieht“, fuhr er fort. „Ich werde moderieren. Die Regie macht Volker Weicker. Den Kommentar übernimmt Werner Hansch.“

Rums. Ich blickte erfreut auf. Ich hatte zwar nicht damit gerechnet, eingesetzt zu werden, eben weil Wontorra an der Reihe war, aber Beckmanns Entscheidung leuchtete mir durchaus ein. Diese letzten Wochen der Saison bezeichnete ich als Ruhrfestspiele auf dem Rasen, denn erst kämpfte Schalke um einen europäischen Titel, dann der BVB. Da wurde ich vermutlich ausgesucht, weil ich nun einmal für den Ruhrpott stand, während Wontorra aus dem Norden kam und als überzeugter Werder-Fan bekannt war.

Beckmann ging noch auf ein paar Kleinigkeiten ein, dann sagte Schmitt-Fleckenstein: „Damit wären wir durch für heute. Oder gibt es sonst noch was? Sonst wünschen wir euch jetzt allen schon mal einen schönen Urlaub. Wir sehen uns dann nächste Saison wieder." Da ging ganz hinten, in einer der letzten Reihen, eine Hand hoch. Sie gehörte Wontorra. Schmitt-Fleckenstein zog überrascht die Augenbrauen hoch. „Ja, was gibt es denn, Jörg?", fragte er. Wontorra sagte: „Ich gebe bekannt, dass ich mit sofortiger Wirkung als Live-Reporter bei *ran* zurücktrete. Im Übrigen möchte ich auch *ranissimo* nicht mehr moderieren, um mehr Zeit für meine Familie zu haben."

Mit einem Mal erstarb jedes Geräusch. Es war geradezu gespenstisch still im Raum. Beckmann saß bewegungslos vorne am Podium, mit einem eingefrorenen milden Lächeln auf dem Gesicht. Es war ein ungeheuerlicher Affront gegen ihn als Chef. Wenn Wontorra schon länger geplant hatte, kürzerzutreten, dann hätte er vor der Sitzung darüber mit Beckmann, seinem Vorgesetzten, sprechen müssen. Und wenn, wie alle im Raum sofort vermuteten, sein Rücktritt nur die Reaktion auf eine Entscheidung des Chefs war, die ihn verärgerte, dann hätte er das nach der Sitzung unter vier oder sechs Augen klären müssen. So aber brachte er Beckmann in eine hochnotpeinliche Situation.

Reinhold hat sicher seine Qualitäten, aber die Rolle des Chefs einer so großen, komplexen Redaktion lag ihm nicht. Alle Augen ruhten auf ihm, alle Kollegen warteten darauf, dass er das Wort ergriff und Wontorra abkanzelte oder zurechtwies. Aber gut und gerne zwanzig Sekunden lang tat er gar nichts. Hätte jemand in dieser Zeit ein Streichholz angezündet, ich glaube, der ganze Laden wäre explodiert, so knisterte die Luft. Wenn Beckmann unter Schockstarre stand, dachte ich bei mir, musste jetzt irgendjemand die Situation entspannen.

„Also, wenn das so ist, Reinhold", sagte ich, „dann trete ich auch zurück als Live-Reporter. Und weißt du auch, warum? Weil ich das eigentlich gar nicht kann. Wenn du einen haben willst, der das wirklich kann, dann musst du Marcel Reif holen."

Man hörte ein paar Leute kichern, und auch Beckmann rang sich ein gekünsteltes Lachen ab. „Nun, damit ist die Sitzung dann ja wohl beendet", sagte er. Wir standen alle auf und gingen langsam aus dem Raum.

Schon draußen auf dem Gang bildeten sich die ersten kleinen Gruppen. Alle tuschelten. „Was für eine Provokation!“, hörte ich jemanden sagen. „Warum hat denn Reinhold nicht …?“ Meine Gedanken aber gingen nicht zurück zu dem, was Reinhold hätte tun sollen, sondern schon voraus. Es waren vierzehn Tage bis zum Spiel in Mailand. Ich wusste genau: Alle Kollegen, die zu Wontorras Lager gehörten, würden meiner Reportage mit den Ohren von Luchsen lauschen und hoffen, dass ich die Nummer in den Teich singe.

Seit dem Rosenmontag 1992 hatte ich vor einer Übertragung nicht so viel Druck verspürt. Einige Tage lang hoffte ich sogar insgeheim, dass sich Beckmann und Wontorra aussprachen und Reinhold mich vom Spiel abzog. Aber ich hörte nichts dergleichen aus Hamburg, also flog ich nach Mailand und ging am Abend des 21. Mai mit einem äußerst unguten Gefühl auf das Giuseppe-Meazza-Stadion zu. Hoffentlich, dachte ich, hoffentlich kriegst du das heute einigermaßen hin, Hansch. Da bemerkte ich einen Bettler, der neben dem Eingang für die Medienleute saß. Ich suchte in meinen Taschen nach Kleingeld, fand aber nur einen 5.000-Lire-Schein. Ich ließ ihn in den Hut des Bettlers fallen, in der vagen Hoffnung, dass diese gute Tat mir etwas von meinem Druck nehmen würde und uns Glück brachte.

Denn Glück brauchten wir alle. Dass es ein historischer Tag werden sollte, nicht nur für mich, sondern auch für Schalke und den ganzen deutschen Fußball, war da noch nicht abzusehen. Zwar hatte S 04 das Hinspiel mit 1:0 gewonnen, aber das war nur ein hauchdünner Vorsprung. Inter Mailand hatte diesen Wettbewerb hingegen schon zweimal seit Beginn des Jahrzehnts gewonnen. Die Mannschaft war gespickt mit Stars und deshalb eindeutiger Favorit.

Also begann ich meine Übertragung mit den Worten: „Eine Hand am Pott – dieser Satz ist ja schon Kult im Ruhrgebiet. Kleines Problem: Wie kriegen wir die zweite dran?“ Doch je länger das Spiel dauerte, desto näher kam diese zweite Hand dem Pokal. Denn im Hexenkessel des Stadions, das man früher San Siro nannte, behielten die ganz in Weiß spielenden Schalker die Nerven. Sie lieferten eine sensationelle kämpferische Leistung ab. Meine Nervosität war völlig verflogen, ich dachte keine Sekunde mehr an Wontorra, sondern war tief in den Fußball eingetaucht.

„Immer noch eine Hand am Pott", sagte ich nach etwa einer Stunde, denn Schalke hielt das 0:0. Ich erinnerte meine Zuschauer daran, dass allein schon das Erreichen dieses Finales den größten internationalen Erfolg in der 93-jährigen Schalker Geschichte darstellte. Dann grüßte ich die 30.000 Fans, die daheim im Parkstadion die Partie auf einer Großbildleinwand verfolgten. Kurz danach flehte ich „Büskens, raus! Geh ran!", als Jocelyn Angloma über den Flügel stürmte, um eine Flanke in den Schalker Strafraum zu schlagen.

Eine Viertelstunde vor dem Ende blendete der Sender eine Infotafel ein. Dort stand: Schalke ist im UEFA-Cup 1996/97 ohne Gegentor nach der 75. Minute. Ich fragte mein Publikum: „Was soll uns die Statistik sagen? Sie kann ja auch mal kippen. Gott bewahre!" Die Statistik kippte zehn Minuten später. Aus kurzer Entfernung traf Ivan Zamorano zum 1:0. Ich sagte nur den Namen des Torschützen, dann eine Weile nichts. Ich wusste, dass vor den deutschen Fernsehgeräten gerade laut gestöhnt und geflucht wurde.

Auch ich glaubte, dass Inter nun noch ein zweites Tor schießen würde, spätestens in der Verlängerung. Und obwohl sie nach einer Roten Karte nur noch mit zehn Mann spielten, hätten die Italiener es fast getan. In der 109. Minute zauberte Zamorano einen tollen Pass in den Lauf von Maurizio Ganz. Schalkes Torwart Jens Lehmann eilte aus seinem Kasten, aber Ganz hob den Ball über ihn hinweg – und gegen die Latte. „Glück für Schalke, Glück für Schalke!", rief ich. „Durchatmen im Parkstadion und wo auch immer." Dann war Schluss. „Wir müssen mit Ihnen zu Hause gehen", sprach ich meine Zuschauer an, „und zwar durch die Hölle des Elfmeterschießens. Mit Ihnen und dem FC Schalke 04."

Kurz bevor es losging, sagte ich: „Ich kenne einen Weihbischof aus Essen, der ist Mitglied bei Schalke, begeisterter Fußballfan und Anhänger der Königsblauen. Der sollte jetzt mal die Daumen drücken." Er muss mich gehört haben, denn Lehmann hielt gegen Zamorano, dann schoss Aron Winter am Schalker Tor vorbei. Der vierte Schütze der Knappen hieß Marc Wilmots. Wenn er traf, war die Sensation perfekt. Er lief an, schoss – und ich schrie: „Drin, das Ding! Und der FC Schalke hat es!"

Ich ließ noch ein paar weitere aufgeregte Sätze folgen, dann mahnte ich mich innerlich selbst zur Ruhe und sagte: „Liebe Zuschauer, ich muss mich jetzt mal ein bisschen einkriegen." Es waren sehr emotionale Augenblicke für mich, denn plötzlich war mir ein Gedanke durch den Kopf geschossen: Mein Gott, 1973 hat das alles angefangen, vor fast einem Vierteljahrhundert. Auf Schalke. Und jetzt ist es wieder Schalke. Es schließt sich ein Kreis.

Nach der Siegerehrung ging ich runter zu Reinhold Beckmann, der einen Schalker nach dem anderen interviewte. Die Übertragung nahm überhaupt kein Ende mehr, es gab immer noch eine Stimme, eine Stellungnahme, die wir zeigen wollten. Als wir gerade nicht auf Sendung waren, drehte sich Reinhold zu mir um und sagte: „Eines kann ich dir sagen: Du hast heute Fernsehgeschichte geschrieben."

Ich stand mit wirrem Haar in der milden Mailänder Nacht und dachte an meinen flapsigen Ausdruck von den Ruhrfestspielen. Der erste Teil war erfolgreich über die Bühne gebracht worden. Eine Woche später sollte Dortmund den Triumph des Kohlenpotts mit einem mindestens ebenso überraschenden Sieg gegen Juventus Turin perfekt machen. So etwas werden wir in hundert Jahren nicht wieder erleben – dass zwei deutsche Vereine, die kaum dreißig Kilometer trennen, zwei europäische Pokale gewinnen.

Am Tag nach dem Spiel in Mailand flog ich zusammen mit der Mannschaft zurück nach Deutschland. Wie der Zufall es wollte, kam ich neben Rudi Assauer zu sitzen. Irgendwann, als wir über den Wolken schwebten, sagte er zu mir: „Ab morgen hängt an meiner Tür ein Schild: Sprechstunden für Spieler nur noch zwischen 8 und 9 Uhr."

Ich schaute ihn entgeistert an. „Ja, bist du verrückt, Rudi? Um die Zeit kommt doch keiner."

„Genau deswegen", sagte er. „Ab morgen gilt meine ganze Kraft und Konzentration nur noch einer Sache – dem Bau der Arena. Wenn du in 14 Tagen vorbeikommst, Werner, dann kannst du schon die ersten Wagen der Baufirma Hellmich sehen. Es geht jetzt los!"

Auf Krücken zum Telestar

Von all den Singereien, die ich in meiner langen Laufbahn so abgeliefert habe, war die Reportage aus Mailand vielleicht die beste. Was aber nicht heißt, dass ich Wontorra sein Verhalten verziehen hätte. Im Gegenteil, wir hatten fortan ein sehr frostiges Verhältnis. Nur ein paar Monate nach dem Finale war ich der Kommentator für ein Europacupspiel zwischen Schalke und Anderlecht. Es moderierte Wontorra. Natürlich ließen wir uns nichts anmerken und gingen höflich miteinander um, doch es herrschte eine unterschwellige Spannung.

Beckmann unternahm wenig, um die Sache zu klären. Vielleicht auch deswegen, weil er schon in Verhandlungen mit der ARD stand und wusste, dass er Wontorra und mich am Ende der Saison 1997/98 sowieso los sein würde. So war es schließlich Michael Lion, der uns eines Tages in sein Büro kommen ließ.

„Das war nicht schön von dir, Jörg, aber es ist nun mal passiert", sagte er. Dann wandte er sich mir zu. „Werner, du musst einsehen, dass ihr euren Konflikt nicht noch länger in die Redaktion tragen könnt."

Er hatte natürlich recht. Wontorra und ich gaben uns die Hand, und von dem Moment an gingen wir zumindest so miteinander um, dass wir den Arbeitsfrieden nicht gefährdeten. Trotzdem war es so, dass man noch viele Jahre später bei unserem Schwestersender DSF wusste, dass man mich gar nicht erst zur Talkrunde *Doppelpass* einladen musste, wenn die Sendung von Wontorra moderiert wurde.

Es ist schon eine Ironie des Schicksals, dass ausgerechnet der Auslöser unseres Streites mir die wichtigste Auszeichnung meiner Karriere bescherte. Es gab damals zwei bedeutende Fernsehpreise: den Goldenen Löwen von RTL und den Telestar, den die öffentlich-rechtlichen Anstalten verliehen. (Wenige Jahre später wurden beide zum Deutschen Fernsehpreis zusammengelegt.) Im Oktober 1997 bekam ich bei einer großen Gala in Berlin den Goldenen Löwen, allerdings für meine Bundesligaberichte, nicht für das UEFA-Cup-Finale. Diese Übertragung war aber unerwartet für den Telestar nominiert worden, dessen festliche Verleihung am Samstag, dem 15. November, im Kölner Maritim-Hotel stattfinden sollte.

Drei Tage vorher traf ich mich abends in einer Tennishalle zu einem Spiel mit einem guten Bekannten, der mein fester Partner auf dem Court ist. Diese Spiele waren und sind eine Art Ritual für mich. Ich habe erst spät mit dem Tennis begonnen, da war ich schon 40, aber umso begeisterter bin ich von dem Sport. Ich hatte vorher schon einige andere Sachen ausprobiert, um fit zu bleiben. Eine Zeit lang war ich sogar im Park joggen, aber das hat mich so unglaublich gelangweilt, dass ich mich nur selten aufraffen konnte, die Laufschuhe anzuziehen. Beim Tennis jedoch bin ich so motiviert, dass ich auch dem aussichtslosesten Ball noch nachrenne und den Schläger erst dann aus der Hand gebe, wenn ich mich komplett verausgabt habe.

Irgendwann an diesem Abend nahm ich zwei Bälle und ging an die Grundlinie, um auf die Rückhandseite meines Gegenspielers aufzuschlagen. Einen Ball steckte ich in die Hosentasche, wie man das beim Tennis tut, um eine Reserve zu haben, falls der erste Aufschlag nicht gelingt. Mit dem anderen Ball schlug ich auf. Mein Partner retournierte cross, also auf meine Rückhand. Bei der Ausholbewegung presste ich irgendwie den Ball aus der Tasche meiner Hose. Er hätte überallhin fallen können, doch er plumpste nur diskret neben mir auf den Boden. Mit dem linken Fuß trat ich auf den Ball und stürzte zu Boden.

Ich wusste sofort, dass etwas kaputtgegangen war, doch das Ausmaß der Verletzung erfuhr ich erst am nächsten Morgen. Da ließ ich mich nämlich von Dr. Achim Büscher untersuchen, dem Mannschaftsarzt von Borussia Dortmund. Er schaute sich die Bilder von der Kernspintomografie an, dann sagte er: „Tja, Hansch, das sieht nicht gut aus. Durch den Sturz ist ihre Kniescheibe aus der Schale gesprungen und hat dabei die Kapsel und einige Blutgefäße durchschlagen. Weil die Muskeln die Kniescheibe wieder in die alte Lage geschoben haben, konnten Sie noch ohne große Schmerzen geradeaus gehen."

„Und was ist mit den Bändern?", fragte ich.

„Das ist die gute Nachricht", antwortete er. „Die Kreuzbänder scheinen mir unversehrt. Ich würde Ihnen daher keine Operation empfehlen, sondern eine konventionelle Therapie."

„Was genau bedeutet das?“, wollte ich wissen.

„Das“, sagte er, „bedeutet, dass Sie mit einem anstrengenden Jahr rechnen müssen.“

Er hatte recht. Es dauerte ziemlich genau ein Jahr, bis mein Knie wieder in Ordnung war. Und es war in der Tat ein anstrengendes Jahr, denn auf wochenlange Massagen, um das Blut aus dem Bein zu kriegen, folgten die Übungen des Knochenbrechers, bei denen ich oft vor Schmerz schrie; anschließend musste ich elendig lange Rad fahren, um verlorene Muskelmasse wieder aufzubauen. Doch am Tag, als Büscher mir meine Diagnose gab, war das drängendste Problem ein anderes: die anstehende Preisverleihung in Köln.

Ich rechnete mir keine Chancen aus, unter den Preisträgern zu sein. Beim Telestar gab es nämlich keine spezielle Kategorie für Sportübertragungen. Nominiert waren wir deshalb in der Abteilung „Beste Dokumentation“ – und da war die Konkurrenz mehr als beachtlich. Der herausragende Journalist Gero von Boehm gehörte dazu, den ich schon seit vielen Jahren bewunderte. Er war nominiert für einen hochdramatischen Film, der sich mit der Umweltverschmutzung in der Südsee beschäftigte.

Auch Christoph Lütgert war im Wettbewerb, der Chefreporter des NDR. Er hatte tief in einem Moor bei Schleswig einen Flieger aus dem Zweiten Weltkrieg entdeckt. Der Pilot saß noch angeschnallt im Sitz und sah aus wie an dem Tag im August 1944, als er unter mysteriösen Umständen abgestürzt war. Ich hatte Lütgerts ergreifende Doku im Fernsehen gesehen. Es war eigentlich unpassend, dass wir gegen Kaliber wie ihn antraten, aber ich wollte mir die große Feier in Köln trotzdem auf keinen Fall entgehen lassen.

Als ich dem behandelnden Orthopäden am Samstag eröffnete, dass ich abends in Köln sein musste, schüttelte er nur den Kopf.

„Völlig ausgeschlossen“, sagte er.

„Aber ich muss hin!“, erwiderte ich. „Ich bin für den größten deutschen Fernsehpreis nominiert. Da muss ich doch hingehen!“

„Dann sollte ich mir was einfallen lassen“, sagte er. „Ich kann Ihnen das Bein ja nicht eingipsen. Aber wir müssen sicherstellen, dass es keine Nachblutung gibt und dass nicht noch mehr kaputtgeht.“

Am Ende wickelte er drei Lagen Bandagen um das Bein, bis es so fest und stabil war, als hätte er tatsächlich Gips angerührt. In diesem Zustand fuhr ich nach Köln und nahm meinen Platz vor der Bühne ein. Ich dachte noch: „Gut, dass ich da nicht hoch muss, denn das würde mit dem bandagierten Bein schwierig werden." Dann betrat der große Ulrich Wickert die Bühne, denn er präsentierte die Nominierten in unserer Kategorie. Es wurden Ausschnitte aus allen Beiträgen gezeigt, anschließend öffnete Wickert ein Kuvert und las vor: „Der Telestar 1997 geht an – Werner Hansch."

Ich humpelte, so gut es ging, auf die Bühne und nahm den Preis entgegen. Meine Gefühlslage war allerdings sehr seltsam. Ein Teil von mir war natürlich gerührt und stolz auf die Anerkennung. Aber erfreut war ich nur mäßig. Denn ich sah unten die Kollegen sitzen, die ebenfalls nominiert gewesen waren. Und auf einmal schämte ich mich ein bisschen, dass ich mit einer läppischen Fußballreportage Leute ausgestochen hatte, die wirklich wichtige und bedeutende Dokumentationen produzierten.

Nach der Veranstaltung kam ein anderer Preisträger auf mich zu. Es war Heinrich Breloer, sozusagen der Erfinder des genialen Formats Dokudrama, einer Mischung aus Spiel- und Dokumentarfilm. Breloer war für *Todesspiel* geehrt worden, seine Aufarbeitung der Entführung von Hanns-Martin Schleyer im Jahre 1977.

Noch bevor ich etwas sagen konnte, zeigte Breloer mit dem Finger auf mich und rief: „Sie! Hansch!" Ich starrte ihn verständnislos an, da redete er weiter: „Recklinghausen Süd!" Ich nickte. „Marienschule!", rief er. „Rektor Lübbert!" Ich nickte wieder, und er strahlte mich an. „Da war ich drei Jahre nach Ihnen!"

Ich erfuhr, dass Breloers Familie aus Recklinghausen stammte und dass sein Onkel Alfons auf der Bochumer Straße einst eine Mühle betrieben hatte. Wenn Lübbert das noch erlebt hätte – zwei seiner Schüler bekommen am selben Tag einen renommierten deutschen Medienpreis!

Nach jenem denkwürdigen Tag in Mailand gewöhnte ich mir übrigens vorübergehend an, nach einem Bettler Ausschau zu halten, wenn ich einen Live-Einsatz hatte. So mancher von ihnen wird sich gewundert haben, dass er von mir einen Schein bekam, keine

Münzen. Aber es hat nichts genutzt. Einen weiteren Preis habe ich nicht bekommen.

Oder in gewisser Weise doch. Knapp elf Monate nach der Verleihung des Telestars, im Oktober 1998, kürte die *Sport Bild* wie in jedem Jahr den besten Sportkommentator. Es war eine Publikumswahl, die Leser der Zeitschrift stimmten per Fax oder Postkarte ab. Ich war 1996 Dritter geworden und 1997 Zweiter. Diesmal gewann ich die Wahl und wurde im Rahmen einer großen Gala im Hamburger Hotel „Treudelberg“ geehrt.

Auf dem zweiten Platz landete Marcel Reif. Komisch, nicht wahr? Reif ist in Niederschlesien geboren, in Polen, und kam erst mit acht Jahren nach Deutschland. Die beiden beliebtesten Sportreporter deutscher Sprache hatten also die ungewöhnliche Gemeinsamkeit, dass sie als Kinder eine Zeit lang kein Wort Deutsch sprachen. Nur Polnisch.

Das schleichende Ende von *ran*

Ein Freundschaftsdienst für Christoph Daum

Im Herbst 2000 wurde der deutsche Fußball von einem der größten Skandale seiner langen Geschichte erschüttert. Es hatte immer mal wieder Gerüchte um den Lebenswandel des Leverkusener Trainers Christoph Daum gegeben, aber in jenen Wochen verstärkten sich die Diskussionen, weil Daum im folgenden Jahr Bundestrainer werden sollte.

Anfang Oktober wurde Uli Hoeneß von einer Münchner Zeitung zu diesem Thema befragt und sagte: „Wenn das alles Fakt ist, worüber geschrieben wurde, auch unwidersprochen über den verschnupften Daum, dann kann er nicht Bundestrainer werden." Wohlgemerkt: Hoeneß warf Daum nicht vor, dass er Drogen konsumierte. Der Bayern-Manager wies lediglich darauf hin, dass andere Leute solche Andeutungen gemacht hatten und deswegen nicht belangt worden waren.

Das Interview setzte eine ganze Kette von Ereignissen in Gang. Hoeneß wurde sehr stark angefeindet, es soll sogar Morddrohungen gegen ihn gegeben haben. Schließlich gab Daum eine freiwillige Haarprobe ab. Er erklärte: „Ich muss dieses Mittel anwenden, um meinen guten Ruf zu wahren." Elf Tage später, am 20. Oktober, teilte ihm das Institut für Rechtsmedizin der Universität Köln mit, dass in den Proben Spuren von Kokain gefunden worden waren. Hals über Kopf verließ Daum das Land und tauchte in den USA unter.

Fast drei Monate nach diesen unglaublichen Ereignissen klingelte in unserem Dortmunder Büro das Telefon. Meine Sekretärin nahm den Anruf entgegen, dann stellte sie ihn zu mir durch.

„Werner, bist du das?", fragte eine zögerliche Stimme, die ich nicht sofort einordnen konnte. „Hier ist der Christoph."

„Christoph Pauly?", fragte ich. Ich nahm an, es wäre mein MAZ-Redakteur, der vielleicht über eine schlechte Leitung anrief und deshalb anders als sonst klang.

„Nein, hier spricht Christoph Daum."

Jetzt war ich perplex. „Mensch, Christoph! Von wo rufst du denn an? Bist du noch in Amerika?"

„Nein", sagte er. „Ich bin seit gestern wieder in Deutschland. Ich rufe an, weil ich deine Hilfe brauche, Werner. Du musst mir einen Gefallen tun."

„Wenn ich das kann, will ich es versuchen."

„Wir geben morgen im Hyatt-Hotel in Köln eine Pressekonferenz", fuhr Daum fort. „Ich brauche jemanden, der sie leitet. Jemanden, der alles in die richtigen Bahnen lenkt und die Journalisten der Reihe nach ihre Fragen stellen lässt. Du kennst doch das Geschäft, Werner. Würdest du das für mich machen?"

Ich dachte daran, wie hilfsbereit Daum all die Jahre über gewesen war, wie oft er mir vor einem Spiel seine Taktik im Detail dargelegt hatte. Ich ahnte aber auch, dass er mich auf einen Schleudersitz hieven wollte, denn was er da plante, klang nach einer ganz heiklen Angelegenheit. Ich wusste es zu diesem Zeitpunkt noch nicht, aber er hatte vor mir schon zwei Kollegen angerufen. Beide lehnten mit dem Hinweis ab, dass ihre Intendanten so etwas nicht erlauben würden.

„Die Sache ist so, Christoph", sagte ich. „Ich würde es für dich tun, aus alter Verbundenheit. Aber ich muss mich erst rückversichern, dass unser Programmdirektor keine Bedenken hat. Denn wenn ich diese PK leite, dann tue ich das nicht nur als Privatmann Werner Hansch. Ich werde dann wahrgenommen als der Sat.1-Reporter Werner Hansch."

„Wie lange brauchst du denn dafür?"

Da ich nicht mehr für die ARD arbeitete, konnte ich ihm antworten: „Wenn er im Haus ist, dauert das nur zehn Minuten." Daum gab mir eine Nummer, unter der ich ihn zurückrufen konnte. Dann ließ ich mich durchstellen zu Dr. Philipp Geiss. Er war seit einiger Zeit unser Programmdirektor Sport, als Ersatz für Michael Lion, der zum DSF gewechselt war. (Dieser marode Spartensender war für die Kirch-Gruppe auf einmal strategisch wichtig geworden, wie sich noch zeigen wird.)

„Philipp, stell dir mal vor, wer mich gerade angerufen hat", begann ich. Dann schilderte ich die Situation und erklärte ihm, welche Bitte Christoph Daum an mich herangetragen hatte.

„Hm, das ist eine schwierige Sache", sagte Philipp schließlich. „Wie ist denn deine persönliche Meinung, Werner?"

„Ich fühle mich fast schon verpflichtet, ihm zu helfen", erwiderte ich.

„Gut, in Gottes Namen, dann mach es. Aber sei vorsichtig!"

Ich rief Daum zurück, der sehr erfreut über die Entscheidung war. Er sagte, die Pressekonferenz würde um 14 Uhr beginnen, bat mich, eine Stunde vorher im Hotel zu sein, und bedankte sich überschwänglich für diesen Freundschaftsdienst.

Am nächsten Tag, dem 12. Januar 2001, fuhr ich nach Köln. Ich parkte den Wagen ein gutes Stück vor dem Hotel, das fast direkt am Rhein liegt, und ging den Rest des Weges zu Fuß. Es war ein kalter Morgen, daher hatte ich den Mantelkragen hochgeschlagen. Ich bog um die Ecke – und blieb vor Schreck stehen. Vor dem Hotel stand eine gigantische Kolonne von sogenannten SNG-Wagen. (Das steht für „Satellite News Gathering" und bezeichnet Fahrzeuge, von denen aus man direkt senden kann.) Nur bei Olympischen Spielen hatte ich bisher so viele von diesen Wagen auf einem Haufen gesehen.

Ich senkte den Kopf und eilte unerkannt an der Blechlawine vorbei ins Hotel. Auf dem Weg zur Rezeption kamen schon zwei Männer in dunkelgrauen Anzügen auf mich zu und nahmen mich in die Mitte. „Herr Hansch, wir fahren sofort mit dem Aufzug hoch", sagte einer der beiden leise, und sie dirigierten mich dezent zu den Fahrstühlen.

In der fünften Etage war eine komplette Suite angemietet worden. Christoph war schon da, als die beiden Männer mich hineinführten, auch sein Anwalt Rolf Stankewitz, dazu noch ein paar andere Leute, die ich nicht kannte. Stankewitz ergriff das Wort. „So, meine Herren", rief er. „Wir sollten uns jetzt noch mal besprechen."

Er meinte nicht mich, sondern wollte mit Christoph erneut die Statements und die Art des Vortrages abklären. Ich setzte mich also ein Stück abseits und beobachtete still, wie Stankewitz eine Art Regiebuch verteilte. Aussage für Aussage ging er mit Daum durch. Als sie fertig waren, blickte der Anwalt zu mir herüber.

„Herr Hansch, Sie haben das ja jetzt mitbekommen", sagte er. „Was halten Sie davon?"

„Auf Anhieb möchte ich zwei Dinge anmerken", antwortete ich. „Erstens, dass Christoph alles machen darf, aber er darf auf keinen

Werner Hansch mit seinem Sohn, Dr. Oliver Hansch.

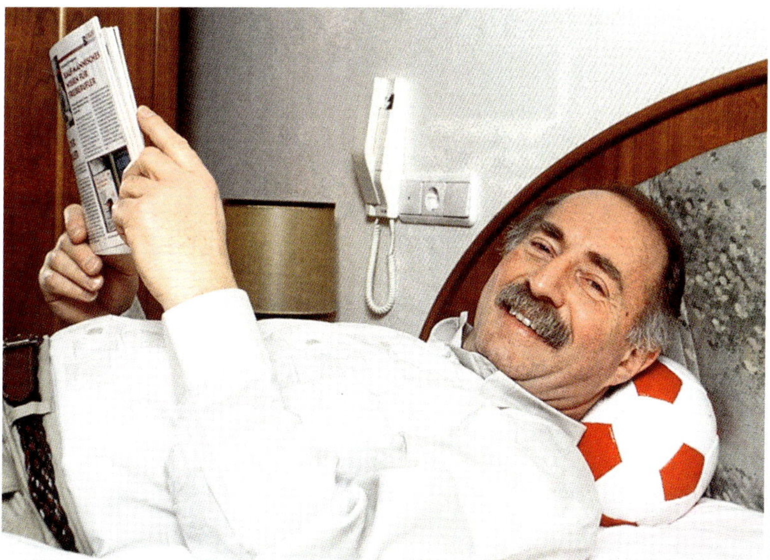

Der mit dem Ball ins Bett geht, 1995.

Johannes B. Kerner, Jörg Wontorra, Jörg Dahlmann, Gabriele „Gaby" Papenburg, Reinhold Beckmann und Werner Hansch als Reporter-Team der Sat.1-Sportshow *ran*, 1997.

Werner Hansch gratuliert Felix Magath zum Geburtstag, 1996.

Als Auktionator auf Günter Herz´ Gestüt Lasbek, 1999.

Werner Hansch im Ostseestadion von Hansa Rostock, vor dem Bundesligaspiel Rostock – Dortmund (1:0), 12.03.2000.

Als Moderator bei der berühmten Pressekonferenz, auf der Christoph Daum seinen Kokainkonsum gestand, Januar 2001.

Mit Co-Kommentator Franz Beckenbauer beim Abschiedsspiel von Olaf Thon auf Schalke, 18.01.2003.

Oliver Welke, Oliver Bierhoff, Wolfgang Holzhäuser (Geschäftsführer FC Bayer 04 Leverkusen), Erich Laaser (Kommentator), Uli Hoeneß und Werner Hansch bei der Pressekonferenz zur UEFA-Champions-League-Berichterstattung bei Sat.1, September 2004.

Manni Breuckmann, Monika Lierhaus, Werner Hansch und Sebastian Hellmann bei den „Marler Tagen der Medienkultur", 2006.

Werner Hansch im Gespräch mit dem Mainzer Trainer Jürgen Klopp vor dem Bundesligaspiel der Mainzer bei Borussia Dortmund (1:1), 19.08.2006.

Werner Hansch am Arbeitsplatz, hier im Dezember 2006 für den Bezahlsender Arena.

© Witters

© Firo

Sebastian Kehl, der Kapitän des BVB Dortmund, füllt Werner Hansch den Teller. Anlass ist eine Wohltätigkeitsveranstaltung zugunsten einer Kinderschutzorganisation in Dortmund, 2009.

Mit Torhüter Manuel Neuer bei der Eröffnung des weltweit ersten „Döner-Drive-In" in Gelsenkirchen, 2011.

Werner Hansch und Rudi Assauer in der ZDF-Sendung *Volle Kanne*. Anlass ist im Februar 2012 die Ausstrahlung einer großen Reportage über Assauers Demenz in der ZDF-Reihe *37 Grad – Menschen hautnah*.

Fall ablesen." Ich dachte dabei an die Pressekonferenz in Leverkusen, auf der Daum bekannt gegeben hatte, dass er zu einer Haaranalyse bereit war. Damals las er alle seine dramatischen Sätze – „Ich tue das, weil ich ein absolut reines Gewissen habe!" – vom Blatt ab, was keinen guten Eindruck machte.

„Werner hat recht", sagte Christoph sofort. „Wenn ich das ablese, bin ich nicht authentisch. Ich muss frei sprechen."

„Gut, dann mach das", meinte Stankewitz nach kurzem Überlegen. „Wenn du den Faden verlierst, kannst du ja rasch ins Buch gucken." Er blickte mich an. „Und was ist der zweite Punkt, Herr Hansch?"

„Nun, ich bin der Meinung, dass Christoph sich bei Uli Hoeneß entschuldigen sollte."

„Nein, Werner!", rief Daum. „Das mache ich nicht."

„Dann wird dir das die Presse morgen um die Ohren hauen", sagte ich. „Du weißt, dass der Hoeneß einiges einstecken musste."

„Ich werde mich entschuldigen", sagte Daum. „Aber beim DFB-Präsidenten Mayer-Vorfelder. Dem habe ich viel Ärger eingebrockt, dabei hat er immer zu mir gehalten. Aber ich entschuldige mich nicht bei Hoeneß!" Obwohl Stankewitz mir recht gab, weigerte sich Christoph partout.

Um zehn vor zwei öffnete sich die Flügeltür zur Suite. Da stand der Hotelchef in Begleitung von zwei Hostessen. „Meine Herren", sagte er im Tonfall eines amerikanischen Gefängnisdirektors, der einen Todeskandidaten zur Hinrichtung ruft, „es ist so weit".

Er machte kehrt und ging zu den Aufzügen; wir erhoben uns und folgten ihm. Wir fuhren hinunter und betraten den Rhein-Saal des Hotels. Was dann folgte, kannte ich bisher nur aus dem Kino. Und zwar vom Film *Schtonk!*, der die Geschichte der gefälschten Hitler-Tagebücher erzählt. Da gibt es eine Szene, in der Götz George, in seiner Rolle als der Journalist, der den vermeintlichen Coup gelandet hat, im Blitzlichtgewitter die Tagebücher präsentiert. So war es hier auch. Nicht weniger als 35 Kamerateams und 250 Reporter waren im Raum – und wie sich zeigen sollte, auch noch so einige andere Leute, die überhaupt nicht von der Presse waren. Jeder wollte jetzt Christoph filmen oder fotografieren.

Sieben, acht Minuten lang ging das so, dann schlug es 14 Uhr, und wir baten die Journalisten, Platz zu nehmen. Christoph setzte sich vorne aufs Podium an einen länglichen Tisch, ich mich neben ihn. Vor uns standen mindestens zwei Dutzend Mikrofone. Ich eröffnete die Veranstaltung, bat Christoph um sein Statement, und er begann stockend mit seiner Beichte.

„Ich gebe klar und offen zu, dass ich mit Drogen in Kontakt gekommen bin“, sagte er mit ernster Mine. „Ich habe Kokain zu mir genommen.“ Ich konnte förmlich hören, wie ihm in diesem Moment ein Stein vom Herzen fiel. Und das war das Problem. Denn nun glaubte er, die größte Hürde wäre genommen. Vielleicht meinte er sogar, dass man ihm nach dieser Beichte Absolution erteilen würde. Jedenfalls wurde er immer gelöster und lockerer. Schließlich begann er, Scherze zu machen, als wäre das Ganze eine Juxveranstaltung.

Ich hatte bereits ein ungutes Gefühl, als nach Christophs langer Aussage die Fragerunde begann. Aber nun gab es kein Zurück mehr – ich erteilte einem Journalisten nach dem anderen das Wort. „Zur Haaranalyse, die ich habe machen lassen“, erwiderte Daum auf eine Frage, „muss man wohl im Nachhinein sagen, das war ein Fehler.“ Noch während er den Satz formulierte, breitete sich ein Grinsen auf seinem Gesicht aus, und Gelächter brach im Saal aus. Ich fühlte mich mit jeder Minute unwohler, nicht zuletzt, weil ich ins Gegenlicht blickte und die Gesichter der Reporter nicht gut erkennen konnte. Ich reagierte nur auf Finger, die sich hoben.

Da stand plötzlich Helmut Zerlett auf, der zum Team der *Harald Schmidt Show* gehörte. Er wollte wissen, ob Daum sich in Amerika mit der Noch-Ehefrau von Boris Becker getroffen hätte. (Christoph antwortete irritiert: „Nein.“) Dann nahm ich jemanden dran, der eine Baseballkappe tief ins Gesicht gezogen hatte. Als er aufstand, erkannte ich, dass es Stefan Raab war. Schnell warnte ich Daum: „Ich sage nur: Vorsicht, Satire, Christoph!“

Daum war anwaltlich ganz sicher exzellent beraten worden, doch was er an diesem Tag wirklich gebraucht hätte, das waren eine straffe Organisation und ein Grundkurs in Dramaturgie. Bei der Planung der Veranstaltung hätte man verhindern müssen, dass Hinz und Kunz in den Saal durften, um ihre Späßchen mit Daum zu machen oder – wie Raab – ein paar Wortspiele anzubringen. (Er fragte, ob es zutreffe, dass Daum ein Angebot vom österreichischen Verein „Sturm Gras“ vorliege.)

Ein vernünftiger Dramaturg schließlich hätte Christoph geraten, zunächst das Büßerhemd zu tragen. Wie ein Häufchen Elend hätte er da sitzen müssen, doch statt den reuigen Sünder zu geben, stolzierte er als lässiger Spaßmacher über die Bühne. Zu meiner großen Erleichterung – und Überraschung – rang sich Christoph immerhin noch eine Entschuldigung an die Adresse von Hoeneß ab. „Ich bedauere zutiefst, was sich im Rahmen dieser Sache mit Uli Hoeneß und seiner Familie ergeben hat“, sagte er.

Diese wichtige Geste dämpfte zwar das Presseecho etwas, doch retten konnte sie ihn auch nicht mehr. Die *Frankfurter Allgemeine Zeitung* schrieb, „dass bei Daum zwischen dem Eingeständnis von Schuld und dem Akzeptieren von Sühne noch ein großer Unterschied ist“. Und die *Hamburger Morgenpost* zürnte „Erst log er uns an – gestern lachte er“ und nannte Daums Auftritt „die miese Show des Koksers“. Da war mir klar, dass er vorerst keine Zukunft mehr in Deutschland hatte. Er ging dann ja auch wieder zurück in die Türkei, wo er schon zuvor erfolgreich gearbeitet hatte. Unser persönliches Verhältnis blieb aber trotz der nicht allzu gelungenen Pressekonferenz ein herzliches und freundschaftliches.

Pferdepreise, Pferdestärken

Christoph Daums Pressekonferenz war sicher die spektakulärste Veranstaltung, die ich moderiert habe, aber sie war weiß Gott nicht die erste oder die ausgefallenste. Bis zum heutigen Tag werde ich oft angefragt, wenn es um die Moderation von Events geht: von Firmenfeiern über Fernsehgalas bis zu Vereinsfesten. Ich habe auch schon Mode für Mollige präsentiert und Pferde verhökert. Ersteres kam durch meinen alten Freund Peter Büttel zustande. Letzteres brachte mir im Mai 2001 eine Reise zur Formel Eins nach Monte Carlo ein.

Doch der Reihe nach. Ich habe ja schon angedeutet, dass mein alter Freund Peter ein ereignisreiches Leben hatte. Um es nur kurz zu skizzieren: Nach seinem Job bei der *Morgenpost* in Berlin wurde er Geschäftsführer eines Anzeigenblattes. Danach führte er unter anderem ein Reisebüro und versuchte, ohne auch nur einen Pfennig Startkapital ein altes Magazin aus den 1920er Jahren wieder am Markt zu etablieren. Nach drei Monaten war er pleite und musste aus Berlin verschwinden. Peter ließ sich scheiden, heiratete neu, ließ sich wieder scheiden, lernte im Flugzeug eine in Holland lebende Frau aus Surinam kennen und zog zu ihr nach Amsterdam.

Irgendwann bekam die Dame Heimweh nach Südamerika, und Peter ging zusammen mit ihr nach Surinam, wo er eine Anstellung bei einer Zeitung bekam, die in holländischer Sprache erschien. Das klappte zwei Jahre, dann brach in Peter die Rastlosigkeit wieder durch. Er verließ die Frau und ließ sich irgendwo in der Karibik nieder. Weil er keine dauerhafte Aufenthaltsgenehmigung besaß, musste er alle paar Monate ausreisen, eine Schleife über Europa drehen und dann wieder zurückfliegen. Ich glaube, inzwischen hat er eine Einheimische geheiratet und ist für seine Verhältnisse schon fast so etwas wie sesshaft geworden.

Während seiner Zeit als Leiter des besagten Anzeigenblattes organisierte Peter auch diverse Veranstaltungen in Berliner Hotels. Und für die engagierte er mich gerne als Moderator. So war ich Conférencier bei einem Schönheitswettbewerb, ein anderes Mal moderierte ich eine Modenschau für Korpulente. So gesehen war es nur passend, dass ich wenig später für Peter F. Bringmann einen Brauereidirektor mimte, der Beat-Bands ansagt.

Neben solch kleineren Veranstaltungen habe ich auch fünf Jahre lang eine sehr renommierte Gala vor 10.000 Gästen präsentiert, nämlich das Sportpressefest in der Dortmunder Westfalenhalle. Das kam dadurch zustande, dass ich lange Zeit stellvertretender Vorsitzender des Verbandes Westdeutscher Sportjournalisten war. In dieser Funktion übernahm ich 1988 zusammen mit Armin Hauffe die Moderation dieses Festes. Es war eine Veranstaltung, die über die Grenzen des Bundeslandes hinaus bekannt war und die auf eine lange Tradition zurückblicken konnte. (Vor dem Sportpressefest 1960 war der Technische Direktor Heinrich Klein auf der Suche nach einem neuen Wettbewerb für die Prominenten-Spiele und erfand so die berühmte Torwand des *Aktuellen Sportstudios.*) Leider musste die Gala 1993 eingestellt werden, weil sie nicht mehr zu finanzieren war.

Zu dem Nebenjob als Auktionator kam ich, wie könnte es auch anders sein, durch einen Zufall. Georg Ahlmann, der ehemalige Springreiter, besaß zusammen mit Alwin Schockemöhle einen Trabrennstall mit Namen „Rex Ass". Ein paar Jahre lief die Sache sehr gut, aber 1983 wollten die beiden wieder aus dem Trabsport raus und lösten den Stall auf. Das bedeutete, dass sie die Pferde meistbietend versteigern mussten. Dafür brauchten sie einen Auktionator. Der Großmeister dieser Kunst war damals ein Mann namens Büns. Er kam aus Lüneburg, trug stets einen grauen Smoking, einen Zylinder und ein Monokel. Doch Büns hatte sich aus Altersgründen gerade zur Ruhe gesetzt, und so fragte Schorsch Ahlmann mich, ob ich wohl einspringen könnte.

Daraus ergab sich schließlich, dass ich auch eine der wichtigsten Versteigerungen des Landes übernahm: die Jährlingsauktion auf der Trabrennbahn Berlin-Mariendorf am Tag vor dem Deutschen Traber-Derby. Das Derby ist das wichtigste deutsche Rennen seiner Art. Jedes Jahr Anfang August kämpfen die besten dreijährigen Traber um das Blaue Band. Und am Abend davor kommen gut und gerne sechzig oder siebzig Jährlinge unter den Hammer. (Also Pferde, die das erste Lebensjahr vollendet haben.)

Die Auktion findet immer vor einem Riesenpublikum statt – nicht selten finden sich dort zweitausend Leute ein. Ich ziehe einen Smoking an, binde mir eine Fliege um, nehme meine zwei Hämmerchen und steige in einen Hubwagen, wie ihn die Leute benutzen, die Straßenlaternen warten. Dann werde ich nach oben gefahren, um einen guten Überblick über das Publikum zu haben. Ein Kollege stellt die Pferde der Reihe nach vor: Er benennt die Eltern und etwaige Geschwister sowie deren Erfolge im Rennbetrieb.

Dann fange ich an. Meistens liegt der Startpreis ungefähr bei 2.000 Euro. Der Journalist Wolfgang Wedemeyer hat vor fünfzehn Jahren in der *Bild* über eine Auktion dieser Art geschrieben: „Hansch – als Auktionator fast ein kleiner Dämon. Ein Meister der Verzögerung. Immer wenn der Hammer zum dritten Mal runtersausen sollte, hielt er noch einmal inne. Und animierte seine Kunden mit launischen Sprüchen." So eine Auktion kann schon mal vier Stunden dauern und ist sehr anstrengend. Wenn ich damit fertig bin, bin ich wirklich fertig.

Es ist ein paar Jahre her, da ging ich kurz vor dem für 20 Uhr angesetzten Beginn der Auktion zum Veranstalter, zeigte auf einige dunkle Wolken und sagte: „Schauen Sie mal hoch zum Himmel!"

„Hören Sie auf, Hansch", sagte er. „Bei meinen Auktionen hat es noch nie geregnet."

„Irgendwann ist immer das erste Mal."

„Ja, aber das ist nicht heute, Hansch."

Ich war bei dem Pferd mit der Katalognummer 20 angekommen, als mir die ersten Tropfen auf den Kopf klatschten. Es erwies sich als ein Glück, dass ich erstens ein Gewohnheitstier bin und mich zweitens nicht von Dingen trennen kann, egal wie unmodern oder schäbig sie sein mögen. Aus diesen beiden Gründen hatte ich einen uralten Regenmantel griffbereit, den ich zu solchen Anlässen immer mitnehme. Man weiß ja nie.

Das Glück war jedoch nur von kurzer Dauer. Einige Minuten lang schützte mich der Mantel vor dem immer stärker werdenden Regen, aber ich musste ja weiter Gebote entgegennehmen. Und immer wenn ich auf einen Bieter zeigte oder das Hämmerchen hob, floss mir das Wasser den Ärmel hinab und bis in die Unterhosen. Die Leute waren alle auf die Tribünen geflohen, nur die Pferde und ich waren dem Wolkenbruch schutzlos ausgeliefert. Ich blickte zum Veranstalter. Seine Kommandos waren eindeutig: weitermachen! (Ein Abbruch der Veranstaltung hätte ihn finanziell an den Rand des Ruins gebracht, wie er mir später sagte.)

Als die Dunkelheit hereinbrach, wurden die einzelnen Gebote nicht mehr per Handzeichen abgegeben, sondern durch Leuchtsignale mit Lämpchen. Das erfordert schon unter normalen Umständen große Konzentration vom Auktionator, aber an diesem Abend waren die Leute viel weiter weg als sonst, und die Lichtsignale kamen nur durch einen Regenschleier bei mir an. Als ich endlich den letzten Gaul verschachert hatte, ließ ich völlig erschöpft den Hammer sinken. „Liebe Leute", sagte ich, „einen solchen Tag haben wir alle hier noch nicht erlebt. Wenn mir jetzt einer von Ihnen unten eine Wanne mit heißem Wasser hinstellt, dann springe ich von hier oben rein. Direktamente! Im Smoking!“ Leider hatte niemand zufällig eine Wanne dabei.

Was das alles mit Monte Carlo zu tun hat? Nun, mein Freundschaftsdienst für Schorsch Ahlmann brachte mich zu Günter Herz. Er führte damals ein großes Unternehmen, zu dem unter anderem die Marken Tchibo und Reemtsma gehörten. Herz hatte von seinem Vater ein wirklich traumhaftes Gestüt im Ort Lasbek geerbt, der zwischen Hamburg und Lübeck liegt. Herz züchtete dort Traber und hielt jedes Jahr im September eine Auktion ab. Aus ganz Deutschland kamen gutsituierte Traberfreunde nach Lasbek und gaben in Einzelfällen mehr als 200.000 Mark für ein Pferd aus. Etwa zwei Jahrzehnte lang hatte der legendäre Büns hier auktioniert, aber nun brauchte auch Herz einen Ersatz für ihn. Herz fand denselben, den auch Ahlmann fand: den Sohn eines einfachen Bergmannes und überzeugten Kommunisten aus der Leusbergstraße in Recklinghausen Süd.

Herz war ein genialer Geschäftsmann, der nicht nur Tchibo und Reemtsma an die Spitze führte, sondern quasi nebenbei auch noch die Beiersdorf AG zu einer führenden europäischen Marke machte. Nichts entging seiner Aufmerksamkeit. An den Auktionstagen kam ich schon vier Stunden vor dem Beginn der Veranstaltung auf das Gestüt. Dort fiel mir immer ein Mann auf, der auf einem Fahrrad über das Gelände fuhr. Wenn er Kaugummipapier oder anderen Kleinabfall entdeckte, dann radelte er hin und hob das auf. Eines Tages stand ich mal wieder da und beobachtete fasziniert diesen beflissenen Menschen, als ein Stallbursche neben mich trat und mir zuraunte: „Das da, das ist Herr Herz.“

Zu ihm selbst hatte ich lange Zeit nie Kontakt, ich ging immer nur vor den Auktionen mit seinem Trainer die Pferde und den erhofften Erlös durch. (Die Tiere, von denen man sich einen satten Gewinn versprach, gingen oft unter Wert weg, wohingegen die Pferde, die man nur loswerden wollte, plötzlich 50.000 Mark und mehr einbrachten!) Dann, nach einigen Jahren, kam auf einmal Frau Herz auf mich zu. „Herr Hansch“, sagte sie sehr freundlich und höflich, „ich weiß nicht, ob Sie nach der Auktion direkt nach Hause fahren wollen. Aber mein Mann möchte heute einige Leute zum Abendessen einladen, und wir fänden es sehr nett, wenn Sie dabei wären. Das Ganze findet in einem dörflichen Gasthof statt, zwei Ortschaften weiter." Natürlich nahm ich die Einladung mit Freude und auch großem Interesse an.

In der Kneipe waren etwa zwanzig Leute aus dem Umfeld der Familie. Wir saßen an einem hübsch gedeckten Tisch und bekamen auch richtig was auf die Gabel. Neben wem kam ich zu sitzen? Richtig, mein Tischnachbar hieß Günter Herz. Wir waren bei der Nachspeise, da drehte er sich zu mir um und sagte: „Herr Hansch, Sie sind doch eigentlich Sportreporter, nicht wahr?"

„Das ist richtig, Herr Herz. Ich war früher beim Radio, jetzt bin ich beim Fernsehen."

„Sagen Sie mal, was halten Sie von der Formel Eins?"

„Darf ich ehrlich sein, Herr Herz?"

„Natürlich, deswegen habe ich Sie gefragt."

„Also, für mich ist der ganze Motorsport schon immer gefährlicher, krimineller und die Luft verpestender Unsinn gewesen."

„Was?" Er ließ den Löffel sinken und blickte seine Frau an. „Hast du das gehört?" Sie nickte. Er schaute mich an. „Da muss ich Ihnen mal sagen, dass mich dieser Unsinn jedes Jahr 200 Millionen kostet!"

„Im Ernst?", fragte ich entgeistert. Da ich mir den Quatsch ja nie anschaute, wusste ich auch nicht, dass Herz mit der Formel Eins zu tun hatte. Aber wer damals Motorsport verfolgte, der sah auf jedem Mercedes-Boliden von McLaren den Schriftzug „West". Es war eine Zigarettenmarke von Reemtsma.

„Das müssen wir vielleicht mal ändern", sagte Herz zu seiner Frau.

Kaum war ich wieder zu Hause, da bekam ich aus der Marketingabteilung von Reemtsma eine Einladung zu einem Formel-Eins-Rennen. Und zwar unabhängig davon, wo auf der Welt es stattfand. Dem Schreiben lag eine Liste mit den einzelnen Veranstaltungen bei. Los ging es mit Ländern wie Australien, Malaysia, Brasilien. Man bot mir an, alles zu übernehmen – vom Flug über die Verpflegung bis zur Unterkunft. So wie ich damals nicht die teuerste Uhr aus dem Omega-Katalog genommen hatte, sondern die, die mich am meisten ansprach, so wählte ich nun das Rennen, das für mich als Sportreporter den besten Klang hatte: Monte Carlo.

Am letzten Wochenende im Mai 2001 flog ich von Düsseldorf nach Paris und dann weiter nach Nizza. Als ich die Passkontrolle hinter mir hatte und die Ankunftshalle betrat, empfing mich dort ein Chauffeur in Livree, mit Mütze und weißen Handschuhen. Er fuhr mich in einer Limousine nach Monte Carlo, und zwar in das Hotel, in dem auch gut und gerne die Hälfte der Fahrer untergebracht war.

Später wurde ich zum Hafen chauffiert, wo viele der ganz großen Weltfirmen tolle Jachten haben. Nebeneinander liegen diese Schiffe dort, eines kostspieliger als das andere, und funkeln in der monegassischen Sonne. Natürlich war auch Reemtsma vertreten. Von außen betrachtet, war die Jacht schon atemberaubend, aber das Innere verschlug mir die Sprache. Ich kam mir vor wie in den Räumen eines Palastes, an jeder Ecke gab es Champagner und Hummer. Ich sah Boris Becker, Heidi Klum und die beiden Klitschko-Brüder. Prominente wie sie waren nicht nur auf einer einzigen Jacht zu Gast, sondern wurden im Verlauf des Abends von Schiff zu Schiff weitergereicht.

Am nächsten Tag verfolgte ich das Training von der Tribüne aus. Es war das erste Mal, dass ich eine solche Rennstrecke besuchte. Obwohl das ganze Drum und Dran natürlich beeindruckend war, wurde mir rasch klar, dass es ziemlicher Unfug ist, sich das Rennen von hier anzuschauen. Man sieht nämlich nichts. Gerade mal dreihundert Meter der Strecke kann man von der Tribüne aus einsehen. Kaum hat man also einen kurzen Blick auf einen Wagen erhascht, da verschwindet er auch schon im Tunnel. Im Grunde hört man die Boliden mehr, als dass man sie wirklich sieht.

Der Brite David Coulthard, der für McLaren-Mercedes fuhr, holte beim Training die Poleposition, deswegen war der ganze Reemtsma-Tross bester Laune, als man am nächsten Tag von Bord der Jacht ging, um das Rennen an der Strecke zu verfolgen. Ich aber blieb zurück. An Bord des Schiffes gab es gleich mehrere große Bildschirme, auf denen man die Übertragung sehen konnte. Das war nicht nur bequemer, ich bekam auch viel mehr vom Rennen mit. Zum Beispiel, dass Coulthards Wagen beim Start stehenblieb. Das gesamte Feld fuhr an ihm vorbei, und plötzlich ging er nicht von der ersten Position ins Rennen, sondern von der letzten. Die beiden Ferraris gewannen, Coulthard rollte das Feld von hinten auf und wurde immerhin noch Fünfter.

Meister der Herzen

Es war das erste und bisher einzige Mal, dass ich mit dem zu Recht so genannten Formel-Eins-Zirkus in Berührung kam. Dem aufmerksamen Fußballfan wird aber beim Lesen dieser Zeilen nicht entgangen sein, dass das Wochenende in Monte Carlo nicht das einzige unvergessliche Erlebnis war, das mir in jenem Monat zuteilwurde. Denn wenige Tage, bevor ich nach Monaco reiste, hatte ich vom dramatischsten Bundesliga-Finale aller Zeiten berichtet. Wieder war Schalke beteiligt. Diesmal aber nicht als strahlender Sieger, sondern als tragischer Verlierer.

Vier Jahre, nachdem Rudi Assauer mir im Flugzeug gesagt hatte, dass der Bau der Arena bald beginnen würde, war sie fertig. Das Spiel zwischen Schalke und Unterhaching am 19. Mai 2001 würde das letzte sein, das Königsblau im inzwischen altehrwürdigen Parkstadion bestritt. Es gab sogar noch die ganz kleine Chance, dass der Verein den Umzug in die Arena mit dem ersten Meistertitel seit 1958 feiern konnte. Denn vor dem letzten Spieltag lag Schalke zwar drei Punkte hinter Bayern München, hatte aber das bessere Torverhältnis. Bei *ran* bewarben wir das Fernduell zwischen den beiden Klubs mit dem Slogan „Finale Grande – reine Nervensache“. Keiner von uns ahnte, wie recht wir damit haben sollten.

Allein das Spiel im Parkstadion war schon aufregend genug. Unterhaching kämpfte noch gegen den Abstieg und ging überraschend 2:0 in Führung. Schalke glich aus, aber in der 69. Minute gelang den Gästen das 3:2. In Hamburg, wo die Bayern spielten, war noch kein Tor gefallen. Knapp zwanzig Minuten vor dem Ende der Saison schien also alles entschieden.

In unserer großen Samstagsshow inszenierten wir die Schlussphase als Konferenzschaltung. Ich berichtete aus Schalke, Thomas Herrmann aus Hamburg. Natürlich kommentierten wir nur einen Zusammenschnitt, doch unsere Reportage sollte die Zuschauer daheim in das Drama eintauchen lassen, daher klang es fast, als wären wir live auf Sendung.

„Böhme mit links!“, rief ich. „Und erneut der Ausgleich.“ Und kurz danach: „Jetzt geht Böhme. Böhme frei vor Tremmel, und das ist es! Das ist die Schalker Führung – 75. Minute. Zwischen seinen beiden Treffern lagen exakt 89 Sekunden.“ Schließlich schoss Schalke auch noch das 5:3. Nun hieß es warten, was in Hamburg passierte.

„Schalke hat das Blatt doch noch gewendet“, sagte Herrmann. „Zum ersten Mal ist Bayern richtig in Not. Und … Barbarez gegen Andersson, die 90. Minute! Nein, nein, nein. Die Bayern brechen auf der Bank zusammen. Was ist eigentlich hineingefahren in den Fußballgott?“

Sergej Barbarez hatte mit einem Kopfball für den HSV das 1:0 erzielt. Als diese Nachricht Schalke erreichte, brach grenzenloser Jubel aus. Beim Schlusspfiff strömten die Massen von den Rängen auf den Rasen, die Spieler bildeten Jubeltrauben, Rudi Assauer stieß wieder und wieder die Faust in den Himmel. Rolf Fuhrmann, Reporter bei Premiere, hatte dem Schalker Andreas Müller die Info gegeben, dass das Spiel in Hamburg ebenfalls beendet war. In Windeseile hatte diese Falschmeldung die Runde gemacht.

„Das ist der nackte Wahnsinn“, sprach ich über die Bilder der Schalker Freudentränen. Dann fügte ich an: „Und gleich, gleich kommt die Zeit nach dem Wahnsinn.“

Damit schnitten wir um zu Herrmann. Denn die Begegnung in Hamburg war mitnichten vorbei. „In Schalke ist seit vier Minuten abgepfiffen“, sagte Herrmann. „Schober schlägt den Ball nicht weg und deswegen: indirekter Freistoß. Rückpass von Ujfalusi.“ Diesen berühmten Freistoß hämmerte Bayerns Verteidiger Andersson dann in die Maschen des Hamburger Tores. Im Parkstadion spielten sich herzzerreißende Szenen ab. Eben hatten die Menschen noch vor Glück geheult, nun weinten sie aus tiefster Verzweiflung. Es war wieder ein Moment von großer Emotionalität, auch für mich. Ich hatte als Stadionsprecher das letzte Spiel in der Glückauf-Kampfbahn und das erste im Parkstadion erlebt. Gerade hatte ich als Reporter die letzten 90 Minuten dieser Spielstätte gesehen, und in einigen Wochen würde ich die allererste Partie in der neuen Arena für *ran* kommentieren. (Ein torloses Freundschaftsspiel zwischen Schalke und Dortmund.)

Deswegen gingen mir wieder alle möglichen Gedanken durch den Kopf, als ich sah, wie sich die Fans in den Armen lagen. Diesmal nicht, wie vier Jahre zuvor in Mailand, um zu feiern, sondern um sich zu trösten. Irgendwie schien Schalke schon mein Schicksal zu sein.

Ein paar Monate zuvor, im Dezember 2000, hatte ich Günter Siebert zu seinem 70. Geburtstag gratuliert. Die Feier fand in „Oskars Tanzpub" statt, seinem Lokal auf Gran Canaria. Ich hatte die Ehre, die Laudatio auf ihn zu halten. Am Ende meiner Rede überreichte ich ihm als Geschenk ein großes, gerahmtes Foto von der Telestar-Verleihung 1997. Auf dem Bild sah man, wie Wickert mir den Preis überreichte. Unter das Foto setzte ich einen Text, der mit den Worten endete: „Lieber Günter, du hast mich damals zum Fußball gebracht. Keiner konnte wissen, was daraus werden sollte. Ein Teil von diesem Preis gehört auch dir." Als Siebert das las, standen ihm Tränen der Rührung in den Augen.

Die Kirch-Krise

Es hatte schon eine Weile Gerüchte gegeben, dass Kirchs Imperium bröckelte. Wie ernst die Lage war, das erkannte ich erst im Rahmen einer dramatischen *ran*-Sitzung im September 2000. Diese Sitzung fand nicht in Hamburg statt. Denn gut ein Jahr zuvor, im Juni 1999, war die Sat.1-Sportredaktion mit ihren rund 60 Mitarbeitern von der Alster an die Spree gezogen. In Berlin-Mitte, unweit des Gendarmenmarktes, hatte der Konzern ein fantastisches Funkhaus gebaut, mit modernsten Studios, einer tollen Kantine, schicken Räumlichkeiten. Beim Richtfest war Leo Kirch selbst vor Ort, es war das erste Mal, dass ich ihn – wenn auch nur aus einiger Entfernung – zu Gesicht bekam. Obwohl ich Lokalchef in Dortmund war und blieb, hatte ich in Berlin einen eigenen Büroplatz, mit meinem Namensschild an der Tür.

Ich persönlich war begeistert von der Entscheidung, in die Hauptstadt zu gehen, denn ich hatte schon immer ein großes Faible für Berlin. Damals sagte ich allen Kollegen: „Wenn ich zwanzig Jahre jünger wäre, würde ich sofort dorthin ziehen." Doch ich musste das ja nicht tun, mein Standort blieb die Außenredaktion Dortmund. Jene Kollegen aber, die in Hamburg gearbeitet hatten, waren gezwungen, ihre Wohnungen zu kündigen und die Kinder aus der Schule zu nehmen; einige hatten Ehefrauen, die ebenfalls berufstätig waren und nun vor der Wahl standen, ihren Job aufzugeben oder eine Wochenendbeziehung zu führen. Nicht alle Mitarbeiter waren bereit, ihr Leben so radikal umzukrempeln. Wir verloren einige fähige Kollegen, die den Umzug nicht mitmachen wollten. Wie sich herausstellte, hatten sie den richtigen Riecher gehabt.

Denn an diesem Tag Anfang September trat Programmdirektor Michael Lion vor die versammelte Mannschaft. Er sagte, er sei schon so gut wie auf dem Weg zu den Olympischen Spielen nach Sydney, habe aber vorher noch eine wichtige Nachricht zu verkünden.

„Liebe Leute", sagte er. „Schon sehr bald werden wir alle von Berlin nach München umziehen." Er fügte noch ein paar knappe Sätze der Erklärung an, dann stand er auf und verließ eiligen Schrittes den Sitzungssaal.

Um mich herum herrschte fassungsloses Entsetzen. Einige der jüngeren Kollegen hatten Kredite aufgenommen, um sich in Berlin eine Eigentumswohnung zu kaufen, nun stand schon wieder ein Umzug an. Der Hintergrund der ganzen Geschichte war, dass alle Sportredaktionen der Kirch-Sender betriebswirtschaftlich an das Deutsche Sportfernsehen (DSF) angebunden wurden, das seinen Sitz in München-Ismaning hatte.

Im Grunde errichtete man einen großen Verschiebebahnhof, auf dem unentwegt Geldzüge rangierten, um dort Löcher zu stopfen, hier Kosten zu sparen und da Pleiten abzuwenden. Zwei Jahre später, nach der schlussendlichen Insolvenz der Kirch-Gruppe, erklärte die *Berliner Zeitung* diesen verzweifelten Griff nach dem letzten Strohhalm so: „Die Kirch-Spitze bündelte die gesammelte Sportkompetenz der Gruppe mit fast 1.000 Mitarbeitern in der DSF GmbH. Ein so genanntes ‚Sport-Dienstleistungszentrum' (SDZ) wurde geschaffen, das mit Reporterpool sowie eigener Produktionsfirma den Sendern sämtliche Sportberichte zuliefern sollte. Premiere, Sat.1, N24, ProSieben zählen seitdem zu den Kunden. So muss nicht mehr jeder Sender selber Kamerateams in die Stadien schicken, in denen sich bis dahin die Kirch-Berichterstatter auf den Füßen standen."

In der Theorie klang das vielleicht gut, doch die Praxis sah anders aus. Wenn wir nun unsere Samstagssendungen von *ran* besetzten, mussten wir die Mitarbeiter leasen. Für uns war das teurer als vorher, als diese Leute noch bei uns angestellt waren. Vielleicht rechnete sich die Sache gesamtwirtschaftlich, aber ich wage, dies zu bezweifeln. Immerhin wurde die finanzielle Lage der Kirch-Gruppe zunehmend schlimmer, nicht besser.

Die Umstrukturierung führte auch zu einem Konflikt zwischen mir und meinem langjährigen Förderer, Michael Lion. „Werner", sagte er, „du musst auch rein in den Reporterpool vom SDZ."

„Auf gar keinen Fall", entgegnete ich. „Ich habe einen Vertrag mit Sat.1. Ich bin von meinem Gefühl her ein Teil der Marke *ran*. Ich identifiziere mich total mit dieser Marke und werde auch draußen so wahrgenommen. Wenn ich auf einmal auch noch beim DSF rumsinge oder bei Premiere meine Visage in die Kamera halte, dann beschädigt das mein Ansehen bei den Leuten. Außerdem verlieren wir das, was am wichtigsten ist: die Wiedererkennbarkeit."

Lion blieb hartnäckig; ich nehme an, er hatte strikte Anweisungen. So klingelte eines Tages mein Telefon, und am Apparat war die Sekretärin von Benno Neumüller, zu jener Zeit der Chefredakteur Fußball beim Sender Premiere.

„Herr Hansch", sagte die Dame. „Ich brauche von Ihnen noch Ihre Schuhgröße, die Kragenweite und Ihre Konfektionsgröße."

„Ach? Das brauchen Sie von mir?"

„Ja, natürlich", antwortete sie. „Die Premiere-Moderatoren werden doch extra eingekleidet."

„Selbst wenn ich all diese Dinge wüsste“, gab ich zurück, „dann würde ich sie Ihnen nicht sagen. Bitte richten Sie das Herrn Neumüller aus.“

Meine rigorose Weigerung, mich an andere Sender vermieten zu lassen, hat mir finanziell sicherlich geschadet, denn ich verbaute mir dadurch einen Weg. Später, nach dem Ende von *ran* und dem Arena-Intermezzo, hatte ich zum Beispiel nie eine Chance bei Premiere oder Sky, wie der Sender ja inzwischen heißt. So gesehen, war meine konsequente Haltung ziemlich bescheuert. Aber ich tat, was ich für richtig hielt. Lion hat das nie verstanden, aber er konnte mich nicht zwingen, meinen Vertrag mit Sat.1 aufzulösen. Viele der jüngeren Kollegen hielten dem Druck allerdings nicht stand; sie unterschrieben neue – und schlechter dotierte – Verträge mit dem Dienstleistungszentrum.

Von dem Tag, an dem Lion den neuerlichen Umzug verkündete, bis zum Ende des Bundesligafußballs auf Sat.1 sollten noch fast drei Jahre vergehen. Aber von diesem Moment an wussten wir, dass die Kirch-Gruppe ums Überleben kämpfte. Mit welchen Mitteln sie dies tat, das gefiel uns nicht immer. Der Tiefpunkt war die Veränderung des Sendeplatzes von *ran* im Sommer 2001. Die Sendung begann seit einigen Jahren um 18.30 Uhr, doch in der Konzernspitze glaubte man, dass dieser frühe Termin einem anderen höchst defizitären Kirch-Sender, nämlich Premiere, Abonnenten kostete. Also wurde *ran* (vor allem auf Betreiben von Dieter Hahn, dem Vizechef der Kirch-Gruppe) auf 20.15 Uhr geschoben.

Wir alle fanden diese Entscheidung furchtbar. Es war der massive Versuch, den Fußballfan am Nasenring hin zu Premiere zu führen. Es brachte uns – völlig zu Recht – eine sehr schlechte Presse ein und führte zu einem abenteuerlichen Quotensturz. Zuvor hatten wir einen Zuschaueranteil von bis zu fünf Millionen, nun halbierte sich die Zahl augenblicklich. Nach drei Wochen sank die Quote sogar weit unter zwei Millionen. Plötzlich wurde die Ziehung der Lottozahlen von doppelt so viel Menschen verfolgt wie der Bundesligafußball.

Es war ein totales Desaster, das auch Premiere kein bisschen nutzte, im Gegenteil: Die Fußballfans riefen vor Empörung sogar zum Boykott aller Kirch-Sender auf. Nach nur fünf Wochen gab man das Experiment auf, *ran* wurde wieder vorgezogen auf 19 Uhr. Doch das Kind war in den Brunnen gefallen. Die Quote erholte sich kaum; die Leute, die wir im August 2001 verloren hatten, kamen nicht wieder zurück zu uns.

Ein gutes halbes Jahr später, im April 2002, meldete die Kirch-Gruppe Insolvenz an und wurde zerschlagen. Spätestens da gab es keinen Zweifel mehr daran, dass Sat.1 nicht mehr die Mittel haben würde, um beim Feilschen um die Bundesligarechte mitzubieten. Der Sender ließ Anfang 2003 eine Option zur Verlängerung des Vertrags unter gleichen Konditionen verstreichen, und so wussten wir, dass im Sommer Schluss sein würde. Natürlich waren wir enttäuscht. Man darf aber eines nicht vergessen: Als wir 1992 angefangen hatten, glaubte kaum einer von uns, dass die Sache so lange – elf Jahre! – dauern würde. Damals gab es nur Verträge über drei Jahre, weil im schnelllebigen Medienmarkt niemand weiter planen konnte. Die einzige Ausnahme war übrigens ich. Weil ich beim Start von *ran* schon fast Mitte fünfzig war, forderte ich von Fritz Klein einen Vertrag über fünf Jahre und bekam ihn auch.

In diesen elf Jahren brachte *ran* – mit all seinen Facetten – den deutschen Fußball maßgeblich nach vorne. Niemand wird das bestreiten können. Das alte, ausgeleierte Format der *Sportschau* hätte den unglaublichen Popularitätsschub, den die Sportart in dieser Zeit erfuhr, niemals befördern können. Am 24. Mai 2003, dem letzten Spieltag der Saison, endete die Geschichte von *ran* als Bundesligasendung. Doch wie sich zeigen sollte, war es noch nicht das Ende des Markennamens *ran*.

Viele Wochen lang wusste niemand von uns, was die Zukunft bringen würde. Wir hörten, dass der Sender sich um Fußballrechte bemühte, aber Einzelheiten kannten wir nicht. Es war abzusehen, dass die Redaktion dramatisch verkleinert werden musste, aber in welchem Maß und wen es erwischen würde, das stand in den Sternen. Kerner und Beckmann waren ja schon seit vielen Jahren wieder bei den Öffentlich-Rechtlichen, Uli Voigt arbeitete inzwischen bei RTL, Jörg Dahlmann für Premiere, Thomas Herrmann beim DSF. Blieben nur noch zwei von der ganz alten Garde, den Männern der ersten Stunde: Jörg Wontorra und ich.

Anfang August bat mich Michael Lion um ein Treffen. Nach dem Zusammenbruch der Kirch-Gruppe war er vom DSF zurückgekehrt zu seinem Stammsender Sat.1 und trug auch wieder seinen alten Titel: Programmdirektor Sport. Das war ein gutes Zeichen für mich, denn trotz gelegentlicher Unstimmigkeiten hielten wir große Stücke aufeinander. Solange Lion etwas zu sagen hatte, durfte ich auf seine Unterstützung hoffen.

Wir trafen uns in meinem Lieblingshotel, dem InterContinental in Berlin. Ich war in der Stadt, weil ich am Tag vor dem Traber-Derby wieder als Auktionator gearbeitet hatte. „Werner", begann er, „wir haben zwar die Bundesliga verloren, dafür aber Rechte an der Champions League bekommen." Die Senderfamilie ProSiebenSat.1-Media hatte für die nächsten drei Jahre ein Paket mit dreizehn Live-Spielen pro Saison und einer Reihe von Magazinsendungen von der UEFA erworben. Lion legte mir nun präzise dar, wie er sich die Übertragungen vorstellte.

Die Live-Sendung sollte den Titel *UEFA Champions League – ran-Sat.1-Fußball* bekommen, damit die etablierte Marke *ran* noch am Markt blieb. Unsere Redaktion, die in der letzten Saison noch 31 Mitarbeiter umfasste, würde auf die Hälfte schrumpfen. Es bestand zum Beispiel keine Notwendigkeit mehr, ein Studio zu unterhalten. Auch meine altgedienten MAZ-Redakteure Christoph Pauly und Siggi Bembennek würden in Zukunft nicht benötigt, da wir keine Berichte zu schneiden hatten. Der Sender musste bei dreizehn Spielen auch nur noch einen Live-Kommentator unter Vertrag haben, also entweder mich oder zum Beispiel Erich Laaser. Zu guter Letzt brauchten wir bloß einen einzigen Moderator, also entweder Wontorra oder den beliebten Oliver Welke, der zwei Jahre zuvor den Deutschen Fernsehpreis für die Präsentation von *ran* bekommen hatte.

„Wir stellen uns das folgendermaßen vor, Werner", sagte Lion im InterConti zu mir. „Die Übertragungen werden von Oliver Welke moderiert. Er macht das zusammen mit Oliver Bierhoff, der unser Experte ist. Und ich möchte, dass du unser alleiniger Reporter wirst und alle Spiele kommentierst." Ich fragte ihn, was mit Wontorra sei. Sein Vertrag laufe aus, sagte Lion knapp, und werde nicht verlängert. Dann ging es ums Finanzielle. Lions Angebot war sehr gut dotiert. Ich musste nicht lange nachdenken, sondern sagte ihm an Ort und Stelle zu.

Alles schien wunderbar – doch in den sechs Wochen, die zwischen diesem Gespräch und unserer ersten Champions-League-Sendung lagen, überschlugen sich die Ereignisse. Als wir am 17. September das Spiel zwischen dem FC Bayern und Celtic Glasgow übertrugen, führten wie geplant Welke und Bierhoff durch die Sendung. Doch am Mikrofon saß nicht ich. Sondern Wontorra. Das überraschte auch die Kollegen vom *kicker,* die sich zwei Tage vor dem Spiel wunderten, dass Sat.1 ihn „erst recht spät“ zum Kommentator gemacht hatte. Sie fragten Wontorra sogar ungeniert, ob er als Moderator „ausgebootet“ worden sei und in den Jahren vor der Kamera „den Job als Kommentator verlernt“ habe.

Wie und warum Wontorra plötzlich wieder auf der Bildfläche erschien, kann ich nicht mit absoluter Sicherheit sagen. Es lag jedenfalls nicht vorrangig daran, dass Michael Lion etwa Mitte August, also keine zwei Wochen nach unserem Treffen in Berlin, von Sat.1-Geschäftsführer Martin Hoffmann entlassen wurde. Für uns alle kam dieser Wechsel aus heiterem Himmel – wie die *Süddeutsche Zeitung* schrieb, wurde selbst Lions Nachfolger Albrecht Schmitt-Fleckenstein, unser alter CvD, „von Hoffmanns Entscheidung überrascht“. Doch zum Zeitpunkt von Lions Entlassung geisterte Wontorras Name im Zusammenhang mit der Übertragung der Champions-League-Spiele schon durch die Gazetten. Vielleicht stimmt ja wirklich, was ich von einigen Seiten gehört habe. Nämlich dass der Sender es durch einen Fehler in der Personalabteilung versäumte, Wontorras Vertrag zu kündigen, bevor er sich automatisch verlängerte.

Wie auch immer, vom September 2003 an waren Welke und Bierhoff unsere Moderatoren für die Live-Berichte von der Champions League, während Wontorra und ich uns am Mikrofon abwechselten. Zwei Wochen, nachdem er das Spiel der Bayern gegen Celtic kommentierte, berichtete ich von der Partie zwischen dem VfB Stuttgart und Manchester United. So würden wir es die nächsten drei Jahre halten.

Zimmer frei

Kurz vor diesem ersten Champions-League-Einsatz in Stuttgart erhielt ich einen überraschenden Brief. Der Absender war ein WDR-Redakteur, der für die Sendung *Zimmer frei* arbeitete, die Spiel- und Talkshow mit Christine Westermann und Götz Alsmann. Die Sendung wird seit 1996 in den verschiedenen dritten Programmen der ARD gezeigt. Sie hatte damals wie heute ein festes und treues Stammpublikum, doch ein echter Quotenrenner konnte sie nicht sein, da sie eben nur im Regionalprogramm lief.

Und deswegen bekam ich jenen Brief. Der Redakteur teilte mir nämlich mit, dass die Sendung Mitte September, in der ich zu Gast gewesen war, einen sagenhaften Marktanteil von mehr als 16 Prozent erreicht hatte! (Zum Vergleich: In unserem letzten Jahr als Bundesligashow kam *ran* im Durchschnitt auf etwa 21 Prozent am Samstagabend.) Er bezeichnete das als sensationellen Rekordwert und bedankte sich noch einmal in aller Form für mein Mitwirken. Doch warum ausgerechnet diese Sendung ein so durchschlagender Erfolg war, das konnte er mir auch nicht sagen.

Ich weiß es bis heute nicht. Von all den vielen Sachen, die ich im Radio und im Fernsehen gemacht habe, bin ich am häufigsten auf diese eine Folge von *Zimmer frei* angesprochen worden. Das hat in den letzten Jahren etwas nachgelassen, weil die Sendung schon länger nicht mehr wiederholt worden ist. Aber über einen langen Zeitraum war das Interesse der Leute an meinem Auftritt schon sehr erstaunlich. Vor allem, wenn man bedenkt, dass nichts Ungewöhnliches vorfiel. Deswegen haben die Menschen auch keine spezielle Frage, sondern sagen immer nur zu mir: „Werner, wie war das denn so bei *Zimmer frei?*"

Nun, zunächst muss ich gestehen, dass ich die Sendung so gut wie gar nicht kannte, als eine Sekretärin von Sat.1 mich informierte, dass eine Anfrage vom WDR vorlag. Vielleicht war ich mal beim Rumschalten hängengeblieben, um mir Alsmanns Schmachtlocke genauer anzusehen, aber das war es auch schon.

„Ach, ich weiß nicht", sagte ich deshalb zu unserer Sekretärin. „Das ist doch so ein Jokus, oder?"

„Oh, die Sendung hat aber einen sehr guten Ruf", gab sie zurück. „Sie hat schon mal den Grimme-Preis gewonnen. Wir hier sind der Meinung, es könnte ganz gut werden."

„Nun, dann will ich es mir überlegen", meinte ich zweifelnd.

Eine Weile später rief mich der zuständige WDR-Redakteur an, um zu hören, wie weit meine Überlegungen inzwischen gediehen seien. Ich bat ihn, mir ein Band mit einer Folge der Show zu schicken, damit ich mir ein Bild von der Sache machen konnte. Wenige Tage später hatte ich eine VHS-Kassette in der Post. Es war die Sendung mit Hellmuth Karasek, die einige Jahre zuvor gelaufen war. Ich sah mir eine knappe halbe Stunde an, muss aber sagen, dass mich das Konzept nicht vom Hocker riss. Trotzdem sagte ich schließlich zu, nicht ohne gehörige Bedenken.

Die Produktion fand am 4. September 2003 statt, zehn Tage vor der Ausstrahlung. Die Show wurde im Funkhaus am Wallraffplatz in Köln nach dem Live-on-Tape-Verfahren aufgezeichnet. Sie war also nicht wirklich live, auch wenn es für den Zuschauer später so wirkte. Ich wurde von der Redaktion sehr nett betreut; man führte mich in meinen eigenen kleinen Aufenthaltsraum, wo Getränke, Obst und ein Imbiss bereitstanden.

Eine knappe Viertelstunde vor Beginn der Aufzeichnung – ich war schon in der Maske gewesen – kam Götz Alsmann zu mir in den Raum. Er war kein Unbekannter für mich. Etwa zwanzig Jahre zuvor hatte ich mal für eine Brauerei eine Talk-Veranstaltung in einer Münsteraner Kneipe geleitet. Dort war Alsmann einer meiner Gesprächsgäste. Er hatte damals als Musiker bereits Erfolg, fing aber gerade erst an, sich auch im Fernsehen einen Namen zu machen.

„Herr Hansch!", begrüßte er mich nun kurz vor der Sendung. „Erinnern Sie sich noch an den ‚Bunten Vogel'?"

„Natürlich", antwortete ich. „So hieß die Kneipe in Münster, wo wir uns zum ersten Mal getroffen haben."

Er freute sich, dass auch ich mich an die Veranstaltung erinnern konnte, dann wechselte er abrupt das Thema. „Sagen Sie mal, Herr Hansch, spielen Sie ein Instrument?"

„Ich habe als junger Kerl mal angefangen, das Klavierspielen zu lernen. Aber das habe ich schnell aufgegeben, und es ist nichts hängengeblieben."

„Können Sie denn singen?"

„Herr Alsmann", seufzte ich. „Nur unter größten Schmerzen."

„Ach, das kriegen wir schon hin. Was haben Sie denn für Vorlieben?"

„Wenn es schon sein muss, dann vielleicht Schlager aus den 20er Jahren?"

„Da habe ich was!", rief er und verschwand. Zwei Minuten später war er wieder zurück und drückte mir ein Textblatt in die Hand. „Ich spiele Klavier", sagte er, „und Sie singen *Irgendwo auf der Welt* von den Comedian Harmonists."

Dann begann die Show. Zu Anfang quasselten wir, das kann ich ja. Danach kamen ein paar Spökes, von denen mir einige etwas peinlich waren. So schlüpften Westermann und Alsmann zum Beispiel in ein Pferdekostüm. Dann galoppierten die beiden um den Tisch, während ich auf einem Stuhl stand und sie mit der Peitsche antrieb.

Es folgte das berühmte Bilderrätsel. Drei Damen in knappen Abendkleidern betraten das Studio. Zwei von ihnen waren sehr grazil, die dritte recht füllig. Alsmann ergriff ein Paar Handschellen und kettete damit die beiden zierlichen Frauen an die Treppe, während die Dritte immer rief: „Ich auch, ich auch!" Doch Alsmann wehrte sie ab und band nur die beiden anderen fest.

Na, welcher Begriff wurde hier gesucht? Wenn Sie es nicht auf Anhieb wissen, machen Sie sich nichts daraus, ich habe auch lange gerätselt. Es ging wieder um Pferde, so viel sei an dieser Stelle verraten.

Der nächste Programmpunkt war mein Einzelgespräch mit Christine Westermann. Dazu stiegen wir eine Treppe hinauf und kamen in eine Kulisse, in der ein Büroraum nachgebaut worden war. Dort fragte sie mich nach meiner Herkunft, nach meinen Plänen als junger Mann und nach all den verrückten Zufällen, von denen diese durchkreuzt wurden. Es war ein sehr menschliches, einfühlsames Gespräch, das mich tief bewegte. Wann immer ich *Zimmer frei* heute sehe, freue ich mich auf die Unterhaltung zwischen dem Gast und Frau Westermann; sie macht das wirklich sehr gut.

Und dann kam der zweite Moment, vor dem jeder Bammel hat, der in die Show eingeladen wird. (Der erste ist das Bilderrätsel.) Es ging ans Musizieren. Alsmann setzte sich ans Klavier, und ich sang. „Irgendwo auf der Welt gibt's ein kleines bisschen Glück." Mit jeder Zeile bekam ich mehr Zutrauen. „Wenn ich wüsst', wo das ist, ging' ich in die Welt hinein." Ich muss sagen, es machte sogar Spaß. „Denn ich möcht' einmal recht so von Herzen glücklich sein." Als ich fertig war, sagte Alsmann: „Hansch, Sie können das!" Sein Lob machte mich schon ein bisschen stolz, trotzdem glaube ich nicht, dass mein Vortrag so gut war, dass er 16 Prozent der Zuschauer an diesem Sonntag vor den Bildschirm gelockt hat. Der Erfolg dieser speziellen Sendung bleibt also ein Rätsel.

Apropos Rätsel. Ich schulde dem Leser noch eine Auflösung. Der von Alsmann und den Damen dargestellte Ausdruck war: Schlanke Fesseln.

Holt die Demenz aus der Tabuzone

Brummes Begräbnis

Die Frau schluchzte so stark, dass ich gar nicht verstehen konnte, was sie sagte. Ich stoppte das Band des Anrufbeantworters, ließ es zurücklaufen und spielte die Ansage erneut ab. Auch beim zweiten Mal hörte ich nur Wortfetzen, so verheult war die Stimme. Doch dann hatte ich plötzlich eine Ahnung, wer mich da früh am Morgen angerufen hatte.

Es war Mittwoch, der 10. Mai 2005. Am Abend vorher hatte ich in der Tennishalle in Recklinghausen eine sehr traurige Nachricht bekommen. Dieser Anruf musste damit in Verbindung stehen. Ich holte mein Notizbuch hervor und blätterte, bis ich die Nummer eines Anschlusses in Köln-Lövenich fand. Dann holte ich tief Luft und rief dort an.

„Brumme?"

„Frau Brumme", sagte ich, „hier spricht Werner Hansch. Falls das stimmt, was ich gestern gehört habe, dann möchte ich Ihnen mein tiefstes Mitgefühl aussprechen."

„Herr Hansch, es stimmt", sagte sie mit zittriger Stimme. „Kurt ist gestern gestorben. Ich habe Sie deswegen auch schon angerufen und aufs Band gesprochen."

Sie erzählte mir, dass es einen großen Hausputz bei Brummes gegeben hatte. Irgendwann wurde es Kurt zu viel, ständig vor dem Staubsauger der Putzfrau fliehen zu müssen. Er zog sich zurück in seine berühmte Kellerbar. Als die Arbeit getan war, ging Frau Brumme hinunter, um nach ihm zu sehen. Sie fand ihn bei guter Laune und bester Gesundheit vor. (Kurt war 82 Jahre alt, aber bis auf einige Knieprobleme topfit.) Die beiden setzten sich an die Theke, Kurt machte eine Flasche Wein auf, prostete seiner Frau zu – und fiel tot vom Hocker, noch bevor er einen Schluck getrunken hatte. Herzinfarkt.

„Herr Hansch", schloss Frau Brumme, „wir wissen beide, dass der Kurt Sie immer sehr geschätzt hat. Würden Sie ihm und mir den Gefallen tun und bei der Beerdigung die Trauerrede halten?"

Als professioneller Singvogel hatte ich schon zu fast allen möglichen Anlässen gesprochen: auf Geburtstagen und Hochzeiten, auf

Gründungsfeiern und Jubiläumsfesten. Doch ich hatte noch nie eine Rede auf einer Beerdigung gehalten. Und dann noch sozusagen am offenen Grab eines Mannes, dem ich so viel zu verdanken hatte! Ich teilte Frau Brumme meine Bedenken mit, sagte aber zum Schluss: „Doch ich spüre, dass ich das machen muss. Ich kann mich jetzt nicht verweigern."

Einige Stunden später rief mich der Besitzer des großen Kölner Bestattungshauses Kuckelkorn an. Er ging das Programm mit mir durch. Brumme würde auf einem kleinen Friedhof in Junkersdorf begraben werden, nur wenige Hundert Meter von seinem Haus entfernt. Die Zeremonie sollte in einer Kapelle stattfinden, die so winzig war, dass nur die allernächsten Verwandten in ihr Platz fanden. Da mit vielen Trauergästen zu rechnen war, wollte man die Türen öffnen und die Andacht per Lautsprecher nach draußen übertragen.

In den folgenden vier oder fünf Tagen machte ich mir große Gedanken. Ich wollte Kurt würdigen, aber nicht überhöhen. Ich wollte die richtige Balance finden und nahm mir vor, in meiner Rede auf die vielen verschiedenen Kurts einzugehen: den Reporter, den Entdecker und Förderer von Talenten, den Redaktionsleiter, den Privatmann.

Kurz vor der Beerdigung meldete sich Kuckelkorn noch einmal bei mir. Er sagte, dass WDR-Intendant Fritz Pleitgen im Ausland sei. Daher werde Monika Piehl, die Programmdirektorin, den Sender vertreten und eine Rede halten.

„Das Problem ist jetzt, dass Frau Piehl vor Ihnen reden wollte", sagte Kuckelkorn.

„Aber das ist doch kein Problem. Das kann sie gerne tun."

„Nun, Frau Brumme möchte das aber nicht", entgegnete er. „Sie sagt, dass Frau Piehl ihren Mann gar nicht gekannt hat. Frau Brumme möchte, dass Sie der Hauptredner sind und die anderen sich dann anschließen. Das habe ich gerade auch Frau Piehl am Telefon mitgeteilt, und sie hat es akzeptiert."

„Ja, dann ist ja alles gut, oder nicht?"

„Bis auf eine Kleinigkeit. Frau Piehl würde gerne einen Blick auf Ihr Redekonzept werfen. Ich nehme an, damit sie weiß, was zur Sprache kommt, und darauf eingehen kann."

„Lieber Herr Kuckelkorn", sagte ich. „Ich kann nicht wissen, was ich sage, bevor ich höre, was ich denke. Ich habe so gut wie noch nie vom Blatt abgelesen und werde ganz sicher nicht an Kurt Brummes Grab damit anfangen. Ich bereite mich vor, ja. Aber ich schreibe höchstens einige Stichworte auf."

Ich hielt meine Rede also frei. Frau Piehl, die nach mir an der Reihe war, hatte sechs oder sieben Blätter vor sich. Ab und zu wehte der Wind, der durch die geöffneten Flügeltüren ging, ihr mal eines weg, dann verlor sie den Faden oder verwechselte einen Namen.

Nach der Feier bildeten wir Reporter oder ehemaligen Reporter, die Brumme entdeckt hatte, eine kleine Gruppe. Heribert Faßbender war da, auch Jochen Hageleit, Manni Breuckmann, Tom Bayer – und Wilfried Mohren, der Sportchef des Mitteldeutschen Rundfunks (MDR). Alle waren ein wenig überrascht, als Mohren die Feier recht früh verließ. Wir verabschiedeten uns von ihm wie Kollegen, die sich ohnehin bald wieder über den Weg laufen werden. Noch war ja nicht bekannt geworden, dass gegen einige wichtige Leute der ARD wegen Bestechlichkeit ermittelt wurde.

Wenige Wochen später, Mitte Juni, wurde Jürgen Emig, ehemals Sportchef des Hessischen Rundfunks, festgenommen. Und kaum einen Monat später, im Juli, durchsuchte die Staatsanwaltschaft Mohrens Privatwohnung und sein Büro beim MDR. Er kam in Untersuchungshaft und wurde vom Sender entlassen. Als ich davon in der Zeitung las, kam mir kurz der Gedanke: Vielleicht war es ganz gut, dass Brumme das nicht mehr erleben musste. (Etwa vier Jahre später verurteilte ein Gericht Mohren wegen Vorteilsnahme.)

„Das Beste in Kürze: Das Spiel ist aus!"

„Wer hinten so offen ist, kann nicht ganz dicht sein."

„Wenn Sie dieses Spiel atemberaubend finden, haben Sie es an den Bronchien."

„Es war ein Sandwichspiel: ein frühes und ein spätes Tor, dazwischen viel Gehacktes."

„Welche Statistik stimmt schon? Nach der Statistik ist jeder vierte Mensch ein Chinese, aber hier spielt gar kein Chinese mit."

Ich habe in meinem Leben so viele Fußballspiele kommentiert, dass ich heute nicht mehr mit Bestimmtheit sagen kann, bei welcher Gelegenheit ich Sprüche wie diese in den Puschel – ins Mikro – gesprochen habe. Wer weiß, vielleicht stammen sie aus meinen letzten drei Jahren bei Sat.1, denn in dieser Zeit übertrugen wir noch einmal viele erinnerungswürdige Spiele.

Gleich das erste, das ich kommentierte, endete mit dem sensationellen 2:1-Sieg des VfB Stuttgart gegen die Startruppe von Manchester United. Die beiden Tore der Schwaben fielen innerhalb von nur zwei Minuten, durch den 22-jährigen Imre Szabics und den noch ein Jahr jüngeren Kevin Kurányi. Ich machte „ein bisschen Wiesenromantik aus", als Szabics traf, beschrieb die Jubeltraube als „ein Heldenbad unter Kollegen" und zog beim 2:0 die letzte Silbe von Kurányis Namen soooooo lang, wie der Ball in der Luft unterwegs war, bevor er schließlich im Kasten der Engländer landete.

Man muss aber auch sagen, dass wir in diesen drei Jahren nicht vom Glück verfolgt waren. Nur einmal erreichte eine deutsche Mannschaft wenigstens das Viertelfinale der Champions League. (Das waren 2005 die Bayern. Sie scheiterten an Chelsea.) Es war die Zeit, als die Top-Klubs aus England, Italien und Spanien der Bundesliga den Rang abzulaufen drohten und wir in Deutschland nur ganz wenige Spieler von internationalem Format hatten. Einer war Jens Lehmann, deswegen stellten wir ihn in den Vordergrund, als er 2006 mit dem FC Arsenal das Finale in Paris gegen den FC Barcelona erreichte.

In der offiziellen Pressemitteilung, die der Sender am Tag vor dem Endspiel verschickte, stand nichts davon, dass es unsere letzte Übertragung sein würde. Oder, wie ich es am Mikrofon formulierte, „der letzte Tango in Paris". Für die kommenden Jahre hatte sich Premiere ein so umfangreiches Rechtepaket gesichert, dass für das frei empfangbare deutsche Fernsehen nur noch ein paar Brosamen blieben, die das DSF vom Verhandlungstisch aufsammelte.

Dafür stand in der Pressemitteilung dies: „Kommentator des Finales mit möglicher Verlängerung ist Werner Hansch, der schon 1997 Lehmanns UEFA-Cup-Sieg mit Schalke für Sat.1 kommentierte. Ein gutes Omen?!" Nein. Der Abend begann schlecht für

Lehmann, der schon nach 18 Minuten wegen einer Notbremse vom Platz flog. Wenig später gab es einen fast 15-minütigen Stromausfall auf der Haupttribüne, wo auch der Medienbereich war. Für alle Fernsehzuschauer, nicht nur für unsere, wurde der Bildschirm plötzlich schwarz. Ich wusste nicht, ob ich im Stil eines Radioreporters weitersprechen sollte, da man mir nicht sagen konnte, ob der Ton durchkam.

Wir lösten das Problem schließlich, indem die Regie in München für die Dauer des Stromausfalls das Bild direkt aus dem Ü-Wagen holte und einen Kollegen in Deutschland per Telefonleitung kommentieren ließ. Es war ein unglückliches Ende für *ran* als Champions-League-Sendung. Drei Jahre lang hatte alles perfekt geklappt, sieht man mal von den Ergebnissen der deutschen Teams ab, nun passierte ausgerechnet zum Schluss solch eine große Panne.

Es blieb nicht die einzige in diesen Wochen, denn ich beging einen – zumindest aus finanzieller Sicht – furchtbaren Fehler. Ein halbes Jahr vor dem Finale hatte sich ein Tochterunternehmen des Kabelbetreibers Unity Media mit Namen Arena für die kommenden drei Jahre die Rechte an der Bundesliga gesichert. Nun musste innerhalb von wenigen Monaten ein neuer Pay-TV-Sender aufgebaut werden, der neben einem Konzept auch noch Redakteure, Reporter und Moderatoren brauchte. Zu diesem Zweck warb Arena niemand Geringeren ab als meinen Vorgesetzten: Im Frühjahr 2006 wechselte Albrecht „Ali" Schmitt-Fleckenstein von Sat.1 zu Arena und begann damit, seine Mannschaft zusammenzustellen.

Es war naheliegend, dass er mich ansprach. Ohne Fußball gab es für mich bei *ran* nicht mehr viel zu tun. Albrecht hingegen suchte erfahrene Leute, die er nicht extra einarbeiten musste. Sein Angebot war gut und verlockend. Ich konnte beim Fernsehen bleiben und würde außerdem nach drei Jahren Pause wieder über die Bundesliga berichten.

Doch etwa zur selben Zeit bekam ich einen Anruf von einem anderen ehemaligen Sat.1-Mann. Axel Balkausky war seit einigen Jahren beim DSF und dort inzwischen zum Chefredakteur aufgestiegen.

„Werner", sagte er, „bist du schon bei Arena unter Vertrag?"

„Nein, ich habe noch nichts unterschrieben."

„Das ist gut!", rief er. „Mach nichts, bevor wir uns nicht getroffen haben, Werner. Wir stehen in Verhandlungen mit der Telekom und sollen Bundesligasendungen fürs Internet produzieren."

„Fürs Internet?", fragte ich ungläubig. Ich hatte damals wie heute nicht den leisesten Schimmer von allem, was mit Computern zu tun hat.

„Hör dir erst mal meinen Vorschlag an! Ich komme gleich morgen zu dir nach Dortmund!"

Und das tat er auch. Wir trafen uns in einem Hotel in der Nähe des Flughafens. Balkausky erklärte mir, dass die Deutsche Telekom die Internetrechte an der Bundesliga erworben hatte und nun eine eigene Sendung plante. Dafür brauchte der Konzern einen Kooperationspartner. Man führte Gespräche mit Premiere, aber eben auch mit dem DSF. Und als Balkausky nach Dortmund kam, deutete vieles darauf hin, dass die Telekom sich gegen Premiere entscheiden würde.

Nach dieser Vorrede unterbreitete Axel mir sein Angebot. Es war sensationell. Das DSF bot mir einen Vertrag über drei Jahre. Man garantierte mir 100 Einsätze pro Saison für die Bundesliga-Übertragungen der Telekom im Internet. Jeder Einsatz würde mit sage und schreibe 2.000 Euro honoriert werden. Man stellte mir also die atemberaubende Gesamtsumme von 600.000 Euro in Aussicht! Der Vertrag enthielt auch eine wichtige Sonderklausel. Für den Fall, dass es entgegen allen Erwartungen zu keiner Einigung zwischen der Telekom und dem DSF kommen würde, sicherte mir der Sender dieselben traumhaften Konditionen in seinem regulären Fernsehprogramm zu.

Noch am Abend desselben Tages faxte mir Balkausky den fertigen Vertrag – unterschrieben von den beiden Geschäftsführern des DSF – in die Dortmunder Redaktionsräume. Ratlos betrachtete ich das Dokument. Das Angebot des DSF war um ein Vielfaches lukrativer als das von Arena. Aber Internet? Ich besitze ja bis zum heutigen Tag nicht einmal ein Handy!

In gewisser Weise war ich in derselben Situation, in der sich Reinhold Beckmann damals befunden hatte, als er mich im Oktober

1990 in Leverkusen ansprach. Hier ein geringeres Gehalt, dafür aber eine vertraute Umgebung und klassisches Fernsehen. Dort eine Menge Geld, dafür aber viel Ungewissheit und am Ende vielleicht überhaupt keine Zuschauer. Ich tat, was Reinhold auch getan hatte: Ich holte mir Rat. Und zwar bei dem Rechtsanwalt Dr. Thomas Summerer, der schon für Sat.1 und die Deutsche Fußball Liga (DFL) gearbeitet hatte und das Metier bestens kannte. Ich rief ihn an und erklärte ihm die Situation.

„Das Angebot der Telekom ist perspektivisch sicher interessant, Werner", sagte er. „Doch aus heutiger Sicht rate ich dir zu Arena. Das mit der Bundesliga im Internet wird irgendwann wichtig werden, aber nicht während der Vertragslaufzeit von drei Jahren."

Am nächsten Tag rief ich Axel Balkausky an. Ich bedankte mich für sein Vertrauen und das tolle Angebot, sagte ihm aber, dass ich bei Arena unterschreiben würde. Danach wählte ich die Nummer von Albrecht Schmitt-Fleckenstein, weihte ihn in meine Verhandlungen mit dem DSF ein und sagte ihm, wie ich mich entschieden hatte. Nämlich für ihn und seinen neuen Sender namens Arena.

Es war die schlimmste Fehlkalkulation meines Berufslebens. Denn die Telekom sagte sehr bald dem DSF ab und ließ ihre Internetsendung – die übrigens ein Flop wurde – lieber von Premiere produzieren. Hätte ich also Balkauskys Vertrag unterschrieben, wäre das DSF im Sommer 2006 gezwungen gewesen, mir pro Jahr 100 fürstlich dotierte Einsätze bei Fußballübertragungen zu geben. Dabei besaß der Sender so gut wie keine Rechte!

Ich wäre also in die DSF-Chefetage spaziert, hätte den Vertrag auf den Tisch gelegt und gesagt: „Ihr wisst so gut wie ich, dass ihr keine 100 Einsätze habt, die ihr mir geben könnt. Also biete ich euch Folgendes an: Wir vergessen diesen Vertrag, dafür zahlt ihr mir jetzt die Hälfte oder von mir aus ein Drittel dieser Einsätze bar auf die Hand aus." Es ist nicht unwahrscheinlich, dass der Sender diesem Deal zugestimmt hätte. Ich Hornochse.

Bei Arena hatten wir derweil, wie man sich erinnern wird, große Probleme. Allerdings nicht mit dem Produkt. Das war meiner Meinung nach exzellent. Vor allem unsere Konferenz war und ist unerreicht. Beim Pay-TV ist es ja so, dass der Zuschauer die Wahl hat, ob er an einem Samstagnachmittag ein einzelnes Spiel sehen möchte oder die sogenannte Konferenz, bei der von Stadion zu Stadion geschaltet wird. Das bedeutet, dass der Sender jede Partie mit zwei Reportern besetzen muss, einem Kommentator für die Einzeloption und einem für die Konferenz.

Bei Premiere (heute Sky) war und ist es so, dass nur die Einzelreporter auch wirklich im Stadion sind. Die Konferenzsprecher sitzen nur ein paar Meter voneinander entfernt in München und verfolgen die Spiele auf Bildschirmen. Als Zuschauer merkt man das sehr häufig, denn diese Kollegen können natürlich immer nur das kommentieren, was man auch daheim gerade sieht. Bei Arena hingegen hielten wir es so, dass auch die Konferenzreporter live vor Ort waren. Das ist technisch erheblich schwieriger, und wir hatten auch in den ersten Wochen das eine oder andere Problem mit der Leitung. (Alle Sender – wir, Premiere, ARD und ZDF – waren auf denselben Ü-Wagen angewiesen, der gelegentlich an die Grenzen seiner Kapazität kam.) Aber es erzeugt gleich eine ganz andere Atmosphäre und gibt dem Kommentator viel mehr Möglichkeiten, kompetent vom Spiel zu berichten. Ich bin auch immer noch der Meinung, dass wir bei der Konferenz schneller und sauberer von einem Spiel zum anderen schnitten, als Premiere das anfangs tat.

Auch der „Dome" war eine interessante und attraktive Sache. Dabei handelte es sich um ein 13 Meter hohes, aufblasbares Zelt. Es war im Grunde ein mobiles Studio, das an jedem Wochenende in einer anderen Stadt aufgebaut wurde, jeweils in unmittelbarer Nähe des Stadions. Etwa 180 Zuschauer konnten dort die Highlight-Show des Spieltages sehen, die von Oliver Welke oder Matthias Opdenhövel moderiert wurde. Das zeigt, dass wir mit viel Elan und tollen Ideen starteten. Das Team war auch großartig, ich hatte sogar meine beiden MAZ-Jungs wieder bei mir, Christoph Pauly und Siggi Bembennek. Was wir nicht hatten, das waren ausreichend Zuschauer.

Arena brauchte etwa 2,5 Millionen Abonnenten, um seine Kosten zu decken, aber es war schnell abzusehen, dass wir für diese Zahl Geduld aufbringen mussten. Wer zum Beispiel bisher Premiere-Kunde gewesen war, brauchte einen neuen (oder gar einen zusätzlichen) Decoder, um Arena über Satellit zu empfangen. Viele

Menschen erinnerten sich daran, dass der weitgehend unbekannte Frauensender tm3 einige Jahre zuvor die Rechte an der Champions League gekauft hatte, sie aber nach nur einem Jahr wieder abgeben musste. Sie glaubten, es könnte nun wieder so laufen, und warteten noch mit dem Wechsel von Premiere zu Arena.

Beide Sender fuhren immer größere Verluste ein, daher entschloss sich Arenas Muttergesellschaft Unity Media schon Anfang 2007, unser Bundesligaprogramm auch über Premiere auszustrahlen. Das brachte uns zwar ein paar Lizenzgebühren von Premiere ein und milderte die Verluste, es bedeutete aber auch, dass es nun so gut wie keinen Grund mehr gab, Arena-Abonnent zu werden.

Dennoch rechnete niemand von uns damit, dass schon wenige Monate später das Aus kommen sollte. Wir hatten zu diesem Zeitpunkt knapp 1,1 Millionen Abonnenten, was für einen völlig neuen Bezahlsender gar nicht mal so schlecht war. Außerdem hatte Arena sich für die Saison 2007/08 die Rechte an den Spielen des FC Bayern im UEFA-Cup gesichert, und wir alle freuten uns auf internationalen Fußball.

Noch im Juni kam Schmitt-Fleckenstein zu mir nach Dortmund, und wir besprachen die kommende Saison. Nur zwei Tage später ging ich abends noch mal zufällig in die Redaktionsräume und sah das Licht am Anrufbeantworter blinken. Auf dem Band war die sehr aufgeregte Stimme von Schmitt-Fleckenstein.

„Werner, es gibt da einige Gerüchte", hörte ich ihn sagen. „Premiere soll die Rechte von Arena übernehmen. Mehr kann ich im Moment noch nicht sagen. Ich rufe jetzt die anderen Kollegen an."

Wenige Tage später, in der ersten Juliwoche und kaum einen Monat vor dem Beginn der neuen Saison, wurde aus den Gerüchten Realität. Wegen der großen Verluste und auch entnervt von einer Dauerfehde mit dem Kartellamt, das die Zusammenarbeit der beiden Sender kritisch beäugte, trat Arena die Bundesligarechte komplett an Premiere ab. (Die UEFA-Cup-Spiele der Bayern bekam ProSieben.) Nach nur einem Jahr stellten wir den Sendebetrieb ein, fast 80 freie Mitarbeiter verloren ihren Job. Ich als Festangestellter bekam zwar in den folgenden zwei Jahren das mir vertraglich zugesicherte Gehalt weiter, aber es gab nichts mehr zu tun. Nach 27 Jahren war ich weg vom Schirm.

Reporter im Unruhestand

Als Arena das Aus ereilte, war ich nur wenige Wochen von meinem 69. Geburtstag entfernt. Seither befinde ich mich sozusagen im Reporter-Ruhestand, zumindest was die aktuelle Berichterstattung über den Fußball angeht. Ins Rampenlicht der Öffentlichkeit, so will ich das Agieren auf der Mattscheibe einmal nennen, kehrte ich in dieser Zeit nur einmal zurück. Das war in der ersten Jahreshälfte 2009, als ich zusammen mit Charlotte Engelhardt und Matthias Opdenhövel durch eine Spielshow auf ProSieben führte.

Die Sendung hieß *WipeOut – Heul nicht, lauf!* und basierte, wie man sich bei dem Titel denken kann, auf einer amerikanischen Vorlage. Knapp zusammengefasst ging es darum, dass eine Gruppe von Kandidaten einen Parcours voller Hindernisse überwinden musste. Das Ganze erinnerte entfernt an eine aufgepeppte Version der Unterhaltungssendung *Spiel ohne Grenzen* aus den 1970ern. Die Kandidaten liefen ständig Gefahr, ins Wasser zu stürzen (manchmal auch in den Matsch). Wer den Parcours am schnellsten bewältigte, gewann 10.000 Euro.

Das Konzept sah vor, dass eine hübsche junge Dame die Sendung moderierte. In unserem Fall war das Charlotte Engelhardt, die nach ihrer Heirat mit dem Rapper Sido heute Charlotte Würdig heißt. Dazu gab es noch zwei Kommentatoren, die das Geschehen mal mehr, mal weniger lustig beschreiben sollten. Weil das Spiel in seinem Kern durchaus einem sportlichen Wettkampf glich, suchte der Sender zwei Sportreporter für diese Aufgabe. Einer sollte jünger sein und Sprüche klopfen, der andere war als sein etwas seriöseres Gegenstück gedacht. Opdenhövel, den ich von Arena kannte, übernahm die erste Rolle, ich die zweite.

Das Problem an dem Konzept der Show war für mich nicht diese Rollenverteilung. Auch nicht die auf bloßer Schadenfreude basierende Grundidee, denn den Kandidaten konnte nicht mehr passieren, als dass sie in den Schlamm fielen und dafür ausgelacht wurden. Das Problem war, dass unsere Texte vorgefertigt wurden, und zwar von professionellen Autoren.

Die Show wurde in Buenos Aires aufgezeichnet, dort befand sich ein großes Gelände, auf dem die verschiedenen Parcours errichtet werden konnten. Alle Sender, die für ihr jeweiliges Land eine nationale Version von *WipeOut* produzierten, brachten ihre eigenen Kandidaten (und auch ihre eigenen Moderatorinnen) nach Argentinien, um dort zu drehen. Sobald die Aufzeichnung im Kasten war, sahen sich Textschreiber die Bilder an und dachten sich Kommentare und Sprüche aus. Die bekamen dann Opdenhövel und ich. Wir lernten unseren Text auswendig und kommentierten im Studio in Köln die Bilder aus Buenos Aires.

In der ersten Sendung musste zum Beispiel ein Kandidat namens Ralf über eine wackelige und sehr glitschige Brückenkonstruktion rennen. Er rutschte aus und fiel runter in eine braune Pampe. „So wie Ralf hier abgeht“, rief ich, „müsste er eigentlich auch von innen dreckig sein.“ Und Matthias sagte: „Kann ja noch alles werden.“ Der Kandidat fiel prompt ein zweites Mal, und Opdenhövel kommentierte das mit den Worten: „So, jetzt ist Ralf porentief versaut.“

Es war wahrlich keine Hochkultur, aber die Drehs machten dennoch Spaß. Leider hatte die Show wenig Erfolg. Das amerikanische Original läuft immer noch, aber in Deutschland war nach der ersten Staffel und acht Folgen Schluss. Seither war ich, abgesehen von Auftritten in TV-Diskussionsrunden wie *plasberg persönlich* oder *hart aber fair*, nicht mehr regelmäßig in den Medien vertreten. Das heißt aber nicht, dass ich inzwischen – um es mit einer Redewendung von Hans Meyer auszudrücken – Rosen züchte. Im Gegenteil: Manchmal glaube ich, dass mein Terminkalender heute praller gefüllt ist als zu den Zeiten von *ran*. Ich bin noch immer ein Getriebener, der von Veranstaltung zu Veranstaltung eilt.

Zwei besondere Gespräche

Ich werde als Redner oder Moderator zu den verschiedensten Anlässen gebucht, so habe ich zum Beispiel während der EM 2012 zusammen mit Reiner Calmund auf einer Kreuzfahrt die Übertragungen der Spiele begleitet. (Ich gab die Stichworte, dann plauderte Calli drauflos und erzählte Anekdoten.) Ich werde auch häufig zu besonderen Veranstaltungen eingeladen, bei denen man einen prominenten Ehrengast hat, den es zu befragen gilt. Wegen meiner langen Medienerfahrung trete ich dann als Interviewer auf.

Von den vielen Gesprächen, die ich so geführt habe, sind mir zwei besonders in Erinnerung geblieben. Das erste fand im Mai 2011 statt, auf der jährlichen Hausmesse einer Softwarefirma aus dem Ruhrgebiet. Diese Informationsveranstaltung stand unter dem Motto „Quer denken – konsequent handeln". Weil sie der Meinung waren, dass dieser Satz gut auf seinen Lebensweg zutraf, luden die Firmenchefs Uli Hoeneß ein. Ich setzte mich also zusammen mit ihm vor die anwesenden mittelständischen Manager und fragte ihn einige Dinge zum fußballerischen Tagesgeschäft, aber auch zu Themen, die unser Publikum besonders interessierten. So erklärte Hoeneß zum Beispiel, dass er den Managerposten beim FC Bayern räumte, weil „die besten mittelständischen Unternehmen daran kaputtgegangen sind, dass die Nachfolge nicht vernünftig geregelt war. Das wollte ich beim FC Bayern ändern."

Als ich ihn nach seiner (abgebrochenen) akademischen Ausbildung fragte, formulierte Hoeneß so etwas wie ein persönliches Credo. „Ich halte oft Vorträge an Universitäten vor jungen Leuten, auch an Schulen", sagte er. „Dann fragen die mich: ‚Was muss ich machen, muss ich Doktor werden?' Meine Tochter wollte auch mal Doktor werden, da habe ich gesagt: ‚Wir brauchen keinen Doktor in der Familie.' Learning by doing – das ist das alles Entscheidende."

Schließlich sorgte Uli für große Heiterkeit im Auditorium. Er erzählte, wie der FC Bayern vor geraumer Zeit mitten im Ruhrpott einen Fanshop eröffnet hatte, und zwar im Einkaufszentrum CentrO in Oberhausen. „Der war am Anfang in den roten Zahlen, weil die Ladenmiete 20.000 Euro im Monat kostete", sagte Hoeneß. „Für einen Fanshop ist das natürlich ein Problem. Aber ich habe mir gedacht: Der Assauer von Schalke und der Manager Michael Meier von Dortmund fahren jeden Tag dort vorbei. Und wenn sie da immer einen Bayern-München-Fanshop sehen müssen, dann ist mir das die Miete wert."

Ich habe Uli Hoeneß an diesem Tag so wahrgenommen wie während all der Jahre zuvor, in denen wir miteinander zu tun hatten: als einen angenehmen Gesprächspartner und aufrechten Menschen. Ich fragte ihn im Verlauf des Interviews zum Beispiel auch, seit wann es den sozialen Hoeneß gibt, den Wohltäter und großzügigen Spender. Meine Vermutung war, dass dieser Persönlichkeitswandel mit dem Flugzeugabsturz von 1982 zusammenhing, bei dem drei seiner Freunde starben und den er selbst nur knapp überlebte. Doch Hoeneß antwortete, damit habe seine veränderte Einstellung zum Leben nichts zu tun. Er bezeichnete sich als ehemaligen „Sauhund", der früher gebissen und getreten habe, um an die Spitze zu kommen. Als er dann aber dort angekommen war, so sagte er mir, habe er nach unten geblickt und sich gesagt: Nun musst du etwas zurückgeben.

Als zwei Jahre nach diesem Gespräch sein Steuerbetrug an die Öffentlichkeit kam und er zu einer Gefängnisstrafe verurteilt wurde, gab es viel Häme, Wut und sogar Hass. Ich halte das für unangebracht. Hoeneß hat das Gesetz gebrochen, nicht weniger, aber auch nicht mehr. Dafür hat er eine gerechte Strafe erhalten. Das ist alles.

Wenn ich heute an Uli Hoeneß denke, dann fällt mir nicht sein Steuerskandal ein, auch nicht seine Fehde mit Christoph Daum oder wie er uns 1996 auf das unterschlagene Tor hinwies. Mir fällt zuerst ein, wie er mich frühmorgens aus dem Bett klingelte.

Die Vorgeschichte trug sich am 23. September 1995 zu. Die Bayern spielten zu Hause gegen Leverkusen. Es war 89 Minuten lang eine öde Partie, die sich fast nur im Mittelfeld abspielte. Dann lief Mehmet Scholl in den gegnerischen Strafraum, verfolgt von Ulf Kirsten. Plötzlich gingen beide zu Boden. Der Schiedsrichter pfiff Elfmeter. Jürgen Klinsmann verwandelte zum 1:0-Sieg der Bayern. Es gab große Diskussionen um diese Entscheidung. „Scholl tritt mir in die Beine", sagte Kirsten. „Klarer Elfmeter", sagte Uli Hoeneß. „Ich wollte flanken, dabei sind wir ineinandergeraten", sagte Scholl. Wir von *ran* schauten uns viele Zeitlupen an, schließlich kamen wir zu der Überzeugung, dass der Strafstoß eine Fehlentscheidung gewesen war. Und das sagte ich dann auch in meinem Bericht.

Drei Tage später, am Dienstag, saß ich in meinem Büro, als mich ein Kollege anrief.

„Werner, hast du gesehen, was die *Abendzeitung* aus München heute schreibt?"

„Nein. Was denn?"

„Die haben einen Artikel drin mit der Überschrift ‚*Uli droht Sat.1*'", sagte er. „Da geht es darum, dass Hoeneß meint, der FC Bayern käme bei *ran* immer schlecht weg. ‚Wie am Samstag durch Werner Hansch' steht dort. Und dann zitieren sie Hoeneß mit den Worten: ‚diesen Poeten, den man totschlagen muss, bevor er zugibt, dass dieser Elfmeter berechtigt war.'" Mein Mitarbeiter machte eine Pause. „Es geht noch weiter, Werner. Das nächste Zitat von Hoeneß lautet: ‚Das sind doch diese Seilschaften Hansch und Reiner Calmund. Da wird doch zusammen gemauschelt.'"

Ich gebe zu, dass ich betroffen war, als mir das vorgelesen wurde. Beim Fernsehen muss man mit Kritik leben, man muss auch mit harter und oft unfairer Kritik leben, aber mir vorzuwerfen, ich würde mit voller Absicht negativ berichten – das war schon ein starkes Stück. Ich überlegte kurz, ob ich Hoeneß anrufen sollte, aber dann fiel mir ein, dass die Bayern ja nach Russland geflogen waren, weil sie am Abend dieses Tages im UEFA-Pokal gegen Lokomotive Moskau spielten.

Am nächsten Morgen schlief ich tief und fest, als plötzlich mein Telefon klingelte. Ich blickte auf den Wecker. Es war noch keine acht Uhr. Nicht viele Leute hatten meine Privatnummer, und wenn mich jemand von ihnen um diese Uhrzeit anrief, dann konnte es nur ein Notfall sein. Ich schlurfte also zum Telefon und nahm ab.

„Guten Morgen, Herr Hansch. Hier spricht Uli Hoeneß."

„Herr Hoeneß?" Ich war ganz verdattert. „Ich dachte, Sie sind in Moskau."

„Da bin ich auch. Wir fliegen gleich wieder zurück, aber ich möchte vorher noch etwas klarstellen."

„Worum geht es denn?"

„Herr Hansch, ich habe gestern Abend erfahren, wie ich von der *Abendzeitung* zitiert worden bin. Ich kann Ihnen versichern, dass ich diese Aussagen nicht getätigt habe. Wenn Sie gegen die Zeitung vorgehen möchten, dann werde ich Ihnen die Namen von Zeugen nennen, die das bestätigen können."

Ich bedankte mich bei Uli Hoeneß, unternahm aber nichts gegen die *Abendzeitung*. Es war die Mühe nicht wert. Durch den Anruf aus Moskau war mein Seelenfrieden ja wiederhergestellt. Ich habe nie vergessen, wie wichtig es Hoeneß war, diese Sache klarzustellen. Er konnte wahrlich austeilen und auch schon mal starke Worte in den Mund nehmen, deswegen nannten sie ihn ja die „Abteilung Attacke". Aber ausfallend oder verleumderisch wurde er nie.

Das zweite Gespräch, das einen tiefen Eindruck bei mir hinterlassen hat, fand ein halbes Jahr nach dem Hausmesse-Talk mit Hoeneß statt, im November 2011. Ich habe es noch so gut im Gedächtnis, weil die Unterhaltung hohe Wellen schlug. Dabei ging es aber weder um meine Person noch um den Inhalt des Interviews.

Wieder muss ich kurz ausholen. Fast vier Jahre zuvor, Anfang 2008, hatten die Stadtwerke Bochum eine Interview-Veranstaltung mit dem Titel „Atriumtalk" eingeführt. Sie fand in der Regel zweimal im Jahr statt, im Verwaltungsgebäude der Stadtwerke vor 150 bis 200 geladenen Zuhörern. Bei der ersten Auflage moderierte Professor Dietrich Grönemeyer (der Bruder von Herbert), als Talkgast war der ehemalige Bundespräsident Dr. Richard von Weizsäcker eingeladen, und im Musikprogramm trat Klaus Doldinger auf. Bei den späteren Veranstaltungen wurde der Schauspieler Peter Lohmeyer als Fragesteller engagiert.

Das Konzept war ausgezeichnet, und schon bald wurde der Atriumtalk ein äußerst beliebtes gesellschaftliches Ereignis über die Stadtgrenzen von Bochum hinaus. Ich selbst saß vom ersten Termin an jedes Mal als Zuhörer unten im Forum. Die Veranstaltung begeisterte mich sehr, weil oft Menschen zu Gast waren, die ich aus den unterschiedlichsten Gründen verehrte, etwa Peter Maffay oder Senta Berger. Ganz besonders berührt hat mich der Talk mit Joschka Fischer. Er berichtete von dramatischen Momenten aus seiner Zeit als Außenminister, zum Beispiel wie er mit sich und seiner Partei rang, als es darum ging, den Bomben auf Belgrad zuzustimmen. Es war außerordentlich packend, im Gespräch zu hören, wie tatsächliche Politik sich kristallisiert.

Im November 2011 kam nun Peer Steinbrück zum Atriumtalk. Er bildete damals zusammen mit Sigmar Gabriel und Walter Steinmeier die sogenannte Troika, gehörte also zu den drei Männern, aus denen die SPD den Kanzlerkandidaten aussuchen würde, der 2013 bei der Bundestagswahl gegen Angela Merkel antreten sollte. Natürlich wurde öffentlich ständig spekuliert, wer aus diesem Trio es nun werden würde. Doch in der Politik ist es sinnvoll, mit einer solchen Entscheidung zu warten. Legt man sich früh auf einen Kandidaten fest, dann hat der politische Gegner eine Menge Zeit, nach Schwächen zu suchen und Angriffsflächen zu finden. Wie Steinbrück das an dem Abend in Bochum selbst ausdrückte: „Keine Partei ist gut beraten, ihren Spitzenkandidaten zwei Jahre auf die Schleifmaschine zu setzen."

Ein paar Wochen vor dem Termin kriegte ich einen Anruf von dem Pressesprecher der Stadtwerke. Er sagte mir, dass Lohmeyer für den Talk mit Steinbrück nicht zur Verfügung stehe, weil er wegen Dreharbeiten unabkömmlich sei. „Herr Hansch, Sie waren ja schon ein paar Mal bei uns im Publikum, Sie kennen also den Ablauf", fuhr der Pressesprecher fort. „Könnten Sie sich vorstellen, dieses Gespräch zu übernehmen?"

„Ich traue mir das schon zu", antwortete ich. „Auch wenn die Zeit etwas knapp ist. Der Mann hat zwei Bücher geschrieben und unzählige Interviews gegeben. Da muss ich mich also in eine Menge Material einlesen. Wir reden hier ja nicht über ein kurzes Interview, sondern über ein Gespräch, das anderthalb Stunden dauert."

Doch das Angebot war so verlockend, dass ich es nicht ablehnen konnte. Damit meine ich jetzt nicht das Honorar. (Es betrug 2.500 Euro. Wenn ich gewusst hätte, wie hoch das von Steinbrück war, hätte ich vielleicht noch nachverhandelt.) Es war vielmehr die Situation, die mich reizte. Fast vierzig Jahre, nachdem ich den Traum begraben hatte, politischer Journalist zu werden, durfte ich ein ausführliches Gespräch mit einem hochrangigen und dazu noch sehr interessanten Politiker führen.

Alle meine Hoffnungen erfüllten sich. Es wurde ein wunderbarer, entspannter, unterhaltsamer Abend. Da ich wusste, dass Steinbrück ein geübter und charmanter Erzähler von Witzen ist, bat ich ihn, uns eine Kostprobe zu geben. Er schilderte eine Episode mit Lady Nancy Astor und Winston Churchill, die sich spinnefeind waren. Bei einem festlichen Empfang benimmt sich Churchill so penetrant abweisend, dass Lady Astor schließlich verächtlich zu ihm sagt: „Wenn ich Ihre Fau wäre, würde ich Ihren Wein vergiften!“ Woraufhin Churchill erwidert: „Und wenn ich Ihr Mann wäre, dann würde ich ihn auch trinken.“ Steinbrück feuerte diese Pointe perfekt ab. Das Publikum war begeistert.

Es sollte bei dem Talk nicht in erster Linie um aktuelle politische Themen gehen, sondern auch um den Privatmann Steinbrück, um die Rolle der Familie in seinem Leben, um seine kulturellen Vorlieben. Trotzdem kam auch die Politik nicht zu kurz. Ich bat Steinbrück, uns einige zentrale Momente zu schildern, in denen er große Verantwortung spürte und Entscheidungen treffen musste. Er verwies auf den Zusammenbruch der amerikanischen Investmentbank Lehman Brothers. Er ließ uns teilhaben an seinen Ängsten und schilderte, wie er mit Frau Merkel vor die Presse trat, um den deutschen Sparern zu sagen, dass ihre Einlagen sicher sind – ohne das hundertprozentig zu wissen. Wären am nächsten Tag alle zur Bank gerannt und hätten ihr Erspartes abheben wollen, dann wäre überhaupt nichts mehr sicher gewesen.

Und natürlich kam auch die Bundestagswahl zur Sprache. „Ich werde Sie jetzt nicht fragen, wer Kanzlerkandidat der SPD wird“, sagte ich. „Aber wenn im Januar oder Februar 2013 der Gabriel das Kuvert öffnet und sagt ‚And the winner is Steinbrück‘, dann werden Sie doch nicht ablehnen, oder?“

„Sie fragen aber von hinten durch die Brust ins Auge!“, lachte Steinbrück. Dann setzte er hinzu, dass er unter den von mir geschilderten Umständen wohl nicht nein sagen würde.

Fast ein Jahr verging. Den nächsten Atriumtalk in Bochum leitete wieder Lohmeyer, sein Gast war Hans-Dietrich Genscher. Mein Gespräch mit Steinbrück war kein Thema mehr, niemand sprach mich darauf an. Bis zu dem verhängnisvollen Tag Ende September 2012, an dem Steinmeier in einem kleinen Kreis verriet, dass seine Entscheidung längst gefallen war. Er sagte, Parteichef Gabriel wüsste Bescheid, dass er, Steinmeier, nicht Kanzlerkandidat sein wollte, weil er sich mehr Zeit für seine Familie und seine Ehefrau wünschte.

Nun musste Gabriel schnell handeln. Ihm blieb, wie es das *Handelsblatt* ausdrückte, „nur noch die Schadensbegrenzung, um nicht als Übergangener dazustehen". Er beraumte für den nächsten Tag kurzfristig eine Pressekonferenz an und erklärte dort, dass er selbst ebenfalls schon vor langer Zeit beschlossen habe, nicht anzutreten. Der Parteivorsitzende, sagte Gabriel, sollte nicht zugleich der Kanzlerkandidat sein. Mit anderen Worten: And the winner is Steinbrück.

Von einer Sekunde auf die andere stand Steinbrück völlig unvorbereitet an der Wand, im gleißenden Scheinwerferlicht. Er hatte noch keine Mannschaft aufgebaut, es gab keine Kampagne, da waren noch keine Berater. Er war nackt. Was zu befürchten war, trat nahezu augenblicklich ein. Der Fleischwolf der Medienmaschine begann zu arbeiten.

Wo konnte man diesen Mann packen? Er hatte niemandem etwas gestohlen und keine Steuern hinterzogen, er hatte kein uneheliches Kind und kein Verhältnis. Was er hatte, das waren die Vorträge, die er sich sehr gut bezahlen ließ. Jene Einnahmen wurden wieder und wieder durch diesen Fleischwolf gedreht, aber es wollte nicht so recht etwas dabei herauskommen.

Ende Oktober legte Steinbrück selbst alle Nebeneinkünfte offen. Totale Transparenz. Sein Hintergedanke war offenbar, dass er damit auch alle anderen Politiker zwingen würde, ihre eigenen, gut bezahlten Nebenjobs öffentlich zu machen. Aber die haben ihm natürlich was gehustet. Sie ließen ihre Hosen an, während er mit nacktem Hintern dastand.

Außerdem unterlief Steinbrück bei dieser Aktion ein Fehler, der ihm mit einem vernünftigen Beraterteam und etwas mehr Vorlaufzeit wohl nicht passiert wäre. Er hätte im Vorfeld der Offenlegung die drei, vier Auftraggeber informieren müssen, von denen er das meiste Geld bekommen hatte. Denn es war zu erwarten, dass sich die Medien sofort auf die Einrichtungen und Firmen stürzen würden, die Steinbrück erheblich mehr als sein Standardhonorar von 15.000 Euro gezahlt hatten. Den zweiten Platz in dieser besonderen Rangliste belegte die Bausparkasse Schwäbisch Hall, die Steinbrück 20.000 Euro überwiesen hatte, damit er auf der Hauptversammlung sprach. Der erste Platz – mit 25.000 Euro Honorar – ging an die Stadtwerke Bochum.

Natürlich wollten die Medien wissen, warum gerade eine so arme, verschuldete Stadt wie Bochum ein solch stattliches Honorar zahlte. Die Stadtwerke sagten daraufhin, der Atriumtalk sei eine „Charity-Veranstaltung", und in den Verträgen sei festgelegt, dass das Honorar gespendet werden müsse. Steinbrück konterte, davon wisse er nichts, und in seinen Verträgen sei davon nirgends die Rede. Das war auch wirklich so. Denn Steinbrück hatte den Vertrag mit einer Medienagentur abgeschlossen, die den Talk im Auftrag der Stadtwerke organisierte.

Die Affäre – eigentlich nur ein Sturm im Wasserglas – zog sich über Wochen hin und beherrschte die Schlagzeilen. Steinbrück kündigte schließlich an, das Honorar nachträglich zu spenden. Auch hier war er nicht gut beraten. Er hätte das Ganze so lösen können wie Bundespräsident Joachim Gauck. Der war elf Monate vor Steinbrück ebenfalls in Bochum gewesen und hatte dasselbe Honorar erhalten, obwohl er zu diesem Zeitpunkt noch keine so bedeutende Position innehatte. Über einen Sprecher des Bundespräsidialamtes ließ Gauck ausrichten, dass es „keine Auflage zum Spenden" gab, dass er aber „in der Vergangenheit und bis heute immer wieder für wohltätige Zwecke" Geld überwiesen habe. So elegant zog sich der Kanzlerkandidat leider nicht aus der Affäre, obwohl bei Steinbrücks sicher ebenfalls gespendet wird. Am Ende wurde der Atriumtalk eingestellt, die Stadtwerke trafen sich mit der Medienagentur vor Gericht, und Frau Merkel blieb Bundeskanzlerin. (Mein Honorar habe ich übrigens behalten.)

Da ich an dieser ganzen Sache, wenn auch nur am Rande, beteiligt war, habe ich mir einige Fragen gestellt. Vor allem die: Warum hat Steinmeier seinen Entschluss Ende September 2012 eigenmächtig öffentlich gemacht? Meine persönliche Meinung ist, dass keiner der sozialdemokratischen Protagonisten damals ernsthaft an einen Wahlsieg glaubte. Es gab im Land nicht einmal den Hauch einer Wechselstimmung. Also war es Steinmeier lieber, wenn Steinbrück diese hoffnungslose Schlacht schlug. Zumal es ja durchaus wahrscheinlich war, dass die FDP den Sprung in den Bundestag nicht schaffen würde. Steinmeier konnte also damit rechnen, dass Frau Merkel nach ihrem Wahlsieg auf die SPD zugehen musste.

Und genau so kam es. All die wichtigen Köpfe der Partei sind heute in führenden Ministerpositionen. Bis auf Steinbrück natürlich, denn als unterlegener Kanzlerkandidat zog er sich ehrenvoll aus der großen Politik zurück, wie das unter solchen Umständen nicht unüblich ist. Bliebe noch zu klären, wie oft Herr Steinmeier – der, wie ich betonen möchte, ein sehr qualifizierter Außenminister ist – heute im Kreise seiner Familie weilt. Hat eines der wichtigsten Mitglieder der Regierung mehr Freizeit als ein Kanzlerkandidat der Opposition? Ich wage das zu bezweifeln.

Aber so ist das Leben. Ich bewundere Steinbrück dafür, dass er die Größe hat, diesen Sozialdemokraten auch heute noch solidarisch zur Seite zu stehen. Wenn ich in seiner Haut stecken würde, wäre ich bis oben hin angefressen und hätte schon längst laut und deutlich gesagt: Mit diesen sogenannten Parteifreunden möchte ich nichts mehr zu tun haben.

Ein kleiner Unfall mit schrecklichem Ausgang

Der 18. Mai 2012 war ein Freitag. Es gab ein paar Wolken am Himmel, doch das Wetter war mild, trocken und klar. Ich saß in meinem Dortmunder Büro an der Wittbräucker Straße und bereitete mich auf einen großen Termin vor, der am nächsten Tag anstand. Im Vorfeld der Fußball-EM fand in Ingolstadt eine Veranstaltung von Audi statt, zu der ich eingeladen war. (Ausgerechnet ein Automobilhersteller, möchte ich sagen.)

So gegen 12 Uhr bekam ich Hunger. Ich konnte zu einem Supermarkt in der Nähe fahren und mir eine Kleinigkeit holen. Ich konnte aber auch im Restaurant „Overkamp“ zu Mittag essen; das ist eine sehr gute und bekannte Gaststätte, die nur ein paar Hundert Meter von meinem Büro entfernt liegt.

Ich setzte mich in meinen Audi und bog ein auf die vielbefahrene Hauptstraße, an der sowohl das Restaurant als auch der Supermarkt liegen. Ich kann heute gar nicht mehr sagen, was von beiden mein Ziel war, vielleicht hatte ich mich noch gar nicht entschieden, sondern wollte spontan handeln. Am Ende ist das auch egal, denn ich kam nur 180 Meter weit.

An dieser Stelle befindet sich rechts ein kleines Häuschen. Auf dem schmalen Parkstreifen davor stand ein roter VW Polo. Ich nahm den Wagen zwar wahr, achtete aber nicht weiter auf ihn, sondern konzentrierte mich auf den Verkehr vor mir. Meine Geschwindigkeit betrug höchstens 50 Stundenkilometer, obwohl man auf diesem Straßenabschnitt schneller fahren darf. Als ich fast auf der Höhe des Polos war, fuhr das Auto plötzlich an. Hätte der Wagen versucht, sich in den Verkehr einzufädeln, wären wir wohl einfach nur kollidiert. Es hätte ein schreckliches Geräusch und einen gehörigen Blechschaden gegeben, aber nicht mehr. Doch der Polo versuchte, auf der Straße zu wenden.

Ich bekam einen Schrecken, als ich auf einmal die Fahrerseite des roten Wagens direkt vor mir sah. Ich machte eine Vollbremsung, doch der Polo war zu nah. Es gab einen Crash, die Airbags meines Audis wurden ausgelöst, die beiden Autos kamen zum Stehen. Ich in Fahrtrichtung, der Polo quer auf der Straße. Ich hatte mir nichts getan, denn der Aufprall war nicht besonders heftig gewesen. Ich sprang sofort aus meinem Wagen, um nach dem Fahrer des Polos zu schauen. Da sah ich hinter dem Steuer eine alte Dame sitzen. Heute weiß ich, dass sie 75 war, nur zwei Jahre älter als ich. Aber sie wirkte in diesem Moment viel betagter auf mich, denn es war eine zarte, zierliche Person. Sie zitterte und wimmerte vor sich hin. Nicht vor Schmerzen, wie mir schien, sondern weil sie unter Schock stand. Die Fahrertür war zwar etwas eingedrückt, aber ich konnte keine sichtbaren Verletzungen an der Dame ausmachen.

„Bleiben Sie ganz ruhig“, sagte ich zu ihr. „Machen Sie sich keine Sorgen. Wir holen Hilfe. Gleich ist ein Arzt hier.“

Aus einem Haus auf der anderen Straßenseite traten Menschen. „Bitte rufen Sie den Notarzt, die Feuerwehr und die Polizei!“, rief ich ihnen aufgeregt zu. (Ich habe ja, wie bereits erwähnt, kein Handy.) Da kamen auch aus dem kleinen Haus neben uns ein Mann und eine Frau. Wie ich später erfuhr, handelte es sich um die Tochter und den Schwiegersohn der Dame. Auch sie redeten beruhigend auf die Frau in dem roten Polo ein. Wie ich inzwischen von der Tochter weiß, war sie bei klarstem Bewusstsein und fragte: „Was ist denn passiert? War das meine Schuld?“

Etwa zehn Minuten später traf die Feuerwehr ein. Es dauerte eine ganze Weile, bis die alte Frau aus dem Wagen befreit war. Ich weiß bis heute nicht genau, warum. Die Fahrertür des Polos ließ sich nicht mehr öffnen, da hätte man doch annehmen sollen, dass die Rettungskräfte sie über die Beifahrerseite herausholen würden. Das taten sie aber nicht. Sie schnitten mit einem Spezialwerkzeug die Tür aus dem Auto heraus und hoben dann die Dame auf eine Trage. Ich erkundigte mich beim Notarzt nach ihrem Zustand.

„Wir haben sie ruhiggestellt“, sagte er, „und bringen sie nun ins Krankenhaus.“

Ich ging den Rest des Tages meinen Geschäften nach, blieb aber innerlich sehr unruhig. Am Abend, es war schon nach 20 Uhr, setzte ich mich noch einmal in den Leihwagen, den ich bekommen hatte, fuhr zu dem kleinen Haus und schellte. Der Schwiegersohn öffnete die Tür.

„Bitte entschuldigen Sie die späte Störung“, sagte ich, „aber ich möchte gerne wissen, wie es der alten Dame geht.“

„Herr Hansch“, antwortete er mit einem ernstem Gesichtsausdruck. „Meine Schwiegermutter ist gegen 17 Uhr im Krankenhaus verstorben.“

Es war einer der schrecklichsten Momente meines ganzes Lebens. Ich hatte, obwohl mich keine Schuld traf, einen Menschen in den Tod befördert. Ich konnte es nicht glauben.

„Aber, aber das kann doch nicht sein“, stammelte ich. „Sie war doch bei Bewusstsein, sie war doch äußerlich unversehrt!“

„Sie starb an inneren Verletzungen, Herr Hansch.“

Ich weiß nicht mehr, ob mir die Tränen kamen. In jedem Fall war ich völlig aufgelöst und stand jammernd vor der Tür. Am Ende war es so, dass der Mann und seine Frau mich beruhigen und trösten mussten, nicht umgekehrt.

„Machen Sie sich bitte keinen Vorwurf“, sagten sie. „Sie sind nicht schuld an dem Unfall. Wir hatten ihr schon oft gesagt, dass sie nicht mehr Auto fahren soll, aber sie wollte nicht auf uns hören.“

Trotzdem stellte ich mir in den Wochen danach immer und immer wieder die Frage, wie es zu dem Unfall kommen konnte und ob er zu verhindern gewesen wäre. Es wurde nie geklärt, ob die Dame beim Anfahren nur auf den Gegenverkehr achtete und gar nicht in den Rückspiel schaute oder ob ich in ihrem toten Winkel war, als sie Gas gab. Was auch immer die Antwort sein mag, ich kann es nur als schicksalhafte Fügung bezeichnen, dass ich ausgerechnet in diesem Moment dort vorbeifuhr.

Einige Tage nach dem Unfall sprach ich noch einmal bei den Hinterbliebenen vor und fragte vorsichtig, ob sie sich vorstellen könnten, dass ich mit zur Beerdigung ginge. Es erschien mir für mich selbst wichtig, richtig Abschied von der Frau zu nehmen. Beide waren sofort einverstanden. So konnte ich an ihrem Grab mit der Frau stille Zwiesprache halten.

Etwa zwei Monate später rief mich mein Anwalt an und informierte mich darüber, dass die Polizei das Ermittlungsverfahren eingestellt hatte. Das freute mich, doch überrascht war ich nicht, denn auch nach der tausendsten Selbstbefragung konnte ich mich keiner Unterlassung oder Fahrlässigkeit bezichtigen. Trotzdem denke ich noch heute immer wieder an den Moment, als das kleine rote Auto vor mir auf die Straße fuhr.

Rudi Assauer, ein Film und die Folgen

Eines der großen Themen, das die Nation in diesen ersten Monaten des Jahres 2012 bewegte, war die schnell wachsende Zahl von Demenzerkrankungen. Dass diese lange überfällige Diskussion endlich in Gang gekommen war, verdanken wir Rudi Assauer.

Im Grunde beginnt die Geschichte am 8. Juli 2010, dem Tag nach dem Halbfinale zwischen Deutschland und Spanien bei der WM in Südafrika. Ich war als Gast beim ZDF-Serviceprogramm *Volle Kanne* eingeladen, um über das Turnier und einige andere Themen zu reden. Erst kurz vor dem Beginn der Übertragung erfuhr ich, dass Rudi auch da sein würde, was mich sehr freute.

Die Sendung endete um 10.30 Uhr, und danach saßen wir noch etwas beisammen, tranken Kaffee und mümmelten an ein paar inzwischen schon recht trockenen Brötchen. Kurz bevor wir gehen wollten, kam eine junge Redakteurin die Treppe herunter. Sie sah uns, trat heran und stellte sich als Stephanie Schmidt vor.

„Herr Assauer, ich betreue eine Sendung mit dem Titel *Meine Stadt*", sagte sie zu Rudi. „Da geht es darum, dass ein Prominenter die Stadt vorstellt, aus der er kommt oder zu der er eine besondere Beziehung hat. Hätten Sie vielleicht Lust, dafür mal mit mir durch Gelsenkirchen zu gehen?"

„Ja, warum nicht?", sagte Rudi ohne besonders große Euphorie. „Das können wir gerne mal machen."

Ein paar Monate später, im November, kam es zu dem dramatischen Abend, den ich zu Beginn dieses Buches geschildert habe, als Rudi mir unter Tränen gestand, dass sein Gedächtnis ihn im Stich ließ. Ich informierte seine eheliche Tochter, Katy. Sie brachte ihn in die Klinik, und er bekam seine Diagnose – Alzheimer.

Im Sommer 2011 stand dann schon wieder eine Fußball-WM an, nämlich die der Frauen in Deutschland. Am Morgen nach dem Eröffnungsspiel, es war der 27. Juni 2011, saß ich wieder bei *Volle Kanne,* diesmal natürlich ohne Rudi, der solche Termine nicht mehr wahrnehmen konnte. Ich sollte über Frauenfußball räsonieren, nicht gerade eines meiner größten Spezialgebiete. Außerdem wurde über Themen von dringendem nationalen Interesse berichtet, wie zum Beispiel „Gefahrenquelle Baumarkt".

Ich überstand die Sendung ohne größeren Schaden und machte mich wieder über die Brötchen her. Und wer kam da erneut die Treppe herunter? Frau Schmidt.

„Ach, Herr Hansch!", rief sie fröhlich. „Wie geht es Ihnen?"

„Ich will nicht klagen."

„Und wie geht es meinem Freund Rudi Assauer?"

„Nun", sagte ich langsam. „Wenn Sie wegen dieser Sendung fragen, die Sie mit ihm machen wollen, dann müssen Sie sich beeilen."

„Wieso das denn?", fragte sie entgeistert.

Da erzählte ich ihr im Vertrauen, was sich in den vergangenen Monaten ereignet hatte und welche Diagnose Rudi gestellt worden war. Mit jedem Wort, das ich sprach, wurde Frau Schmidt ernster und nachdenklicher. Schließlich sagte sie: „Dann könnte das vielleicht das Thema für die Sendung sein?"

„Das wäre sicher ein Thema, das man mal aufgreifen muss", antwortete ich. „Aber das geht nur, wenn Rudi und seine Familie einverstanden sind und wenn sein Anwalt auch keine Bedenken hat."

„Das verstehe ich", gab sie zurück. Sie dachte einen Moment nach, dann fragte sie: „Könnten Sie das vielleicht für mich koordinieren? Die Sache interessiert mich wirklich sehr."

„Ich kann es zumindest mal versuchen, Frau Schmidt."

Am nächsten Morgen rief ich Frau Söldner an, Rudis langjährige Sekretärin beim FC Schalke und eine enge Vertraute von ihm. Ich berichtete vom Interesse des ZDF und sagte ihr, dass wir die Sache nicht weiter verfolgen würden, wenn sie es für eine schlechte Idee hielte.

„Wissen Sie was, Herr Hansch?", meinte sie. „Es gibt ohnehin schon viele Fußballinsider, die das Gefühl haben, mit Rudi Assauer stimmt etwas nicht. Ich habe nicht wenige Anrufe deswegen bekommen und musste die Leute immer abwimmeln. Das führt dann dazu, dass sie glauben, er hätte sich um den Verstand gesoffen." Sie machte eine Pause. „Vielleicht ist es wirklich Zeit, an die Öffentlichkeit zu gehen und das klarzustellen. Wir werden das bereden. Ich melde mich in drei Tagen wieder bei Ihnen, Herr Hansch."

Es dauerte nicht drei Tage. Es dauerte nur zwei. Frau Söldner rief an und sagte mir, dass sie mit Rudis Frau Britta gesprochen hatte, mit seiner Tochter Bettina und seinem Rechtsbeistand. Sie alle gaben grünes Licht für den Film. Ich informierte umgehend Frau Schmidt. Die fand dann einen sehr guten Sendeplatz, im Rahmen der Dokumentarreihe *37 Grad – Menschen hautnah*, und machte den Film *Rudi Assauer – Ich will mich nicht vergessen!*.

Der Beitrag lief erst mehr als ein halbes Jahr später, im Februar 2012, weil man bei einem öffentlich-rechtlichen Sender nicht so schnell einen Sendetermin bekommt. (Bei Sat.1 wären wir mit so einem Thema schon drei Wochen später auf dem Schirm gewesen.) Doch die lange Strecke war kein Nachteil, denn Frau Schmidt hatte dadurch viel Zeit, um sich in das Thema einzufinden und behutsam damit umzugehen.

Ich war bei den Dreharbeiten oft dabei und sah, mit welch großem Respekt und mit welcher Geduld die gesamte Filmcrew Rudi begegnete. (Es half, dass das Team ausschließlich weiblichen Geschlechts war. Rudi konnte und kann Frauen nichts abschlagen.) Der Film wurde erstklassig und rief ein unglaubliches Echo hervor. Selten zuvor konnte man so plastisch nachspüren, welche Wirkung ein Filmdokument hat. Von Lübeck bis München sprangen die deutschen Alzheimer-Gesellschaften vor Freude an die Decke, denn endlich wurde dieses wichtiges Thema öffentlich diskutiert.

Auch mit meiner Beteiligung. In den ersten Monaten des Jahres 2012 wurde ich in viele Talkshows eingeladen. Ich saß bei Maybrit Illner, bei Frank Plasberg, bei Markus Lanz – immer ging es um die Frage, welche gesellschaftlichen Folgen die steigende Zahl der Demenzerkrankungen eines Tages haben würde. Diese Frage stellte sich auch Wilfried Jacobs, der mich eine Woche nach der ersten Ausstrahlung des Films anrief.

Jacobs war lange Zeit hauptamtlicher Vorsitzender des Vorstandes der AOK Rheinland. (Viele Leuten nannten ihn „Mister AOK".) Der breiten Öffentlichkeit ist Jacobs auch deshalb bekannt, weil er in den späten 1990ern zwei Jahre lang Borussia Mönchengladbach als Präsident führte.

„Herr Hansch, ich habe die Sendung im ZDF gesehen und bin tief betroffen durch Rudi Assauers Schicksal", sagte er. „Ich habe ihn immer unheimlich geschätzt, und es tut mir leid, ihn so zu sehen." Er fügte an: „Aber ich glaube, dass diese Sache auch etwas Gutes haben wird. Durch sein Outing hat Rudi eine wichtige Diskussion angeschoben. Das sollten wir jetzt nutzen." Er schlug die Gründung einer Stiftung oder einer Initiative vor, die mit dem Namen Rudi Assauer verbunden sein könnte und sich um das Thema Demenz und Gesellschaft kümmern sollte.

„Das ist eine ganz wunderbare Idee", antwortete ich. „Aber ich glaube, ich bin da nicht der richtige Ansprechpartner, denn von so etwas habe ich überhaupt keine Ahnung."

„Lassen Sie mich nur machen, Herr Hansch, lassen Sie mich nur machen."

Und er machte. Nach Rücksprache mit Experten ließ er die Idee einer Stiftung fallen, weil das eine juristisch komplizierte Angelegenheit ist. Er entwarf stattdessen ein Konzept für eine gemeinnützige GmbH mit nur einem Gesellschafter: das Elisabeth-Krankenhaus in Essen, zu dem auch die Memory Clinic gehört. Jacobs hatte zudem Ideen für ein Gremium mit beratender Funktion – einen sogenannten Beirat – und formulierte erste Ziele der GmbH. Dazu gehörte vorrangig die Enttabuisierung des Krankheitsbildes Demenz in der Öffentlichkeit.

Uns war bei all den notwendigen Debatten, die der ZDF-Film ausgelöst hatte, negativ aufgefallen, wie häufig Ausdrücke fielen wie „Dämon", „Schreckgespenst", „Kernschmelze der Persönlichkeit", „Geißel der modernen Gesellschaft". Vieles davon mag in Teilen zutreffen, aber diese und ähnliche Sprachbilder erzeugen in erster Linie einfach nur eine diffuse Angst, die niemandem hilft. Eine Angst, die sogar in mancher Hinsicht unbegründet ist.

Denn Angst muss man nur vor dem Übergang haben. Vor der Phase, in der die Patienten und ihre Angehörigen oder Freunde merken, dass sich etwas verändert. Oft wird in dieser Phase ein schrecklicher Kampf ausgetragen – ein Kampf, den Rudi erst mit verzweifeltem Gedächtnistraining gewinnen wollte und den er dann durch übermäßiges Trinken zu kaschieren versuchte. Doch wenn jener Kampf vorüber ist, wenn die Menschen schließlich in dieser anderen, ihrer ganz eigenen und uns unbekannten Welt angekommen sind, dann können sie durchaus ein glückliches Leben führen. Vielleicht nicht nach unseren Maßstäben, aber die treffen dann ja ohnehin nicht mehr auf sie zu.

Wen Demenz in der Regel viel mehr – oder zumindest viel länger – belastet als den Patienten selbst, das sind die Angehörigen, die ja oft zugleich die Pflegepersonen sind. Auch für sie ist es wichtig, dass die Krankheit enttabuisiert wird. Sobald man verstanden hat, dass man keine Angst vor dem Kranken haben muss und auch kein Mitleid mit ihm, dann kann man sich um das kümmern, was wirklich wichtig ist: die Organisation des täglichen Lebens. Wer macht was, wo bekommen wir Hilfe, wie teilen wir uns den Tagesablauf ein?

In den folgenden Monaten setzten Jacobs und ich uns drei- oder viermal mit dem Geschäftsführer des Krankenhauses und einem der Mediziner, die Rudi behandelt hatten, zusammen. Bei jedem Treffen dachten wir ein bisschen weiter und kamen dem Ziel ein Stück näher. Schließlich gründeten wir im Januar 2013 die gGmbH, aus der ein halbes Jahr später, im Juni, schließlich die „Rudi Assauer Gemeinnützige Initiative Demenz und Gesellschaft" wurde. (Dazu mussten die Personen, die das Gericht befugt hatte, Rudi in Rechtsfragen zu vertreten, also Frau Söldner und sein Vertrauter Prof. Dr. Dr. Heinz-Gerhard Bull, ein Dokument unterzeichnen, das uns erlaubte, die Initiative mit seinem Namen zu verknüpfen.)

Die beiden Vorsitzenden des Beirats wurden Jacobs und ich. Um Öffentlichkeit herzustellen, mussten wir versuchen, Leute zu uns in dieses Gremium zu holen, die eine gewisse Ausstrahlung haben. Es gelang mir, Franz Müntefering und Fritz Pleitgen zu gewinnen. Als Nächstes war es wichtig, eine Verbindung zum Thema Fußball herzustellen. Ich schrieb DFB-Präsident Wolfgang Niersbach und Christian Seifert an, den Vorsitzenden der DFL. Wir bekamen ganz wunderbare Rückmeldungen, beide sicherten uns ihre volle Unterstützung zu.

Im November 2013 organisierten wir unsere erste große Veranstaltung. Sie fand in der Leverkusener BayArena statt. Zunächst kamen zwei Autorinnen zu Wort, die beeindruckende Bücher über das Leben mit Demenzkranken geschrieben haben: Martina Rosenberg *(„Mutter, wann stirbst du endlich?")* und Anette Dowideit *(„Endstation Altenheim")*. Anschließend diskutierten Vertreter von Alzheimer-Gesellschaften und ähnlichen Organisationen oder Einrichtungen. Der Höhepunkt des Tages war ein politischer Dialog zwischen Pleitgen und Müntefering über die Frage, wie die Eckpfeiler der dringend notwendigen Pflegereform aussehen müssen.

Einen Monat später, am 17. Dezember 2013, verliehen wir in insgesamt fünf Kategorien zum ersten Mal den Rudi-Assauer-Preis. Aus dem ganzen Land hatten sich zahlreiche Einzelpersonen und Initiativen beworben, die sich ehrenamtlich um die Betreuung Demenzkranker kümmern. Der mit 4.000 Euro am höchsten dotierte Preis ging an die Alzheimer-Gesellschaft Baden-

Württemberg und die Sportvereinigung Feuerbach für das Projekt „Bewegung auch für den Kopf". Es handelt sich um ein Bewegungsprogramm, das sich unter anderem an Menschen mit einer beginnenden Demenz richtet.

Wir vergaben aber auch einen undotierten Medienpreis. Ihn bekam Stephanie Schmidt, ohne deren Film es unsere gemeinnützige Initiative vermutlich gar nicht geben würde. Besonders freute mich, dass Rudi Assauer als Ehrengast an der Feierstunde teilnahm. Er traf viele alte Freunde und Weggefährten. Ob er sich an sie erinnerte? Ich glaube nicht.

Aus organisatorischen Gründen hatten wir eigentlich geplant, diese Veranstaltung in München abzuhalten. Daraufhin meldeten sich viele Schalke-Fans bei uns und sagten, diese erste große Preisverleihung einer Initiative, die Rudis Namen trägt, müsse einfach in Gelsenkirchen stattfinden. Sie hatten natürlich recht. Wir planten kurzfristig um und verlegten die Veranstaltung in die Veltins-Arena.

Irgendwann an diesem Tag – als alle Reden, Gespräche, Vorträge, Unterhaltungen, Interviews und Laudatien vorüber waren und wir schweigend einer Pianistin lauschten – blickte ich mich um. Mir fiel der Rückflug aus Mailand wieder ein, auf dem Rudi mir gesagt hatte, dass er mit dem Bau dieser Arena beginnen würde. Dann erinnerte ich mich an das Parkstadion. Dann an den Tag, an dem Ernst Kalwitzki mir zeigte, wo der Stadionsprecher der Glückauf-Kampfbahn sitzt. Wenn ich irgendwann meine Memoiren veröffentliche, dachte ich, kann das Buch eigentlich nur einen Titel tragen: Mein Leben war ein Zufall.

Und selbst das ist nun anders gekommen, als es geplant war.

Abpfiff

An einer Stelle dieses Buches habe ich gesagt, dass ich in meinem Leben nur sehr wenige echte Freunde hatte und auch keine wirklich enge Beziehung zu Menschen aus meiner Kindheit und Jugend pflege. Das ist in der Tat so, obwohl ich eigenartigerweise in gutem Kontakt mit meiner Volksschulklasse stehe. Wir haben uns in den nun schon 62 Jahren, die unsere gemeinsame Schulzeit zurückliegt, immer mal wieder getroffen. Im Jahr 1997 waren wir zum Beispiel alle beim Kabarettisten Bruno „Günna“ Knust im Dortmunder Theater Olpketal. Und als ich 2008 meinen 70. Geburtstag beging, habe ich die ganze Gesellschaft ins Bürgerhaus in Recklinghausen Süd eingeladen.

Es ist also nicht so, als läge mein Mangel an alten Freunden daran, dass ich keine Beziehung zur Vergangenheit habe. Ganz im Gegenteil. Mein Image mag ein anderes sein, aber ich neige durchaus zur Melancholie. Ich betrachte zum Beispiel mit großer Leidenschaft alte Fotos und versetze mich gerne in die Zeit zurück, als sie gemacht wurden. Ich bin auch niemand, der schnell einen Schlussstrich ziehen kann. Ob es nun um Beziehungen geht oder einfach nur um Dinge aus meinem privaten Besitz – Abschied nehmen fällt mir schwer.

Deswegen hat es sehr lange an mir genagt, dass ich über das Leben meines Vaters nur so ungenau Bescheid wusste. Oft sah ich diesen mächtigen Wohnzimmerschrank vor mir, über den Tante Anni sagte, dass wir ihn mit der „KZ-Entschädigung“ bezahlt hätten. Regelmäßig kamen mir die Nächte in den Sinn, in denen mein Vater mich weckte und mir dann unter dem Einfluss des Alkohols Geschichten erzählte, die ich nicht einzuordnen vermochte. Weil ich wusste, dass er nach dem Krieg im VVN war, der Vereinigung der Verfolgten des Naziregimes, schrieb ich die Geschäftsstelle der Organisation in Wuppertal an – leider ohne Erfolg.

Dann begannen wir mit der Arbeit an diesem Buch, und ich wusste, dass das Schicksal meines Vaters eine zentrale Rolle spielen musste. Doch wie sollte ich an Informationen kommen? Alle Mitglieder meiner Familie, die mir etwas hätten sagen können, sind lange tot. Am Ende half mir, wer mir in meinem Leben immer half: der Zufall.

Am 12. Januar 2014 war ich zu einem Neujahrsempfang der Stadt Sprockhövel eingeladen. Die Veranstaltung fand in dem sehr schicken und exklusiven Golfhotel Vesper statt. Unter den etwa 300 Besuchern waren viele Unternehmer, Politiker und Kulturschaffende.

Meine Einladung war verbunden mit einem kleinen Auftritt auf der Bühne, im Rahmen einer Talkrunde, an der unter anderem auch die Olympiasiegerin Heike Drechsler und der Schauspieler Ulrich Gebauer teilnahmen. (Das Thema war: Mehr Sport, mehr Kultur, mehr Lebensqualität.)

Nach diesem Auftritt setzte ich mich an einen der weißgedeckten Tische und nahm etwas zu mir. Neben mir saß ein Herr, den ich zunächst nicht einordnen konnte und mit dem ich eine Zeit lang auch kein Wort wechselte. Da er aber natürlich inzwischen wusste, wer ich war, kamen wir schließlich doch ins Gespräch. Um sich vorzustellen, legte der Mann mir eine Visitenkarte hin. Ich staunte nicht schlecht. Siehe da, ich saß neben dem Parlamentarischen Staatssekretär im Verteidigungsministerium, Dr. Ralf Brauksiepe von der CDU.

Ich weiß nicht mehr, wie und warum, aber im Laufe des Abends begann ich, von meinem Vater zu erzählen. Ich berichtete Brauksiepe von den Anläufen, die ich unternommen hatte, um die politische Vergangenheit von Stefan Hansch aufzuklären. Ich sagte ihm, dass mir dieses Thema mit jedem Jahr drängender unter den Nägeln brannte.

„Herr Hansch, Sie haben ja jetzt meine Karte“, sagte er. „Schicken Sie mir doch mal ein Fax mit ihren Kontaktdaten. Vielleicht kann ich Ihnen helfen.“

Das tat ich. Es dauerte keine zehn Tage, da bekam ich einen sehr netten Brief aus dem Büro von Herrn Brauksiepe. Er nannte mir vier Behörden, bei denen ich eventuell etwas erfahren könnte. Von zweien gab er mir auch gleich die Telefonnummer. Die erste gehörte zum Internationalen Suchdienst ITS in Bad Arolsen, einem Zentrum zur Forschung über die nationalsozialistische Verfolgung.

Ich wählte diese Nummer, es meldete sich eine männliche Stimme. Ich sagte, wer ich bin und dass es um meinen Vater ging, Stefan Hansch, von dem ich wusste, dass er einige Zeit in einem Konzentrationslager …

„Moment, Moment, nicht so schnell", sagte der Mann. „Ich bin nur der Pförtner. Ich stelle Sie aber mal zu einer Sachbearbeiterin durch."

Die Dame hieß Hesse. Ich sagte erneut mein Sprüchlein auf über den Kommunisten Stefan Hansch aus Recklinghausen Süd, der von den Nazis … Erneut kam ich nicht so richtig weit.

„Entschuldigen Sie bitte, dass ich Sie unterbreche, Herr Hansch", sagte sie. „Ob Sie es glauben oder nicht, ich habe Ihren Vater schon hier auf dem Bildschirm." Als ich das hörte, lief es mir eiskalt den Rücken herunter. „Ich kann Ihnen sagen", fuhr Frau Hesse fort, „dass er wegen der Vorbereitung zum Hochverrat ab 1934 knapp zwei Jahre lang in der Strafanstalt Münster inhaftiert war. Drei Jahre danach kam er ins KZ Buchenwald, weil er in betrunkenem Zustand gesagt hat, er wüsste nicht, warum sie alle Adolf Hitler nachlaufen, er wäre auch nur Arbeiter."

Frau Hesse gab mir den Rat, einen Antrag an den ITS zu stellen, dann würden mir alle vorliegenden Unterlagen als Kopie zugeschickt. Das tat ich am 3. Februar. Vierzehn Tage später hatte ich die Dokumente in der Hand, die es mir erlauben, im ersten Kapitel dieses Buches so ausführlich über den Lebens- und Leidensweg meines Vater zu berichten.

Manchmal frage ich mich, was er sagen würde, wenn er all dies hier lesen könnte. Wahrscheinlich würde er an seiner Pfeife ziehen und schweigen.

Biografische Daten

Biografische Daten

1938
geboren am 16. August in Recklinghausen Süd als Sohn von Magdalena und Stefan Hansch

Juli 1938 - Februar 1939
Vater als „Schutzhäftling“ im KZ Buchenwald

ca. 1940 - 1943
Evakuierung zu polnischen Verwandten in Suleków

1943 - 1945
Evakuierung zu einem Bauern in Lütmarsen bei Höxter

1953 - 1958
Leichtathletikverein Viktoria Recklinghausen

1958
Abitur am Aufbaugymnasium in Recklinghausen

1958
Beginn des Studiums in Münster (Jura und Moderne Geschichte)

1959
Fortsetzung des Studiums an der Freien Universität Berlin (bis Sommer 1960)

1961
Im März und April sterben Vater und Mutter, in der Folge Abbruch des Studiums

1964 - 1966
Lehramtsstudium, im Anschluss Beschäftigung im Schuldienst

1965
Heirat mit Ingrid

1966
Geburt des Sohnes Oliver

1968
Scheidung

Ende 1968
Rückzug aus dem Schuldienst, Beginn der Tätigkeit als Pressesprecher der Trabrennbahn Recklinghausen

1969
Erster Einsatz als Sprecher auf der Trabrennbahn, nach und nach Übernahme der Sprecherjobs auf allen vier NRW-Bahnen

1972
Beginn des dritten Studiums: Politik/Soziologie in Bochum, u.a. bei Urs Jaeggi und Leo Kofler

1973
Am 24. Februar erster Einsatz als Stadionsprecher auf Schalke

1974
Stadionsprecher im Parkstadion bei der Fußball-WM

1976
Im März Examen als Diplom-Sozialwissenschaftler; im selben Jahr Festanstellung auf der Trabrennbahn in Gelsenkirchen

1978
Werner Hansch wird von Kurt Brumme als Sprecher für die Sportredaktion des WDR entdeckt. Erster Live-Kommentar am 4. November: Münster – Leverkusen

1981
Im Juli Beginn der Tätigkeit als Geschäftsführer der Trabrennbahn Dinslaken

1982
Nebenrolle in dem Kinofilm *Die Heartbreakers* von Peter F. Bringmann

1986
Erster Einsatz als Reitsportkommentator für den WDR-Hörfunk

1988
Auszeichnung mit dem deutschen Hörfunkpreis des Verbandes Deutscher Sportjournalisten für die Military-Reportage bei den Olympischen Spielen in Seoul

1990
Beginn im *Sportschau*-Team um Heribert Faßbender, erste TV-Reportage vom Spiel Düsseldorf gegen Mönchengladbach am 15. Dezember

1992
Am 2. März Live-Kommentar des Rosenmontagsumzugs aus Köln

1992
Letzte Radioreportage: EM-Finale Deutschland – Dänemark. Ende der Tätigkeit für den WDR und Aufgabe der Geschäftsführung in Dinslaken; ab August festangestellter Redaktionsleiter Dortmund und Reporter für Sat.1.

1993
„Ein geiles Tor!" (3. April, Mike Büskens trifft für Schalke in Nürnberg)

1994
Nominierung zum Grimme-Preis für die Tätigkeit als Fußball-Kommentator

1997

Im Oktober Ehrung mit dem Goldenen Löwen von RTL für die Tätigkeit als Fußballkommentator; im November Auszeichnung mit dem Telestar von ARD und ZDF für das UEFA-Cup-Endspiel Inter Mailand gegen Schalke 04

1998
Auszeichnung als beliebtester Reporter durch die Zeitschrift *Sport Bild*

2001
Im Januar Moderation der Pressekonferenz von Christoph Daum, auf der dieser seinen Kokainkonsum gesteht

2003
Sat.1 verliert die Übertragungsrechte der Bundesliga, Werner Hansch kommentiert in den folgenden drei Jahren die Spiele der Champions League

2005
Nominierung für den deutschen Fernsehpreis (mit Oliver Welke) für die Präsentation der Champions League auf Sat.1

2006
Wechsel als Kommentator zum Bezahlsender Arena

2007
Arena stellt den Sendebetrieb ein

2009
Kommentator der Spielshow *WipeOut – Heul nicht, lauf!* auf ProSieben mit Matthias Opdenhövel

2011
Neben vielen anderen Auftritten moderiert Werner Hansch im November den „Atriumtalk“ der Stadtwerke Bochum mit Peer Steinbrück

2012
Im Februar Ausstrahlung des Films *Rudi Assauer – Ich will mich nicht vergessen!* im ZDF

2013
Beirats-Vorsitzender der „Rudi Assauer Gemeinnützige Initiative Demenz und Gesellschaft“